帝国と市民

苦悩するアメリカ民主政

紀平英作＝編

山川出版社

Empire and Citizens:

American Democracy in Agony

ed. by Eisaku Kihira

帝国と市民　苦悩するアメリカ民主政

目次

帝国と市民

苦悩するアメリカ民主政

序論

世界史における「黄金時代」とアメリカ民主政

新たな歴史叙述を求めて

紀平英作

ここにいう「黄金時代」(The Golden Years)とは、近現代世界史研究の先達エリック・ホブズボームが、大著『極端な時代』(*Age of Extremes: The Short Twentieth Century*)の第八章のタイトルに用いた表現である。ホブズボームは第八章を次のように書き起こしている。

通常の人びとが自己の経験を認識する方法は、歴史家のそれに似た特徴をもっているのかもしれない。彼らが同時代の骨格を鮮明に理解できるのは、多くの場合それを回顧するときになってからである。二〇世紀の中頃、一九五〇年代が進むにしたがって、年々拡大する繁栄を享受し始めた先進資本主義諸国の人びとは、第二次世界大戦以前の不況に対するつらい記憶を思い起すときにはとくに、周囲の生活が改善されつつあることを確かに実感し始めていた。……しかしながら、歴史的にみれば突出した好景気であった五〇年代以降の経済拡大が一九七〇年代に壁に突き当たり、しかもその先の八〇年代に苦悩多い日々が現れ始めたとき、経済学者を先頭とした観察者たちは、先進資本主義諸国が五〇年代から経験してきた繁栄が実は例外的にユニークなものであったこと、しかもその時代が終了しつつあることを初めて理解した。転換に晒された彼らは、過ぎ去った時代を記述する適切な歴史表現をようやく求めた。例えばフランスのある研究者が「三〇年間の黄金の歳月、一九四五〜七五年」と記述したのは、一九七九年であった……。第二次大戦の終了時期から始動し、五〇年代に入って展開した経済繁栄の時代が黄金のきらめきを放つ時代であった事実、その鮮やかさは、後続するくすんだ、あるいは暗いともいってよい危機の時代と対照されたとき、ことさら光彩を放っていたのである。[1]

アメリカを中心として西ヨーロッパ諸国から日本へと広がった、高度な工業化と国際経済の活性化、それらがもたらした豊富なものと財の拡大、日常生活まで変える旺盛な消費と刺激的な宣伝を特徴とした急テンポの経済成長。さらには、経済成長に付随した社会構造と政治動態の幅広い変化。例えば農村人口の劇的な比率低下の一方、都市ばかりか郊外へと多数の人びとが移動していく状況、そして労働運動の役割まで変えたサーヴィス・事務系労働者の増加を中心とする中産階級の拡大。そうしたなかで、高等教育にも及んだ教育の幅広い普及の一方、都市の社会関係、さらにはジェンダー・親と子の関係など近代家族構造や世代関係にさえも、水平化とともに、これまでにない個人化といってよい変化が生じた状況。あくまでヨーロッパ的視点ではあったが、一九五〇年前後から始まり七〇年代前半まで、アメリカ・西ヨーロッパを先進資本主義国、「自由主義世界」において起こった変容が、人類史上でも特筆にたる社会構造と生活様式の変化であったと捉える点については、歴史研究者は今日、おおむね同意するであろう。

本共同研究は、そうした「黄金時代」のとくに政治史を世界史にいかに位置づけるかという問題に最終的関心をよせており、問題の起点として、この時代が人類史上注目すべき社会経済変化が国境を越えてみられた世界史の転換点であったという認識をまず共有している。ミクロにいえば、その転換が始まった始動期である五〇年代のアメリカ合衆国に焦点を絞り、世界的「黄金時代」を牽引した現代国家としてのアメリカのありよう、さらにはそこでの民主主義の展開にみられた諸特徴を、政治史を縦軸とし社会文化史を絡めて歴史叙述しようとするのが本共同研究の試みである。

ちなみにこの研究は、一九五〇年代のアメリカの政治状況や経済社会活動を理解するにあたって、合衆国の動態を国際的な連関にたえず据えて理解することを念頭に置いている。それは合衆国がこの期の世界的な覇権国家であったと解するゆえばかりではない。やや広げていえば、「黄金時代」の変化は、地域や個別社会が抱える内的諸要因の新たな展開に律せられた一面をもったが、より強く、アメリカを主軸とした第二次世界大戦以後の世界的秩序に深く規定され、政治・経済・社会、さらには文化面でも変化が常に双方向的な国際連関をもって起こったと理解するからである。「黄金時代」の世界史的意義と、そこでの国際的連関をどのように理解するかを主たる論点として、本研究の視点をいま少し敷衍《ふえん》して述べておきたい。

1

政治史に関心をもつ立場から「黄金時代」の意義を考えようとするとき、今日多数派ではないが数名の思想家さらに歴史家は、この時代が民主主義の受容と定着に向かった人類史上注目すべき時代であったと論じる。歴史的にみるとき、民主主義が幅広く受容され始めたのは二〇世紀の中頃から後半という人類にとって新しい現象であり、その新しさのゆえに「黄金時代」の民主主義の受容は、多くの不十分な内容を含んだとしても重要な歴史的意義をもったという議論である。いまわれわれは、二〇世紀中葉から後半にいたる「黄金時代」のアメリカ合衆国政治を、民主政のあり方に焦点を当てて考えるものである以上、まず「黄金時代」の民主政を一般的に俎上《そじょう》に載せる議論から論を起こすべきであろう。

現在、アジアを代表する経済学者さらには思想家の一人、インド人アマルティア・センが、一九九〇年以降、二〇世紀を概観する趣旨でものした一連の言説は、二〇世紀民主政の意義づけによせてアジアにおいて育ったもっとも重要な思想潮流の一つを指示している。彼は、世界人口の圧倒的多数がすむ非ヨーロッパ世界において民主主義が多くの不安定性をはらみ、政治体制としてなお少数派である事実を指摘しながらも、「二〇世紀は数々の発展を成し遂げてきたが「そのなかでももっとも際立つのは民主主義の台頭であった」と確言するのである[2]。

センが民主政の意義を強調するとき、経済学者たる彼が当面の対抗軸とした思想は、アジアの発展、とくに経済発展を推し進めるのが民主主義ではなく強い指導力を行使する権威主義的政治体制によると主張する、二〇世紀末のアジアになお有力な、開発発展型の反民主主義的政治論であった。ただし、そうした当座のアジア的対抗軸を議論するセンが視野の奥に複合的にいれていたのは、アジアばかりではなかった。むしろ、その種のアジア的政治論を側面で支援する主張として彼が根底で問題としたのは、民主主義とは西欧が生み出し世界に提示した、あくまで西欧的価値を体現した政治体制論であると黙示的に解する、伝統的ヨーロッパ中心主義思想であった。非ヨーロッパ世界においても個人の自立を促すとともに、民衆の教育と「人間の安全保障」をめざそうとする民主主義を受け入れる十分な歴史的素地が存在する。もしそれが今日不全な状況であるとすれば、それはアジア人自身が過去に立ち返り、さらには未来に向けて克服していくべき自らの課題であろう。センは、そうした過去・未来への能動的含意をこめて、二〇世紀にみられた発展のなかでももっとも重視すべきは、ヨーロッパと非ヨーロッパを問わず、世界各地域の課題のなかで意識され深化していった民主政の重要性への認識であった、というのである。

第一次大戦期以降、ヨーロッパ列強による植民地化(あるいは半植民地化)を克服する過程で繰り返された戦争ばかりか内なる殺戮《さつりく》、さらには独立以後も続いた独裁政や飢餓。二〇世紀、暴力に満ちたアジアの歴史を熟知しながらも、「民主主義の台頭」を右の視点で強く主張するセンの議論は、今日のアジアに対して投げかけられた単なる希望的な問いかけではなく、本質的にはある歴史実態をもった政治論として吟味されてよい内容であろう。例えば中国における梁啓超から孫文へ、さらには日本における吉野作造など、二〇世紀前半から始まったアジア人自身による民主政理解に向けての努力は、その具体的成果としてセンがいう国民教育への高い関心、さらには社会改革への幅広い運動を独自に生み出すことで、全体として人権と政治的発言の自由を重んじる、民主政に向けてのアジアの政治運動また思想的系譜をつくりだしてきた。[3]インド人センは、そのようなアジア各所にみられた多様な努力を念頭に置いて、二〇世紀アジアにおける民主主義の台頭を明瞭な潮流と説明していた。あえて小括すればセンの思想は、二〇世紀アジアの歴史展開を自覚的に見据えたものであり、アジア社会またアジア人自身の努力と思想展開に基礎をおいた主張であろうと努めていることこそが、歴史的にみれば瞠目《どうもく》すべき事実なのである。[4]

さて、二〇世紀末においてアジアでの民主主義が、社会的・思想的地盤を広げながらも各国政治の現実ではなお多くの欠陥や拒絶の課題を抱えたものとすれば、他方、イギリスの歴史家マーク・マゾーアが二〇〇一年にものした雄論は、民主主義の台頭と定着が、実のところヨーロッパでもごく新しく、二〇世紀中頃以降の「黄金時代」政治史の中心課題であったとする議論を展開している。民主政を一九世紀以来のものと説く通説にあらがい、二〇世紀ヨーロッパ史をそのようにみるマゾーアのまなざしの奥には、民主主義がヨーロッパの根幹的思想であったと捉える既存概念への厳しい自己批判が読みとれる。[5]センの主張に併置して、注目すべきヨーロッパ論として紹介してみたい。

基本的人権と代議制を基礎とした民主主義政治理念は確かにヨーロッパ啓蒙思想のもとで胎動したが、その実ヨーロッパ史全体をみれば、人権と民主政が国家規模で幅広く認知されたのは、第一次世界大戦後に入ってからであった。第一次大戦はドイツ帝国をはじめとするヨーロッパの帝政・君主制を崩壊に導き、両大戦間期に入ってヨーロッパは民族自決の理念を梃子《てこ》に、初めて国民国家体制へと再編された。民主主義的政治制度はその第一次大戦後の国民国家という枠で、帝政の崩壊さらにはロシア革命という大きな政治変動のうねりを受けてヨーロッパ政治史上初めて本格的に導入されたのである。しかし、第一次大戦後に成立したその意味での新政治制度としてのヨーロッパ民主政は、初発においてすこぶる脆弱《ぜいじゃく》な制度であった。大戦後、社会民主主義政党を軸に、君主制を廃し憲法体制を整備した中欧地域の各国は、ワイマール共和国が典型的にそうであったように、大半が一〇年前後のあいだに自らの民主政を放棄していった。両大戦間期の後半にはいり、世界恐慌の勃発をへて広がったヨーロッパの基本的政治制度は、国民国家の枠で国民をより統合した政治規範に組み入れるために、激しい上からの宣伝や国民に対する操作、さらには強制までをいとわない、権力体制としてのファシズム体制であった。

三〇年代初め、おそらくは一度見捨てられた民主政がヨーロッパに改めて定着するきっかけとなった背景は、ファシズムが体制の本質とする暴力的側面に促されて破壊的対外戦争に突き進み、戦争と占領という激動のもとでかつてないほどの人間的、あるいは人口的災禍を引き起こした再度の世界大戦の体験を基礎とした。第二次大戦後のヨーロッパ国民国家は戦争の重い経験を糧《かて》に、国民国家体制そのものを放棄はしなかったが、自らの政治制度と対外関係の見直しから出発せざるをえなかった。大戦がもたらした悲劇的なまでの人的犠牲や暴力は人びとの記憶に強く残り、それらを癒すより緩やかな制度が社会改革とともに指向された。結局、政治的社会的課題を一気に解決するよりも、国民の人権を保障したうえで、幅広い政治勢力が相互に妥協しながら合意を形成する制度としての民主政が、一九四五年以降「東欧」として切り取られた部分を除いて、ヨーロッパの西半分に試行錯誤をへながら広がっていったのは、そのような歴史状況によるものであった。

かくして、一九四五年から七〇年代初めまで、ホブズボームが「黄金時代」と呼ぶ時期に、ヨーロッパは歴史上初めて、一面で手間ひまのかかる、しかも複雑な仕組みの政治的代表制である民主主義制度と長期につきあい、その制度を自己の内に経験として定着させた。その間に取得された緩やかな政治的合意のプロセスとそれに向けての国民的努力のあり方は、市民が国民国家単位でそれぞれの政治的・社会的権利を主張しながら穏やかに相互の共生を確保していく機構として、さらには新しい国民のアイデンティティを紡いでいく場としても、十分に評価され今日保持されていくべきものであろう、と。[6]

以上、マゾーアが説く二〇世紀ヨーロッパ政治史像は、第一次大戦期から二〇世紀後半までを国民国家体制の長い再編過程として捉え、ファシズムという深刻な対抗軸をもった民主政が国民国家と市民社会に定着していく過程を、実は試練に富んだ、しかも多くの国民的努力を要した過程であったと描いていた。

いったん民主政の論述から離れて、上記二人の議論に摺り合わせて本共同研究の立場と意図を記しておこう。われわれの研究は、二〇世紀の思想家センが抱く民主主義への信念を同じアジア人として深く受け止め、またそれゆえに歴史家マゾーアのまなざしにある、二〇世紀民主政が人類にとってなお新しい制度たることを自覚し、制度とその活用に係わる動態を歴史的にたえず検討する努力に学ぼうとしている。

われわれの共同研究は第二次大戦以後、国際関係のうえでは西ヨーロッパにもまして民主主義の中心にあると自称したアメリカ合衆国の政治と社会に関心を集中する。やや先取りしていえば、われわれはその時期の合衆国国家のあり方を、内には民主政を誇示するものでありながら、世界政治のうえでは、周辺各地域で模索された多様な民主政の流れと対抗する関係さえ取り結んだ帝国という、二重の特質をもつ国家であったと捉える。[7] しかも、国際的領域での帝国的様態とは一応切り離してみた国内政治過程でも、合衆国民主政はその間、幅広い平等の社会基盤を保持する政治制度として、さらには多様な議論を許容すべき自由の制度として少なからず苦悩し続けていた事実に注目している。ただしそうしたわれわれの叙述に関しては、次の認識が前提にあることをまず明記しておきたい。

われわれの意図は、第二次世界大戦後に台頭した世界的政治潮流としての民主主義を、もとより否定する趣旨では全くない。むしろわれわれは、制度としての「民主主義」が歴史的に生き生きとしたものであるためには、「共同体構成員」つまり「市民」が制度の動態にたえず注意を払い、機構や理念のあり方に対して改善の努力を緩やかでも続けていかねばならない、いわば民主主義とは穏やかでも不断の「プロセス」を本質とするものと理解する。第二次世界大戦後から「黄金時代」に向けて、国際的底流として広がりをみせた民主主義を世界史の中心テーマに据えその展開を実態にそくして叙述するためには、それぞれの地域の民主政がもった問題点とともに、良くも悪しくもこの間の世界政治に大きな影響を与えた合衆国国家のあり方と、いま一つ、合衆国民主主義のありようが批判的に検討されなければならないであろう。そのための基礎的事実を掘り起こしていくことが、本研究の一つの目的である。

2

「黄金時代」に戻り、民主政の内実にそって論点をいま少し明確にしよう。上述の通り「黄金時代」の民主主義が転機とみるべき新しい意味をもったとして、その新しさ、さらには特徴とはどのようなものであったかが、重要なテーマであろう。とくに民主政はこの間、原理的には一国の政治制度であることを超えて自由主義世界のイデオロギーとして、さらには国際的普遍性をもつ制度として鼓吹された。その点での国際性とはいかなる実態をはらんだか。他方、そうした普遍性の主張にもかかわらず、民主政がこの間あくまで一国政治制度であったとすれば、国家単位でみられた「黄金時代」の内なる民主政には、それ自体何らかの新しい特質を見出しうるのか。前者から考えていきたい。

冷戦期、自由主義世界は民主政を人類の普遍的イデオロギーと声高に説き続けた。しかし、そうした主張にもかかわらず、民主政が内実化した国々は二〇世紀末においてさえ世界地図の上で限定的である。「黄金時代」に関していえば、民主政を自らのものと主張し、歴史的にもそのように一応認めてよいのは、西欧、北欧、北アメリカ大陸、さらにはアジア・オセアニア地域では日本を含めた若干の国がそのような制度を保持したとみることができるにすぎない。民主政が特定地域に偏在したことが、国際的な意味での民主主義の間違いない特徴であった。おそらくその点から、民主主義とは本来的に西欧的価値観に依拠した制度という議論、さらにいま一つ、ある程度の経済発展と国民的豊かさを確保しなければ民主政は定着しないという、民主主義を自由主義世界が生み出す経済力などの特定条件に規定された制度とみる、民主主義の限定性を説く議論が登場していた。

なるほど政治制度としての民主主義の普及について、各国の歴史条件が制約を果たしたとする主張は、各国政治史の展開をミクロに説明する立場では不可欠の議論であろう。しかしその点を認めたうえで、いま一方、世界史的視点からいえば、そもそも民主主義を保持した国家、そこにおける民主政が国民国家の一国政治利害、経済的関心と頑強に結びついていた事実が、民主主義の国際的展開力を少なからず鈍化させた可能性に注意してよい。一国単位の民主政ないしは特定地域の民主政と、より広い領域への民主政の展開とは、実のところ矛盾さえ含みえた。問われるべきは、民主政国家が内における民主政保持を基本の政治原理としながらも、国際的には非ヨーロッパ世界への民主主義の展開を限定的なものと捉え、そのための条件整備に否定的役割さえ担った歴史的経緯が、明瞭に存在する事実である。

第二次世界大戦以後、アメリカまた西欧が、反共冷戦構造を梃子に世界政治・軍事において指向した強力なヘゲモニーの主張、さらにはブレトン・ウッズ体制として制度化した南北格差を構造的に含んだ国際経済のあり方は、いわゆる第三世界と呼ばれる地域に、民主政とは背反する政治規範や暴力的政治行動をはびこらせる可能性を強く含んでいた。一例をあげよう。本書の第二章「海外介入の論理と実態——アルベンス政権打倒にみるアメリカの行動」は、長く独裁政に呻吟《しんぎん》してきた中米グアテマラの動向を例にとり、アメリカが五〇年代、第三世界国家の民主政の進展に明らかに否定的役割を担った事実を解明している。大戦中の政治革命をへて五〇年、自由選挙で選ばれ、強い民族主義的傾向と農地改革を中心とする社会改革実施を掲げたハコボ・アルベンスを大統領とする、五〇年代前半のグアテマラ改革政権は、この国に伝統的であった独裁政権を克服し不安定でも民主政をめざす、「黄金時期」の第三世界に現れた新たな政治過程の一つであった。しかし合衆国は、政権成立から四年後の五四年、冷戦の論理と、さらには中南米でのヘゲモニー維持にグアテマラ政権が障害となった事実を背景として、アルベンスを合衆国の手によって葬る行動をとった。その後のグアテマラにみられたのは、再び暴力的な独裁政の復活であった。軍事介入という、内政干渉をはるかに超える行動がその転機にとられたのであり、こうした事例が他にも見出しうるとすれば(例えばイランにおけるモサッデグ政権の打倒など)、「黄金時代」における民主政の国際的展開は、アメリカ帝国が反共、対ソ封じ込め政策のもとに秩序づけた国際関係と激しく相克さえしていた可能性が、論じられねばならないのである。

第二次世界大戦後の国際関係の特徴の一つであったアメリカの帝国化への動きと、他方、その間、原理として広がった世界規模での分立する国民国家体制への転換が同時に進んだ事実は、民主政という観点からみるとき、西側陣営とされる一群の国民国家体制に民主政の拡大をもたらした一方で、植民地体制から解放されたアジアの多くの新興国においては、民主政をむしろ不要な余裕と否定する軍部独裁あるいは権威主義体制などを幅広く許容していく二極化への傾向を構造的にもった。そうした軍部独裁ないしは権威主義的体制がアメリカの世界政策の影響下にあった東アジアから東南アジア、さらには中東というアジアの沿岸地域、さらに中南米に数多かった事実は決して偶然ではなかろう。合衆国の傘で戦後ドイツさらには日本において民主政の拡大がみられた事実が重要であったとすれば、民主政の国際的拡大にみられた負の構造もまた、今後精力的に解明されてよい歴史課題である。[8]

議論を一歩進めよう。広がりが限定的であった民主政、あえていえばアメリカ・ヨーロッパを主軸とした先進資本主義国の政治制度にとどまった「黄金時代」の民主主義は、それでは国内政治体制としていかなる内的特質をもったか。とくに民主政が一国政治枠に密接に結びついていたということは、どのような含意をはらんだか。本節が問うべきいま一つの論点である。

一般的にいえば、「黄金時代」期民主主義には、それ以前の民主主義と確実に区分される歴史的特徴が、しかもそれを制度として採用した各国に共通してみられた。なかでも第一に注目すべきは、その間、先進各国が保持した民主政、さらにはドイツまた日本などの旧枢軸国がとった民主政への移行と定着が、広くいえば「黄金時代」の最大の特徴であった各先進国間の活発な国際経済活動、それを基盤に各国経済がみせた急速な成長と結びついていた事実であった。順調な経済の拡大が手間ひまかかる民主政の安定や拡大を、かなりの場合支えていたといってよい。とくに五〇年代に入っての奇跡の成長と呼ばれた経済拡大が、戦争に敗れあるいは経済的に疲弊したヨーロッパ各国また日本における民主政の安定に決定的に大きな影響を与えた事実は間違いなかった。

さらにいま一つ、民主政の基盤である代議制の性格が世界恐慌以前の特徴であった基本的人権の保障や公民化、つまり男女を含めた普通選挙制度の整備という狭い政治的特質にとどまらず、社会政策、とくに国内福祉行政機能を広範に取り込んだ政治・経済・社会体制へと拡大した点も重要であった。政治理念としてT・H・マーシャルが「社会権」と呼称した、新しい国家機能の拡大と、民主政の結合が、政党の性格変化さらには行政の変容を梃子として、この間の民主政国家に進行した。その結果として各国に共通した福祉行政機能の多様化と拡大は、政府の経済政策権限の増加とも相まって中央政府を第二次大戦前に比して格段に規模の大きな、また幅広い権能をもつものへと拡大させ、そこには代議制という定義を超えて行政国家と呼ばれるまでに肥大した国家機能が整備されたのが、「黄金時代」の民主主義のさらなる特徴であった[9]。

ちなみに「黄金時代」の民主政の特徴を以上のように理解するためには、やや回り道となるが次の事実にも関説しておかねばならない。民主政は二〇世紀初頭まで、自由と自助の原理を語ることが圧倒的であり、社会福祉を行政に取り込むことに対してとくに積極的なイニシャティヴを示した政治体制ではなかった。言い換えれば同時期、社会政策を中心とする福祉国家的機能が登場したのは、民主政という政治制度のもとではなかった。中心的な福祉国家機能の一つとされる退職年金制度などの社会政策が一八八〇年代、帝政ドイツの主宰者ビスマルクのもとで、社会管理あるいは上からの社会安定策という、民主政とは異なる原理で導入されたものであったことは、十分記憶にとどめられてよい事実であろう。

そのような歩調の異なる前史をもった福祉国家機能が民主政の一環として追求され始めたのは、第一次大戦以後、とくにアメリカ合衆国ではニューディール改革のもとであり、スウェーデンでは一九三二年以降の社会民主党政権の改革、さらにイギリスでは第二次大戦期のビバリッジ報告を重要な転換点とした。しかし、ニューディール改革、スウェーデン改革、さらにはビバリッジ報告のいずれにおいても、民主政が福祉国家機能の拡大をめざしたその段階では、第二次世界大戦後の経済の著しい拡張、繁栄の時代がもたらす余裕、さらには大規模な消費社会への移行は想定されていなかった。国民経済の回復が将来の願望にあったことは確かであったが、それ以上に例えば合衆国民主政が社会政策を導入した直接的動機は、富の極端な格差の是正、社会的公正の確保、社会的諸階級間の緊張の緩和という関心が重要な意味をもった。あえていえば、国民国家体制としての民主政が一九三〇年代、その種の転換をめざした背景には、社会民主主義政党の台頭や労働運動の拡大を先頭に、市民の側から組織された社会的公正確保の運動があり、それらを基盤として政治エリート間で合意された、国民国家の安定を維持し、さらには代議制を基礎におく政治共同体の均衡を回復しようとする理念があった。不況下のニューディールの左旋回と呼ばれた展開、さらにはビバリッジ報告に込められた社会改革理念は、そのような現状変更の方向性を持ったものと理解することが歴史的実態に近かった。[10]

以上の先だつ事実は、第二次世界大戦後、とくに「黄金時代」に入って展開する民主政が時の経過とともに異質な政治社会環境へと移行し、理念と実質の乖離《かいり》が進むという、それ自体として複雑な現実政治過程をたどったことを示唆している。国民国家単位で民主政が福祉国家機能に目を向けた転機は理念のうえでは確かに世界恐慌期にあったが、しかし実際に社会政策領域を大規模に拡大した時期は、第二次大戦後のとくに五〇年代から六〇年代に入ってからであった。その際、国民経済の先行する急速な成長、それによってもたらされた賃金の上昇や税収の増加などの経済の増加部分が、富の再分配過程であれば起こりえた福祉国家機能の拡大に係わる社会対立を大きく緩和した。社会政策にふり向けられる資金は、富裕層や企業の負担によるばかりか、増大する一般税収、さらには国家管掌社会保険負担という経済の成長部分からまかなわれ、民主政はそうした経済成長を維持しながら、他方で社会政策を幅広く整備管理する主体として政治的正統性を拡大した。

ただその過程がはらんだ危険は、経済成長が順調であれば表面化しない問題であったが、社会政策の拡大、保持は重要でも原理的には補助的であり、繁栄の維持や経済成長が国民国家と民主政の第一義的政策課題に置き換えられていく可能性であった。「黄金時代」の経済成長はなるほど社会階層として中産階級をかつてない厚い層としてはいたが、それ自体として富の格差を縮める効果は少なかった。にもかかわらず繁栄と社会政策の拡大は、結果として富の格差を見えにくいものとした。その結果、七〇年代初めまで持続した経済成長は、先進資本主義諸国の福祉国家化の決定的基盤となった反面で、成長が社会政策の拡大を求めた当初の公共的政治理念を弱め、さらには社会政策提案の主体であった市民運動を拡散化していくという逆説を生み出していった。あえていえば、社会政策は公正の確保をめざすものであるという三〇年代の理念の希薄化、歴史化が、徐々に進行した。その点で、アメリカ合衆国の黄金時代における民主政と福祉国家化が、他の国にもまして豊かさの拡大に依存したものであったことはすでに多くの研究が指摘している。七〇年代中葉を転機に鈍化した経済成長とそれを引き金に八〇年代、合衆国の福祉機能が著しく後退した事実は、経済成長と福祉の相関関係の強さを示唆した[11]。これも世界史としてみれば、重い事実であった。

3

改めて整理しておこう。第二次世界大戦以後、民主政が福祉国家機能を取り込み、さらに経済拡大がそれを抵抗ないものとするという二つが折り重なった過程は、ある意味では歴史における幸運な偶然の結合であった。その過程で、アメリカ合衆国と第二次大戦後の西ヨーロッパ地域の国民国家は、七〇年代前半までに国家が社会政策の実施責任や負担を担うかたちで市民生活に穏やかに浸透するという、古典的自由主義国家の民主政とは明確に異なる国家様態へと変容した。ただし、その事実は、すべてが民主政の「進展」とはいいがたい逆説的でまた複合的側面をもった点も、「黄金時代」の歴史実態にそくして同時に問われねばならない。以下、議論の軸をその点に移し、第二次世界大戦後の合衆国民主政の展開を右の複眼的視点から概観したうえで、さらにその展開に批判的であった同時代人の観察を取り上げてみたい。

およそ第二次世界大戦以降の合衆国民主政の展開は、一方において社会保険制度の整備(国民皆保険を欠いたが)から貧困者扶助、さらには高齢者保護、人種平等政策の導入という福祉国家化への道を歩むものであったが、他方、福祉国家化という視野だけでは捉えきれない多様な要素が文字通り複合しており、あえていえば現代国家の展開と表現するより広い文脈で論ずべき多くの内容を含んでいた。ちなみにその現代国家という視野から比較政治史的に俎上としてよい最大の問題は、この間の合衆国における連邦権力、とくに行政権力の拡大であり、さらにはそれと密接に関係した軍事大国化であった。第二次大戦後、合衆国の軍事予算は一旦は大幅に減額されたが、冷戦の開始、とくに朝鮮戦争の勃発とともに拡大した。以後、連邦予算に占める軍事予算は七〇年代半ばまで終始二〇%前後の高水準を保ったのであり、総体として巨大化する連邦予算と軍事支出が合衆国経済の拡大に与えた刺激は、同時期の先進資本主義国のいずれに比しても際立って高かいものであったことは疑いなかった。

その刺激をやや微細にみておこう。確かに軍事支出の影響を数量化する点では論者によって評価が異なるが、例えば軍事予算は、朝鮮戦争からヴェトナム戦争まで、合衆国が帝国周辺地域でたえず携わった膨大な戦時支出をまかなっていた。さらに軍事支出は戦時ばかりか平時においても重要な意味をもった。とくに、兵器その他の軍需物資の発注にあたって民間企業に基本コストを保障する優位価格を認めた点など、軍事に係わる消費は時代の潮流であったインフレ的購買力を大量に創出する源泉であった。加えて、核時代に入っての高度の技術戦を想定した軍事予算は、たえず最先端の航空技術開発、あるいは情報解析システムであるコンピューターネットワーク開発を先導するなど、近代科学の先端開発を担った点も大きかった。それらが民生応用を介して合衆国経済に与えた間接的影響は、原子力発電などの見えるものから、コンピューター技術の革新といったほとんど定量化しがたいものまで含めて、奥深かった。

七〇年代以降そうした事実を認識する研究者が連邦経済・景気政策を「軍事的ケインズ主義」と呼称したことからも知られるように、[12] 第二次大戦後の合衆国の軍事支出は、その量と質からみて二〇世紀民主政のあり方の中心問題に据えて考慮しなければならない多くの問題を含んだ。例えば軍備縮小を軸に平和の保持を民主政の中心課題とみる視点から考えれば、「軍事的ケインズ主義」なるものは合衆国民主政の展開に重要な抑制要因であったと捉える立場に、それなりの見識を認めねばならないであろう。

もとよりその種の議論はさしあたりある彼岸的立場からの批判であって歴史的に論ずべき民主政総体の位置づけとはいいがたいとすれば、いま少し客観的に「黄金時代」の合衆国民主政について重要であった点は、その期の経済政策の中心にあった「軍事的ケインズ主義」が経済ばかりか社会全体、さらには政治過程の中心部分におよぼした波及的影響、広い意味での政治社会的ダイナミズムであった。

政治史的にみておこう。三〇年代以降、合衆国において福祉国家化や社会政策の導入を求める中心勢力となったのは、三〇年代に急成長した労働運動さらにはその周辺の市民運動であった。しかし、労働運動は第二次大戦以降、とくに朝鮮戦争前後の時期から反共路線をめぐる民主党内の分裂も手伝って、経済拡大につながる「軍事的ケインズ主義」の最大支持勢力である実業的政治経済勢力と、徐々に協調的となる動きをみせていった。しかも六〇年代後半までには協調的であるばかりか、労働運動自体が後退を始め、結果として彼らの運動は軍事大国化につながる経済社会のあり方を問う運動としては相対的に劣化の傾向が著しかった。階級対立型から大衆社会型への移行と説明される、その社会運動の変質は、六〇年代、労働運動の範囲外に女性の権利なり、環境問題など新たな社会問題を構築する多くの市民運動を多元的に生み出してはいたが、他方で、広く社会的公正や共同体的均衡を確保していこうとする政治的・社会的要素の相対的後退という側面は避けがたかった。歴史家ロバート・ウィービーらが、政治的議論の場に不可欠な市民的自律性の希薄化と指摘した、二〇世紀中葉から後半の合衆国民主政を特徴づける保守的性格が、投票率の低い選挙の実態から日常の定型化した行政、さらにはマスコミが管理する政治的争点の設定という領域にまで広がっていた[13]。

かくして「黄金時代」の政治的ダイナミズムが結果した保守化は、もとより市民的自律性の希薄化、その背景となった労働運動や市民運動を徐々に拡散させた経済拡大、繁栄のゆえばかりではなかった。いま一方で、第二次大戦後、軍事大国へと向かう合衆国政治の基調をなした国家主義的思想潮流が、合衆国政治に上から覆いかぶさるいま一つの重要な規定要因であった。「黄金時代」の始発期である五〇年代には政府がふりまく極端な愛国の風潮が市民的運動や思想を圧殺する勢いまで示したことは、本書の第一章が詳しく論じるところである。

五〇年代の国家的気運が冷戦開始期の特異な緊張によるものであったとしても、問題はそこで終わらなかった。愛国主義が六〇年代後半ヴェトナム戦争の過熱、行き詰まりのなかで挫折したあとでさえ、およそ七〇年代前半には明確に行政国家化したとみてよい合衆国連邦権力の拡大は、その基底に民主政という観点から見逃しがたい新しい問題をすでに生み出していた。民主主義は市民からの提案、批判のシステムを不可欠の要因として活力を維持するものであるとすれば、そうした市民を一方的に世論操作対象と捉えるような、高度に行政化した専門組織が情報や知識を管理していく、そうした国家機構が、六八年選挙、さらには七二年選挙に大勝したリチャード・ニクソン政権などには典型的にかいまみられた。共和党政権、民主党政権を問わず、四〇年代以降の戦争と世界政策、さらには景気管理型の経済政策が生み出したその種の行政国家の肥大化は、すでに七〇年代には情報の権力の下への集中という意味で、代表民主政を形骸化させ、むしろ権力体の行動を正統化する道具と化してしまう奥深い問題を含んだ。制度としては民主的であるが、情報を権力が管理していく傾向、例えば、政党が市民活動や運動と遊離し、既成利益とこれまでにもまして結びつく権力機関化していく傾向が、行政国家を支えるものとして明確に問題とされ始めたのもこの時期であった[14]。

七〇年代後半、連邦行政機構の肥大化の問題は、その時期に噴出したウォーターゲート疑惑さらには経済の停滞による連邦行政への信頼低下もあって広く批判され、やがて行政の情報公開など政治体制全体として改善の方向が探られていく課題であったが、にもかかわらず中央権力の拡大と形骸化しやすい民主政のあり方が、その後四半世紀をへた今日でも民主主義の深刻な制度的問題であり続けていることは、いうまでもないであろう。その点では本研究は、「黄金時代」の歴史研究をめざすものであり、今日の民主政が抱える様態にまで言及しえないが、あえていえばわれわれの研究は、上記の問題が時間的にどの時期から明確に登場し始めたかを比定することによって、問題の歴史性と特徴を具体的に明示できるかもしれない。事実、「黄金時代」のただ中、合衆国の民主政が抱え始めた上述の問題を鋭く認識し始めていた一連の知識人がいた事実は興味深い。彼らの論説をひもとくことは、問題の起点、さらにはその問題を「黄金時代」の同時代人がどのように理解したかを知る点で大きな意義をもつ。以下、二、三の議論を引いてみたい。

その一人、社会学者デイヴィッド・リースマンが五〇年代から六〇年代前半にものした一連の論説は、経済拡張をめざす社会においての市民意識、さらには市民運動のあり方を俎上としたもっとも初期の議論として傾聴に値する。例えば、リースマンが五八年に記した「豊かさのゆくえ」は、次のような言説をとおして市民意識のあり方さらには合衆国民主政の現状を鋭角的なまでにえぐり出した歴史的証言であった。指摘を聞いてみたい[15]。

第二次大戦の経験から、アメリカ人は戦争というものが自国外で行われる場合には不況を克服する方法でもあるし、決して不愉快なものでもないということに気づいた。……軍事費に対してアメリカの世論は決して否定的ではない。軍事費が経済全体を支えているのだということを認識している人びとが、暗黙のうちに軍事費に目をつぶってくれている。……完全雇用はこれまでどおり続くだろうという楽観的な気分が、そこにはあるからである。……〔しかしながら〕私のみるところでは、経済活動をただ活発にするという以外の社会的目的を持たないような支出は、全くの無駄使いとしか言いようのない副産物をうむ。それは結局のところ、非能率的な形で経済全体の速度をゆるめ、志気を低下させ、本当の独創的な目的を失わさせる結果になってしまう。……われわれは何を求めているのか。……〔今日、若者達に対する〕インタビューの印象からいうと、新しい欲求、新しい望み、そして、それらを満足させてくれるように組織された社会のパターンのイメージなどを示唆するような、現状に対する不満感がほとんどみあたらない。……未来に関する真剣な議論がアメリカには欠け、……われわれはまず生活し、後になってから考える。そういう種類の人種であろうとしている。

……二つの世界大戦で、アメリカは一昔前の社会思想の中にある福祉と正義のレベルの実施を延期してしまった。……豊かな時代は豪華であると同時にまた悲惨である。

リースマンが、市民の政治意識さらには自立した公共的価値意識の希薄化を民主政が抱える新たな問題と指摘し始めたのに対し、やはり五〇年代中頃、急速に世界帝国化する合衆国連邦政治のありようを、国家のあり方、また権力の問題として批判したのが、経済史家デイヴィッド・ポッターであった。やや長くなるが、帝国的国家の矛盾を摘出する点でもっとも早い時期の一つであった彼の議論を次に引いてみたい。

ポッターは、一九五四年に著した『豊穣の国民』という論集で、民主政をあたかも国是のように教義化して世界に振りかざしていく第二次世界大戦後の合衆国のイデオロギー的対外行動を、醜悪なものとしてまず批判した[16]。なるほど合衆国は、個人の自由を基礎とした民主政を一八世紀末の独立革命から一九世紀前半の男子普選の定着によって制度化した、近代世界史における最初の民主政国家であった。その誇ってよい事実から、合衆国は建国以後自由と民主政の拡大、あるいはそれへの支持を世界に対して鼓吹する目標、あるいは自らの民主政体を世界に投影することを使命とするかのように行動してきた。しかしながら自らの民主政を外に対して押しつけるアメリカの宣教師的な行動は、実のところ驚くほどの挫折に満ちていた。とくに第二次大戦以降、合衆国が説く主張は、現代の民主政が本質とする幅広い市民に経済的豊かさを広げるべき柔軟な社会システムではなく、むしろはるかに古い、自由企業と民主政の外観的整備をことさらに強調するイデオロギー的宣伝に近いものとなっている、と。

一九五四年、合衆国の冷戦政策が世界大に拡大していく時期、ポッターは、そうした合衆国の行動が過去から今日までいかに悲劇的な結果をもたらしたかを次のようにも指摘していた。

皮肉なことに民主政の原則を今日までに受容してきた〔イギリスほかの〕国々の国民は、その制度化の経過について合衆国に対し、ごくわずかな恩恵を感じているにしか過ぎない。むしろ、〔多くの国々はイギリスに対して感謝しても、〕合衆国は別世界の無関係な国であるかのように彼らの民主政を設計してきた。西ヨーロッパ諸国が彼らの民主政体の思想的淵源とするのは、決してアメリカの民主思想ではなく、ヨーロッパの社会民主主義思想なのである。〔ヨーロッパの民主政諸国がそうであれば、今日、非ヨーロッパ世界に族生する多くの諸国民に対する合衆国の影響力はいっそう深刻なものである。〕……アメリカは、われわれが掲げる民主政という思想的主張がほとんど理解されない事実に日常的に直面し、合衆国の理念が懐疑と無関心の冷ややかな目で迎えられている現実に慣れるまでになっている。……われわれが世界において友人を得るとすれば、その友人は、社会的に抑圧された人びとというより、実はそうした人びととは全く異なる資産家であり、保守的な階級に属している人びとなのである。[17]

ちなみに三〇年代、ポッターはニューディールの展開を左で支えたリベラル左派の論客であった。そうした彼であれば、上述の通り国際政治に対して優れた同時代観察者であったが、対外政策への観察と表裏をなす、彼が五〇年代の合衆国・国内政治状況に対して記した鋭角的な批判も興味深い。彼はいう。

ニューディール以降の民主政は、「束縛からの自由」ばかりを強調するのではなく、「社会的欠乏からの安全」にも目配りすることで自由の概念を広げてきた。今日の民主政は、国民に豊かな生活を拡大し、それに向けての経済的活力と成長を生み出す柔軟な社会システムとして認識されつつある。しかしながら民主政の本質が、そうした、自由な能力の発揮によって経済の発展をもたらす文化的なシステムであり、豊かさを幅広く社会に広げる多元的機能をもつものとすれば、今日の合衆国を覆う政治機運は、それに反するかのように硬直した、しかも国家主義的性格を強くおびる。「自由企業」の優位をしきりに説く点がその一面であるが、さらに民主政にとって深刻な点は、およそ漠たる国家目標のために必要以上の友愛的結合を国民に期待する、同意確保の制度とされつつある機運である。豊かさとそれを多元化しようとする民主主義の基盤が深刻な問題に直面していることを私は危惧《きぐ》する、と[18]。

以上、リースマンとポッターの議論が五〇年代中頃から後半のものであった事実を確認すれば、彼らの議論をもはやこれ以上引用することは控えたほうがよかろう。本共同研究はリースマンらが問題とした五〇年代のアメリカ民主主義の動態をさらに個々の局面に分け入って具体的に明らかにすることを課題としており、必要をこえた一般的議論は屋上屋を重ねるものとなろう。ただしさしあたり上述の議論から確認すべきは、「黄金時代」の合衆国民主政に対して同時代人からすでにいくつかの批判が提示され、そのあり方について対抗的な問題提起がなされていた事実である。彼らの議論を歴史的にどのように受け止めるべきか。そうした批判的議論の存在は、一方において合衆国社会の奥深さ、その内部における多様な知性を証すものと考えてよい。彼らの批判が現実政治に与えた影響を論じることも、その意味ではありうべき作業であろう。しかし、同時にわれわれは上記二人の議論に、以後、合衆国において繰り返し問われ続けていく歴史的課題の起点を読みとることがやはり重要であると考えたい。

リースマンが民主政を動かす市民の側の能動的な働きかけの意義を強調し、豊かな社会の市民の側にある問題点をえぐり出そうとしたのに対し、ポッターは、合衆国民主政が制度として同意調達の機関化していく状況、場合によっては国家主義的気運に傾く特徴を指摘していた。その視点に加えて、合衆国が国際的な意味で民主主義の拡大を促すより、むしろ制御を加えるような帝国的地位を世界政治において占め始めている可能性も、ポッターが暗黙に摘出した問題であった。二人が指摘したこうした現実が、今日どのようなかたちで継続しているのか。それについては本論の域を越えるが、上記二人の論者が指摘した問題が二〇世紀後半から二一世紀の合衆国政治過程にとって、さらには世界において依然深刻な問題であり続けていることは間違いない事実であろう。

なお五〇年代、合衆国が国際的な意味で民主主義の拡大を促すより、むしろ制御を加えるような帝国的地位を占めつつあることへの危惧については、この時期のいま一人のリベラル、ヘンリー・コマジャーがさらに明示的に指摘し警告したが、その事実についてはすでに触れる機会があったので、ここでは省く。ただ、そうした言説をものした注目してよい人物として彼の名前も、上記二人と同列に添えておきたい[19]。

4

序論をかく結びたい。一九五〇年代、合衆国民主主義は一方で福祉国家に向けての独自の展開をみせ始めるなどそれなりの活力を保持したが、同時に多くの側面で新たな苦悩を抱え、もがきながらの跛行《はこう》を続けていた。以下われわれは、「黄金時代」における世界的な民主主義の潮流を念頭に置きながら、それとの複雑な絡まり合いをもつものとして合衆国民主主義が同時期にたどった足跡、さらにはその内的展開のダイナミズムを叙述していく。「黄金時代」の民主主義、例えば合衆国民主政は、いかなる政治制度もそうであるように単に理念の問題として捉えられるべきものではない。そこには多様な人びとが市民として係わり、各々が制度としての民主政と日常的に向き合い、なにがしかの影響を与えながら、他方でその枠で権力を握る人びとが必ず生まれていく歴史であった。民主政のもとでの権力とは、「黄金時代」の合衆国においてどのようなものであったか。本共同研究の基本的視点は、この時期の合衆国の民主政をそのような歴史の動態として捉え、多様な市民と権力機構が民主政という制度のもとで複雑に交錯し、さらには葛藤するさまを、合衆国が帝国化していく二〇世紀中葉からの国際関係と密接に関連づけながら叙述していくことにある。それが、アメリカ合衆国政治社会史、さらには広く世界史としてみた二〇世紀民主政のあり方の理解に多少とも寄与できれば、本研究を進めたものとしてこれにまさる喜びはない。

最後にこれまで触れえなかった一点に簡単に言及しておきたい。本書の第三部は五〇年代に展開した市民権運動の足跡をたどっている。民主政に主体的に係わろうとする市民の運動として、第二次大戦以後本格的に起こり六〇年代まで展開した市民権運動は、「黄金時代」の合衆国民主政の展開に深い影響を与えた運動であった。

そもそも、五〇年代、合衆国南部に居住するアフリカ系アメリカ人は、合衆国憲法修正第一四条さらには第一次大戦後の各国民国家体系が広く認めた、「市民」としての平等の権利と法的地位を拒否されていた。彼らの運動を「市民権運動」と呼称するのは、運動の出発点が、公民としての権利に先だって、市民としての平等の権利さえ否定された状況の克服をめざしたものであったからである。彼らの運動は、そうした市民としての平等が根元的に意味するものへの問いかけ、その基礎的権利の回復要求から始まり、さらには市民概念の注目すべき理念的進展をも呼び起こし、六〇年代には、アメリカ市民としての社会的権利の歴史的回復をめざすアファーマティブ・アクション（積極的差別是正措置）にまで及んでいった。単に生活扶助というにとどまらず、教育機会や企業活動の優遇措置にまで踏み込んだ積極的差別是正措置が、六〇年代後半から七〇年代初め、合衆国が他の先進資本主義国にないものとして進めた社会福祉国家化の重要な一部分を占めるものであったことは、歴史的に確言されてよい。あえていえば近代史が背負った市民概念のもとで、人種ないしは民族の問題は、理念と現実がたえず摩擦を起こす最も弱い環であった。その問題を正面にすえ、差別されたものの権利の遡及的回復をめざそうとした措置は、それが社会権に係わっただけに、社会福祉国家の内実をより多様なものに、また豊かにしたことは、少なくとも七〇年代までは認めてよい事実であった。

しかし、そうした福祉国家化へと進んだ「黄金時代」の民主政が、繁栄する国民国家の経済社会組織枠に多様な市民運動を取り込み、結果として市民運動の分散化をもたらす結果をもった事実については、すでにわれわれは一般的に触れた。五〇年代から展開した合衆国の市民権運動も、歴史的運動としてはやはりその例外でなかった。本書の第五章で川島は、五〇年代前半から台頭してくる南部の市民権運動が地域運動体として、ミドルクラスを中心とした指導者部分から「被差別・非抑圧民衆」まで、階級複合的な構造をもったことをまず指摘する。そうした複合的運動は、人種隔離体制の撤廃に明示される市民権の平等保障、さらにはアフリカ系アメリカ人の一部に対する社会権の優先保護という、合衆国「国民国家」理念のひとまずの再構築をへて、運動としてある分解をとげていかざるをえなかった。川島は、今日、市民権運動を歴史的に論じるのであれば、運動以後にまでいたる長期のまなざしをもって捉えることの必要性を強調している。

川島の視点は、現在のわが国における市民権運動を論じる視点に、おそらく研究上の重要な一石を投じるものであろう。もとよりそうした彼の視点は、市民権運動が歴史的に果たした独自の役割を否定するものではない。しかし、「黄金時代」、とりわけ五〇年代の歴史展開は、同時代人が語り伝えたものからは距離をおく、さしずめ記憶のプリズムを一枚一枚引きはがすような事実の客体化作業をすでに歴史研究者に求めている。市民権運動を、同時期に展開するアメリカ合衆国国家さらには帝国と向き合う、多様な市民たらんとする人びとの運動として客体化し、運動に含まれた複合的要素を腑《ふ》分けしながら叙述していこうとする彼の目標は、「黄金時代」の民主主義と合衆国民主政を世界史の動態として捉え、相互の連関と歴史的実態にそくして位置づけていこうとする本共同研究の長期的目的の一翼をなすものである。われわれの共同研究をそのようにみていただければ幸いと思い、市民権運動の本研究に占める重要性から最後に一言したものである。

註

1 Eric Hobsbawm, *Age of Extremes: The Short Twentieth Century, 1914-1991*(Michael Joseph, 1994), pp.257-258.

2 アマルティア・セン著、大石りら訳『貧困の克服——アジア発展の鍵は何か』(集英社新書、二〇〇二年)一〇二頁。

3 狭間直樹編『共同研究　梁啓超』(みすず書房、一九九九年)、吉野作造「普通選挙主張の理論的根拠に関する一考察」『吉野作造選集』第二巻(岩波書店、一九九六年)一五五〜一七二頁参照。

4 セン、前掲書、二一〜二九、七一〜九四頁。

5 Mark Mazower, *Dark Continent : Europe's Twentieth Century* (Vintage Books, 1998).

6 *Ibid.*, especially ch. 9 and epilogue.

7 第二次大戦後の合衆国国家を「二重の特質をもった国家」とみる視点については、すでに先だつ拙稿において論じた。重複を避ける意味でここでは詳論を省くが、あわせて参照いただければ幸いである。拙稿「国民国家と帝国のはざま——展開する二〇世紀アメリカ合衆国国家」、木村靖二・中野隆生・中嶋毅編『現代国家の正統性と危機』(山川出版社、二〇〇二年)一六〜二四頁。

8 この点については今後実証研究が積み重ねられるべき課題であろうが、さしあたり筆者の考え方については別の機会にいま少し詳しく記した。あわせて参照いただければ幸いである。拙稿「回顧と展望——ヨーロッパ現代・一般」『史学雑誌』第一一一編五号、二〇〇二年、五月。

9 以上の論点については、以下が最良の先行文献であろう。Andrew Shonfield, *Modern Capitalism: The Changing Balance of Public and Private Power* (Oxford University Press, 1965). Cf. T. H. Marshall, *Class, Citizenship, and Social Development* (1964).

10 拙著『ニューディール政治秩序の形成過程の研究——二〇世紀アメリカ合衆国政治社会史研究序説』(京都大学学術出版会、一九九三年)四八三〜四九九頁、Marshall, *op.cit.*, pp.336-338; Mazower, *op.cit.*, pp.134-137, 186-189.

11 Shonfield, *op.cit.*,pp.298-329. 拙稿「再び変貌するアメリカ」紀平英作編『アメリカ史』(山川出版社、一九九九年)三九七〜四三二頁。

12 Fred Block, "Empire and Domestic Reform," *Radical History Review*, 45 (Fall 1989), pp. 98-112.

13 Robert H. Wiebe, *Self-Rule: A Cultural History of American Democracy* (The University of Chicago Press, 1995), chs. 9, 10.

14 行政国家化がはらむ問題を政治学の立場から最初に問題とした本格的研究は、一九六九年に発表されたセオドア・ロゥイの研究であった。Theodore J. Lowi, *The End of Liberalism: The Second Republic of the United States*(Norton, 1969).

15 David Riesman, "Abundance for What?," *Bulletin of the Atomic Scientists*, Vol. 14 (April 1958), pp.135-139. 加藤秀俊訳『何のための豊かさ』(みすず書房、一九六八年)一七九、一八五〜一八八頁。

16 David M. Potter, *People of Plenty: Economic Abundance and the American Character* (The University of Chicago Press, 1954), chs. 5, 6.

17 *Ibid.*, pp.132-133.

18 *Ibid.*, pp.140-141.

19 Henry Steel Commager, et al., *Civil Liberties under Attack* (University of Pennsylvania Press, 1951); idem, *Freedom and Order: A Commentary of the American Political Scene* (New York: George Braziller, 1966).

第I部 冷戦の開幕とアメリカ社会

第一章

挫折した「戦後平和」への期待

紀平英作

はじめに

一九四五年五月のドイツの降伏に続いて三カ月後の八月一五日、日本の降伏によってアメリカ社会は、三年半に及ぶ第二次世界大戦から解き放たれた。日本降伏の時点で世界大に配備された約一二〇〇万人に及ぶ兵士はもとより、母国にあった市民の大半も、八月一五日を、特別の喜びで迎えたことは間違いない。[1] いつ襲うかもしれない死ばかりか、戦時動員社会が常態化した集団的規律や緊張からの解放。第二次世界大戦直後のアメリカ社会には、最低限人びとが安心して生活できる平和が回復されるという、単純でも、なににも勝る「平和への願望」が幅広くみられた。戦後の混乱や国際紛争を武力に頼らず交渉で解決しようとする関心とともに、その願望は、「平和」に対する素朴な市民的心性といってよかった。戦後直後、新設の国際連合に対する期待がことさらに高かったことは、そうした文脈で理解しうる事実である。

加えて、戦後直後にみられた「平和」への心性には、素朴という枠を越えて、戦争の終了段階でアメリカ市民が幅広く経験したいま一つの共通の認識が絡んでもいた。歴史的にみればその意識も掘り起こすに値する。四五年八月、戦争の最終段階であった対日戦勝利の経緯は、実際のところアメリカ国民にこれまで感じたどの戦争の恐怖とも違う強い不安を感じさせる過程であった。衝撃の根元は、八月六日、そして九日、母国アメリカが日本に対して投下した原爆であった。六日以降、聞き慣れない「原子力」という物理学用語が新聞紙上を賑わした。莫大な新エネルギーを生み出しうる「原子力」なるものを、戦時下のアメリカ科学者が解明、開発したという報道に対して、人びとは、畏敬の念をはらったが、実のところ全体の反応はそれほどに陽気ではなかった。むしろ、原子力の未来以上に彼らに強い印象を残したのは、この新兵器が、数十万の人口をもつ日本の都市を瞬時に破壊したという政府の発表であった。四五年後半から四六年にかけて、アメリカ国民レベルにみられた平和の意識には、素朴な平和への願いとは別に、核時代に入っての戦争がもはや許されない政治的行為であるという、思想的にいま少し広がりをもった認識が結びついていた。幾分理念化してまとめれば、その戦争と平和観は次のような観念と整理できる。

将来の戦争は、もはや、国民の総力を挙げて戦い抜く総力戦ともいえない戦いとなるであろう。長期化する前に原爆が数個使われれば、戦争は瞬時に文字通りのホロコーストとなる。戦争は、国家が目的追求のために選びうる一つの許される政治選択ではもはやありえず、人間生存の基礎的基盤を損なう点で第一義的に避けるべき非人間的行為であろう。こうした理解に立てば、戦後の世界が取り組むべき重要な仕事の一つは、戦争の原因となりうる不正に獲得された領土の修正や、混乱した政治組織・経済の再建であるばかりか、戦争を未然に防止する軍備の縮小であり、なかでも国家による原爆保有の禁止でなければならない。原爆保有の禁止は平和の基礎的条件であると。

もちろんここにまとめた概念は歴史的にその輪郭を再構成したものであり、そうした関心のすべてが国民の間に均質に意識されたというわけではなかった。実際の個々の言説は、はるかに部分的であったケースが多い。[2] しかし、記憶されるべきは、そのような不均質なままの意識であっても、戦争をもはや忌避すべき行為とみなし、また原爆を放棄の対象とみなす国民意識が、この時期のアメリカ社会には確かに一つの底流として存在し政治動向にも重要な影響を及ぼした事実である。[3]

その影響を端的に示したのが、新設の国連を舞台に四六年初めから展開した原子力開発国際管理の動きであった。アメリカは四六年一月、第一回総会を開いた国連に対し原子力委員会の設置を提案し、四六年六月審議を開始した国連原子力委員会の第一回会合には、自身がもつ原爆の放棄を盛り込んだ包括的「原子力開発国際管理構想」を提案した。バルーク案と呼ばれたものである。実際のところその案は、アメリカの原爆放棄を最終段階のものと予定し、ソ連にまず原爆の開発をやめさせようとする政治的意図が強かった点など、複雑な戦略を内包していたことが提案直後から指摘された。歴史的にみてもバルーク案の政治性とそれにまといつく難点は、否定しがたい。[4]しかし他方で、トルーマン政府がこの核時代の開幕時点でアメリカ自身の原爆放棄を盛り込んだ原子力開発の国際管理提案を示した背後には、権力レベルの政治的思惑とは別に、戦争を忌避し、さらには核兵器放棄を促す幅広い国民意識があった事実はやはり疑うべくもなかった。第二次大戦直後のアメリカ国民にみられた持続的平和への期待は、従来指摘されてきた以上に具体的でかつ幅広いものであったことが確認されてよい。本章はその事実を第1節で改めて掘り起こすつもりである。

ただし、ここでは議論を急ごう。第二次世界大戦以後、アメリカ国内での平和への努力は、上述のように決して少なくなく、また短期的でもなかった。しかし、その点を見据えつつ大戦後のこの社会の変動を六〇年代前半まで通観するとき印象的である事実は、そうした「戦後平和」への期待、また戦争を忌避する思想が結局は成果なく、実際のところ、アメリカ政治と社会の構造は平和への期待とは対極の方向に向かった点であった。

ヨーロッパを中心に世界規模での二極陣営対立に拡大した米ソの敵対関係を「冷戦」と呼び始めたのは四七年頃から

であったが、注意深い同時代の論者は、急速に相貌を現し始めた「冷戦」への潮流を、人びとが戦後に希望した平和の情景とは決定的に異質のものであるといち早く感じとっていた。その一人シカゴ大学の政治学者ハンス・モーゲンソー(Hans J. Morgenthau)は、五〇年、加速しつつある冷戦を次のような視点から批判した。

国家が国際関係においてその目的を実現しようとするとき、三つの方法がある。戦争という手段をとるか、圧倒的な圧力を相手国にかけるか、それとも反対に、交渉によって関係を調整するかである。これまで考えられたその三つの方法に対して、アメリカ政府がいまとるソ連・東側との政治的・経済的・社会的接触を最小限とする政策、つまり封じ込めの壁をもうけることでソ連・東側と平和的関係をめざすのか、それとも戦争を行うかという議論を曖昧にしたまま、不安定な敵対関係を続ける「冷戦」政策とは、いわば従来のどれにも当てはまらない第四の道といってよい。政府は、この政策を、戦争にはいたらず、しかしソ連に明確に対峙する政策として今後長期にわたって続けうると仮定する。しかし、おそらくこの政策は、何らかの戦争を早晩もたらさずにはおかないであろう。二つの要因が、その構造を決定的に不安定にするからである。

一つは、冷戦が特徴とする不安定な敵対状態が、相互の軍事力拡大を不断に促すことで、いずれかが不安に駆られて戦争を引き起こす蓋然《がいぜん》性を不可避的に強めるからである。また、いま一つは、現在の不安定な敵対関係が国際関係としても長期に維持できないからである。米ソが各々の陣営に取り込もうとしている世界の地域は、すべてが安定しているわけではない。二つの陣営の間には、両者が主導権を争う不安定な地域がいくつも存在する。例えばドイツあるいは東南アジア地域——これらの地域では、その不安定さのために現状の変更が、何かをきっかけとして起こる可能性が高い。そのような事態が起こったとき、米ソ間に走る鋭い緊張が戦争にいたらないという保障は、全くないのである。つまるところ冷戦政策とは、全面戦争を求めはしないが同時に平和をも指向しないという、時に任せて漂うような不安定な政策であり、それが長期の平和をもたらす可能性はきわめて薄いのである。5

モーゲンソーが一九五〇年に整理したこの冷戦分析、とりわけアメリカ対外政策に対する全面的批判は、冷戦が、本来あるべき「平和」ではないと明確に識別したうえで、冷戦政策の将来に鋭い洞察を示した点で、今日なお読み返すに値する。冷戦は軍拡を不断に促す。そうした軍拡そのものが、国際関係を不安定にしアメリカ社会にも深刻な不安をもたらすであろうという批判は、トルーマン政権またその後のアイゼンハワー政権に引き継がれる冷戦期アメリカ政治に対する、もっとも根底的な批判の一つであった。もとよりモーゲンソーの警告は受け入れられることはなく、その結果は、陰鬱《いんうつ》といってよいほどの止めどない軍拡の構図であった。

冷戦が、敵対する勢力のぶつかり合う不安定な地域を米ソ両陣営のはざまに生み出し、そこに、軍事的緊張を呼び起こすであろうというモーゲンソーの後段の指摘も、驚くほどの先見性に満ちている。彼の言説からまもない五〇年代初め、朝鮮内戦への介入として始まったいわゆる朝鮮戦争は、冷戦と呼ばれる政策が、ソ連との直接戦争を自制したとしても不安定な東西衝突地域における紛争にアメリカが繰り返し介入する可能性を広げるという、持続的な平和の戦略ではありえない現実を暴露した。いなそればかりか、五〇年六月から三年に及んだこの戦争は、第二次大戦後、一旦は安定した平和を希求したはずのアメリカが、再び対外関係ばかりか、国内政治や社会気運のうえでも地域戦争を容易に受け入れるという、さしずめ中心部分では平和であっても周辺部分では半戦争状態という特異な帝国国家へと転じていく契機となる事件であった。

五〇年以後合衆国は、恒常的にアジアの紛争に巻き込まれる事態を繰り返した。朝鮮戦争を休戦に持ち込んだ五三年の暮れには、合衆国はインドシナ戦争にすでに深く介入し始めていたし、翌五四年から五五年には、ヴェトナムの南北分断、また中国と国民党台湾が対峙する状況を積極的な介入によってつくりだしていた。それは、西ヨーロッパばかりか東アジアまでも覆う、アメリカの世界大に及ぶ軍事的、また政治経済的覇権地域、さしずめそれをアメリカ帝国と呼ぶとすれば、そのアメリカ帝国の周辺境域の区画整備にも似ていた。以後の南朝鮮(韓国)、台湾、フィリピン、南ヴェトナムなどへの軍事援助、また地域独裁政権への政治的支援の姿勢は、国内に継続的反対を呼び起こしながらも五〇年代後半以降も続き、東アジアから東南アジアに幅広く介入していくアメリカ帝国の基本路線として定着した。それが最終的にはヴェトナムへの不毛な介入にまでつながった構造であったと巨視的には考えてよい。ヴェトナム戦争にまで及ぶその道は、モーゲンソーが一九五〇年に危惧《きぐ》したとおりの、頻発する地域紛争への継続的介入、そのための軍事的緊張の負担という、安定した平和への展望とはおよそ遠い荒々しい轍《わだち》の結末であった。

重要なことは、そのような帝国への道を避けようとする議論が、第二次大戦直後の時期、とくに一九四〇年代後半から五〇年代の初めには、アメリカ国内に語られていた確かな事実である。彼らの議論を埋もれたままに放置せず、いま一度掘り起こしてみよう。いなそればかりか、彼らの議論とその苦悩を介することによって、四〇年代後半から五〇年代末までにいたるアメリカ社会の、ある歴史ダイナミズムを浮かび上がらせることができるであろう。地域紛争にたえず係わりながら、なお国内外に対して平和を語り(以下、それを「冷戦的平和」と呼ぶ)、ヨーロッパとアジアに幅広く支配権を行使しようとするアメリカ帝国の姿態は、第二次世界大戦後、「平和」のあり方が多様に論じられた一時期をへて本格的に構造化したものであった。その構造化過程で、「冷戦的平和」論に対抗する他の平和論は拒絶され、手ひどい場合には厳しい思想的抑制によって消されていった。本章は、その過程を「戦後平和」への期待が挫折する独特の歴史的意義をもつ政治社会展開と捉え、第二次大戦直後からの曲折にとんだ跡を素描したいのである。

ちなみに先のモーゲンソーの言説からおよそ一〇年後の六一年初め、大統領ドワイト・アイゼンハワー(Dwight D. Eisenhower)は二期にわたる大統領職を振り返るなかで、彼が構築者であった五〇年代冷戦的平和が、実は彼自身脅威と感じるほどの深刻な危険をはらむ事実を赤裸々に語った。この期のアメリカ社会の内実にもっとも精通した政治指導者の異例なほどの率直な証言として、告別演説に臨んだ彼の言葉を引いてみよう。

退任を三日後に控えた六一年一月一七日、アイゼンハワーは、第二次大戦以後アメリカが期待してきた世界、またそこでの指導的国家アメリカのあるべき姿を訴えた。国際平和の維持と人類の進歩に貢献すること、さらには個人の自由や威信を高めることが、アメリカの基本的目標であったと。しかしその希望を掲げたうえで彼が語ろうとしたのは、「軍産複合体」と彼が呼称する自国の巨大な軍事機構と肥大化した軍事産業の結びつき、またそれらが政治社会全体に及ぼす構造的影響力であった。「最近まで、このような巨大な軍事機構と軍事産業をアメリカ社会は知らなかった。しかし、今日、彼らが追求する経済的影響力ばかりか、政治的また文化的な影響力は、われわれの政治組織のあらゆる分野に感じられる」。アイゼンハワーは、そうした巨大な軍事力、また軍産複合体という政治経済機構が市民社会に及ぼすであろう脅威に特別の注意を喚起した。社会の基盤であるべき自由や民主的プロセスが侵されかねないばかりか、平和的手段で国際問題の解決を求める市民の願望さえもが、その機構によって無にされる危険が存在している、と。

付言すれば、アイゼンハワーの警告はいま一つの深刻な社会状況にも及んだ。軍産複合体が、アメリカ社会の広い指導的エリートを巻き込んで想像以上に複雑な構造をもっている事実への、彼の警告であった。「軍産複合体の成長という大きな社会変化の基盤にある要因は、ここ数十年の革命的な科学技術の進歩であった」。「大学の研究はいまや知的興味の探求であるよりも」、研究の組織化と肥大化のゆえに、「巨額である政府契約を獲得することに関心を集中している」。連邦予算の獲得に軍・産業ばかりか、かつては自由であった大学また研究者が群れているのである。そうした状況全体が連邦の「政策を決めかねない危険」を含んでいることに、市民は特段の注意を払わねばならない、と。[6]

六一年にそのように認識された巨大な軍事組織と軍事産業の複合体、さらには大学という高等教育機関の新たな態様、そうしたものが四五年、第二次世界大戦が終わった時点のアメリカに萌芽的なものとして存在していたとしても、社会的脅威と呼ぶほどの強大なものではなかったことはまず間違いない。それが、脅威と呼ばれるまでに肥大するには、およそ一〇年強の歳月と、それを育てる政治社会過程があった。本章が、戦後平和論の挫折に深い関係をもつ過程としてこの間のマッカーシズムという政治社会現象に注意をはらい、さらには二〇世紀後半の中心的社会組織の一つである大学のあり方に関心を寄せようとするのは、この期のアメリカ社会の全体的変化が相互に深く連関したものと考えるからである。

しかし、まずは順序を踏んで戦後平和論の実態から明らかにすべきであろう。

1 『核時代――この時代は平和と繁栄をもたらすことができるのか』

第二次大戦終結から四年後の一九四九年九月、ソ連による原爆実験成功を確認したアメリカ国内では、仮想敵国ソ連の核脅威に対していかに対処するかといういきり立つような議論が高まっていた。その年の一〇月から始まった水爆開発是非の論議は、五〇年一月、開発着手を宣するトルーマン政府の最終決定へと帰結した。時代は止めどもない核軍拡競争へと舵を切る、まさに分岐点にあった。

そのような緊張を含んだ五〇年の春、進歩誌として知られた『ネーション』誌が冷戦の激流化に鋭く反発するかのように、『核時代――この時代は平和と繁栄をもたらすことができるのか』と題した緊急会議をニューヨークに催した。二七名の会議報告者には、アメリカ国際連合協会事務局長クラーク・アイケルバーガー(Clark M. Eichelberger)、ハーヴァード大学の中国史家ジョン・フェアバンク(John K. Fairbank)、同大学ロー・スクール教授のデイヴィッド・ケイヴァーズ(David F. Cavers)、さらには、すでに引いたシカゴ大学政治学教授ハンス・モーゲンソーら多彩な人物が名を連ねた。列席者の顔ぶれからみて参加者の思想的立場は一様でなかったが、会議に寄せられた議論は一点において共通点をもった。アメリカ政府が加速し始めた冷戦政策の展望は、望むべき平和のあり方とは根本的に異なる、それは修正されねばならない、という主張であった。公刊された書物を手掛りに、彼らの平和論を以下、三点に整理してこの間の平和論の態様を確認したい。[7]

会議において共通して語られた第一点は、核時代は、戦争をもはや不可能としているという認識であった。シカゴ大学の化学者ハリソン・ブラウン(Harrison Brown)は、四六年以来の国連原子力委員会が陥った行き詰まりを精査し、既存のアメリカ政府提案に代わる新提案の必要を強調するなかで、会議に参加した過半の人びとの平和観を次のように要約した。

1

一九四五年、〔アメリカ〕国民は原爆に強い不安を抱き、戦争をもはや過去のものにしなければならないという世論が幅広くおこった。しかし、時の経過とともに、政治指導者、軍指導者、さらには市民にも、原爆を戦争の通常兵器の一つと見做すような機運が広がってきた。……〔しかしそれで、はたしてよいのか。もしかりにアメリカとソ連の間で核戦争が発生すれば、〕その戦争は、双方の側に数百万人もの代償となる死者をもたらし、また破壊される生産施設および経済的資源は未曾有の規模となろう。……なるほど、表向きは、アメリカかソ連のどちらかが勝利を宣することにはなる。しかし、実際のところその戦争は、戦った双方が敗者なのである。戦争が終わったときには、世界でもっとも豊かであったはずのアメリカが、今日の「後進国」の状況に陥っているであろう。……さらにいまひとつの問題を指摘しよう。〔開発が決定された〕水爆が米ソ双方に所持されることになる世界とはどのような政治社会空間なのか。その世界において生活を営むということは、人類が絶えざる恐怖の下で生きることに他ならない。[8]（〔　〕内、筆者補注）

ブラウンの以上の議論を念頭に戦争また軍拡を忌避する平和観を会議が共有したとき、参加者が国際関係に対して抱いた認識には、俯瞰《ふかん》すれば一つの共通した展望が保持された。それは冷戦的平和とは明確に一線を画する独自の平和構築論であった。一例をあげよう。四九年夏、クエカー団体「アメリカン・フレンズ・サーヴィス委員会」が、世界平和のためのレポートとして発表した米ソ関係の緊張緩和を訴えるアピール[9]は、この会議でも幅広い関心をもって迎えられた。平和の実現のために、市民がまず行動する必要性を説いたそのアピールは、「米ソ共存」という新たな用語で国際関係のあり方を語った斬新なものであった。

「〔今日東西陣営として対立する〕一方の共産主義、他方の民主的システムを重んじる体制は、いずれもが長期にわたって持続する可能性が高いであろう。いずれかが力によって他者を絶滅しようと希望することは、〔相互の破壊につながるという意味で〕非現実的なのである」。そうであれば、ソ連の存在や共産主義がどのように忌むべきものであっても、国際関係において、彼らと共存していく道を探らねばならない。国際社会では「互いの求める利益を念頭に関係を考えることが、すべての行動において基本的条件であろう」。ソ連が自国の利害を慮《おもんぱか》って常に行動することは、締結した協定なら、彼らが順守する可能性を予想させるのである。「今日閉ざされたままの東西間の貿易を再開し、民間人の建設的な接触を拡大することによって、東西ヨーロッパの双方の安定と状況の改善をめざすというソ連・東欧に対する新しい経済政策をとることが望ましいのであり、それによって、東西間の関係を平和共存のために改善していくことを」われわれは提言する[10]。

会議に参加したすべての人びとが、アメリカン・フレンズの訴える東西関係論に同意していたかは、確認できない。貿易というレベルを越えて、ドイツの政治的・軍事的中立化構想まで提示したフレンズの対ヨーロッパ平和構想は、東西ドイツ分裂直後というこの時点では他のいかなる平和論にもまして野心的であった。しかし、いずれにせよ彼らの会議は、中国を含めた東側共産主義陣営を実際に生命力をもつ存在として認め、相互の共存を指向すること、そのためにも軍備の縮小をはかることが平和へのまず第一の前提であるという認識を、間違いなく共有していた。

2

五〇年春に開かれた『ネーション』誌会議では、以上のとおり戦争一般の問題、さらには対ソ関係またヨーロッパ情勢が分析されたが、それとともに、アジアにおいて急速に進行する冷戦に対して強い危惧が語られた。四九年一〇月の中華人民共和国建国、それへの反抗を叫び続ける台湾国民党、蔣介石の動き。またインドシナでのヴェトナム民主共和国勢力とフランスとの戦闘の激化、朝鮮での戦闘の勃発。なるほど四九年から五〇年にかけて、東アジア情勢は緊迫の度を強めており、会議を特徴づけた第二の論点は、そのアジアに対して、アメリカがいかなる係わりをもつべきかという、アジア問題への関心であった。三人の論者の立場を介して会議の議論が、トルーマン政権のアジア政策をいかなる視点から批判したかを次にみてみたい。

戦争一般の問題とは異なってアジア問題に対する会議参加者の立場は一様でなく、事態の急転換を反映して対立さえはらんだ。アメリカ国際連合協会事務局長アイケルバーガーは、トルーマン政府が五〇年六月にとった朝鮮戦争への介入(出兵)を不当な侵略の阻止として承認する姿勢から立論した。この点に限って評価すれば、アイケルバーガーの所論を冷戦批判と位置づけることには多少の違和感がある。ただし、その一方で、彼が朝鮮出兵承認の基礎とした論拠が同時代的にみればそれなりに重要であった。彼にとってこの事件の核心は、国連をとおして国際紛争が調停される、つまり侵略が起こるのであれば国連がその阻止者でなければならぬという彼の国連第一主義的立場にあった。国連安全保障理事会決議に基づく初めての国連軍の出動は、国連の歴史に新たな意味を与えるであろう。アイケルバーガーはそのように論じて朝鮮出兵を承認した。

ただ、出兵承認にもかかわらず彼が、政府の朝鮮政策と一線を画した事実は、国連軍が三八度線を越える事態に対しての彼の評価にうかがえた。アイケルバーガーは、国連軍組織後に起こったその越境の動きに及んでは、アジア諸国の意思をくむことを主張し、とくにインド首相ジャワハルラール・ネルーの調停工作を高く評価すると論じた。「大部分の国は、ネルーが朝鮮の状況を調停しようとめざした〔つまり国連軍の三八度線突破を避けようとした〕最近の努力を、非現実的で受け入れがたいとみていたが、私のみたところ、彼は自由世界と共産主義世界の調停において今後重要な役割を果たすかもしれない」。アイケルバーガーはそう記して、朝鮮戦争の「早期収拾」を主張した。アジアに対して、軍事的支援よりも社会条件改善のための援助を、それも国連をとおした援助を説いた彼の議論は、トルーマン政権のアジア政策を全面的に批判するものではなかったが、なおその一面の拡大性を批判した内容とみてよかった[11]。

ただ、それにしても一九五〇年の時点で、朝鮮戦争介入に批判的であることは、かなり難しい言動であったのであろう[12]。しかし、そうした環境においても注目すべきは会議において、トルーマン政府のアジア政策を根底から批判する議論が少なくとも二つみられた点であった。モーゲンソーそしてフェアバンクの論説がそれである。とりわけモーゲンソーの議論は、政府の冷戦政策全体を俎上《そじょう》とする国際政治論の文脈で、アジアに対してはヨーロッパと異なる視点の導入が必要であることをきわめて説得的に説明した議論として注目に値するものだった。彼のアジア論を瞥見《べっけん》してみよう。

モーゲンソーは、すでに上述したとおり、政府がこの間進める反共十字軍的冷戦、反ソ封じ込め政策がもつ危険性をいち早く指摘し、イデオロギー対立よりソ連との外交的妥協や交渉による共存を主張していた。彼の説く権力政治論の要《かなめ》であったが、その場合、彼によればヨーロッパでの権力政治はある領域をソ連に認め、他方、自らを防衛するという意味で、明快な戦略を立てうる分野であった。しかし、そのヨーロッパとアジアの状況には根本的に異なる歴史的背景があると彼は強調した。

西ヨーロッパでの共産主義者の革命は抑えこむなり、封じ込めることが可能であるし、またそうすることが望ましい。しかし、「中国から東南アジア地域では、ボリシェヴィキの影響力がなくても、……革命は、かならずや起こったであろう。今日渦巻くアジアの革命がめざすヨーロッパ植民地主義からの解放と、貧農に対する搾取を克服しようとする二つの目的は、一九世紀末以来アジアにおいて起こった歴史的変化の必然的結果なのであり、〔それらは、いかなる力によっても抑圧できないし、またすべきでもないのである〕」。そうした理解からすれば、中国革命あるいは東南アジアでの革命に対してわれわれがとるべき態度は、現政府がとる、ソ連・ボリシェヴィキが支配する「革命に対して、現状を守る」というような態度であってはならない。革命勢力をソ連の手先とみなしその抑圧なり封じ込めを目指すのではなく、中国革命そのものと向き合い、革命政権とわれわれの間にそれなりの関係を生み出す柔軟な対外政策が、アジアに対しては是非とも必要なのである。[13]

モーゲンソーが、アジアの革命的状況を認め、それに対するアメリカの係わり合いは各国の主権を承認する論理に立たなければならないと説くとき、内戦への介入はもとより、特定地域に傀儡《かいらい》的政権をたて反共・反ソの砦とするような封じ込め政策一般にも彼が批判的であったことは、疑いない事実であった。後年モーゲンソーはアメリカのヴェトナム介入に一貫した反対の論陣を張ったが、その論理は、一九五〇年の時点においてすでに明確に用意されていた事実を、以上の論説は示している。

他方、アメリカ第一線のアジア地域研究専門家として、モーゲンソーの権力政治論とは学問的に異なる視点から東アジアに関心を寄せたフェアバンクの批判は、トルーマン政府がアジアの現状を理解していないと論難する点で、現政府のアジア政策に対するいっそう細やかな対抗的議論であった。

アジアにおける革命運動の重要性、その歴史性を理解することが、合衆国の対アジア政策の出発点でなければならないと説くフェアバンクは、とくに中国情勢に対して、反共というイデオロギー的立場に固執することを戒め「現実主義的な理解」の必要性を説いた。中国の新政権に対して安易な妥協を避けながらも、われわれは中国をあくまで全体として捉え、新政府との間に交渉のチャンネルを維持すること、そして個々の問題解決の努力を惜しむべきではないのである。蔣介石を一方的に援助し、北京政府を敵視する対中政策はひっきょう行き詰まるであろう、と。

かく記すフェアバンクは、さらにアジアを次のように論じた。

アジアの問題はまずもってアジアの人びとが解決に努力すべき問題である。歴史的観点からみれば、今日アジアの各地域に、われわれが嫌う社会主義的な経済の計画化や、集合主義的国家建設への強い関心がみられる事実には、歴史的必然性がある。アジアの革命運動は、貧困や絶望が生み出した破壊的運動などでは決してない。それは、ヨーロッパとは異なる権威主義的社会の伝統と多くの人口を抱えたアジアが、植民地化の時代を乗り越えて彼らなりの新しい社会秩序を生み出そうとする、広い意味での社会の集合的改革をめざした運動であり、今日の状況もそうした運動の途上においてなされているさまざまな試みなのである。

以上のように記したうえでフェアバンクは次のように結んだ。

アジアにおいてアメリカがなすべきことは、反共的対立に終始し、現状維持を墨守《ぼくしゅ》する勢力に荷担することではなく、アジアでの社会変化、そして新しい秩序をつくるそれぞれの国民の努力に、隣人として長期的に協力するという方向をもつ努力でなければならない。つまり、「われわれ〔アメリカ人〕がなすべきは、アジアの各国民が、彼らの新しい社会のために従来にはない新しい制度や規範を作り出そうとする、その努力を援助することなのである[14]」。

フェアバンクの議論が、アジアにおける一元的反共主義、中国を徹底的に封じ込めるアジア冷戦政策とは対極に立つ議論であったことは、疑う余地がない。

3

五〇年『ネーション』誌会議が呼び起こした平和論の基調には、いま一つの(さしずめ第三の)論点として、国連をアメリカの利益に一方的に使おうとするのではなく国際紛争の公正な調停機関と位置づけ、さらには後進諸国への経済的援助や社会支援を促す国際協力機関に育てていくという、平和と国際協力の確保をあくまで国連を軸に進めようとする国際主義的態度があった。その姿勢は、国連に対してアメリカの利益に沿うときには重用しながら、不都合かつ煩瑣《はんさ》な交渉をともなう際には無視するという、アメリカ政府がとる便宜的な係わり方に対する批判として、会議においていま一つの太い基調をなした論点であった。

会議参加者の主張をさしあたり以上の三点に要約しうるとして、ちなみにそうした彼らの議論は、第二次世界大戦後のアメリカ世論と無縁のものではなかったこと、つまりごく少数の異端者がふりかざした平和論ではなかった事実を、ここでは付言しておくべきであろう。アイケルバーガーが朝鮮出兵を支持したように、またフェアバンクも反共の立場を隠さなかったように、会議参加者の多くは戦後の国際情勢の変化を無視したわけではなく、自由主義者である彼らにとって対ソ関係はやはり深刻な関心であった。ただ彼らはその国際関係の変化に現実的に対処する意義を強調した。言い換えれば、自由主義社会への信条という戦後の枠組みを共有したとしてもこの時期のアメリカの政治論議には、国連との係わり合い、アジア情勢の理解の仕方、さらには対ヨーロッパ冷戦政策という中心的な論点をめぐっても、依然鋭い政策対立があり、政府への批判的な議論が活発に語られていた。五〇年代アメリカ政治議論の基本態様は五〇年初めの時点まで冷戦の進行にもかかわらずある幅と柔軟性を保持していたことが、認識されてよい点なのである。

しかし、その事実を確認するとき、実は以後のアメリカ社会あるいは政治変化の方向が逆にいっそう鮮明となる。『ネーション』誌会議が提示した上述の三点の議論は、五〇年を過ぎると決定的に遺棄されるか、あるいは不当なまでの批判にさらされ萎《しぼ》んでいったからである。およそ五〇年を境として明確に起こった言説枠のそうした萎縮《いしゅく》現象とでも呼ぶべき傾向が、どのような理由と経緯で生じたのか。一般的にいえばその傾向がこの時期のアメリカ政治社会の幅広い構造変化によって促進されたと理解するとして、その変化の具体的契機やダイナミズムをこれまでの議論からひとあたり推定しておくべきであろう。

五〇年『ネーション』会議が基調とした議論のなかでもその後もっとも強く否定された議論は、アジアの革命状況に対し理解と忍耐強い対処を求めたフェアバンクやモーゲンソーらのアジア論であった(以下、その種の議論を、便宜的に『ネーション』会議的アジア論と呼称する)。このアジア論は五〇年代中葉にはアメリカ思想の完全な異端に追われていった。『ネーション』会議的アジア論の五〇年以降のそうした後退を眺めるとき、その退潮が彼らの主張に対する一般的な関心の低下という、さしずめ非政治的な社会状況に起因したわけではなかった事実がまず確認できるのである。

五〇年、フェアバンクは、彼のアジア論に襲いかかろうとするある奇妙な政治思潮にすでに不安を漏らしていた。彼は記す。「中国におけるわが国外交の戦後の挫折を、あたかも国内政治上の攻撃武器に利用しようとする最近とみに台頭しつつある傾向は、共和党の党派的戦術があおる、はなはだ不当な言説であるばかりか、アジアに対する彼らの知識の乏しさ、理解の不足をも暴露するものである」。彼らは「共産党が中国において二〇年に及ぶ国民党との権力闘争に勝利した決定的要因が、アメリカの対外政策にあった」という。このような奇妙な議論をあおることで、国内政治上の立場を強化しようとする動きは、結果としてアメリカの対外政策におけるアジアへの無理解を強め、アジアとアメリカとの友好的な関係をますます阻害する要因となるであろう[15]。

アジアでの革命的傾向を歴史の趨勢と理解し、そのナショナリズムと忍耐強く付き合うことが第二次大戦後のアメリカに求められるアジアへの視点でなければならない、フェアバンクが語ったそのような質のアジア論は、この時点でまぎれもない政治的逆風、いな逆風という以上の手ひどい中傷に直面した議論であった。なかでも、もっとも激しい誹謗《ひぼう》にさらされた論者が、フェアバンクより七歳年上のアメリカ・アジア史研究におけるいま一人の先達オーエン・ラティモア(Owen Lattimore)であった。五〇年二月、ウィスコンシン州選出連邦上院議員ジョーゼフ・マッカーシー(Joseph R. McCarthy)が反共戦士として声高に揚言し始めた議論は、中国革命の成功がアメリカ国務省の政策上の失敗によるものであったと説明し、しかも国務省内に共産党同調者が巣くっていたからだと指弾する議論であった。愛国を至上と語るマッカーシーの口から、共産党同調者の一人としてラティモアの名が飛び出したのは、その年の三月二一日であった[16]。ジョンズ・ホプキンズ大学教授ラティモアを戦時期からアメリカの対中国政策を国務省でリードした大立て者と位置づけたうえで、ラティモアは「ロシアのスパイ」であると名指したその攻撃こそが、実はラティモアやフェアバンクらが一九三〇年代から育ててきたアジア観(他ならぬ本節が紹介した『ネーション』会議的アジア観)を、五〇年代、決定的に異端に押しやったたけだけしい嵐の目であった。

「ロシアのスパイ」という、五〇年代アメリカ社会ではもっとも衝撃的であった中傷と、またそれをとおして及んだラティモアの言説に対する束縛は、それ自体周辺に及ぼした大きな影響とともに記憶されるべき歴史の重要な事実であった。その一端は本章の最後で子細に跡づけるが、そこに進む前に、そもそもその種の個人攻撃がいかにして政治的に可能となり思想抑制の一環となりえたのか。いわば反共や反ソを掲げる思想攻撃が社会全体の言論枠の柔軟さをむしばみ、少数者の行動を萎縮させるという、第二次大戦後徐々に強まった異様な言論抑制の傾向とその基底にあったアメリカ政治・社会構造そのものの変化を、歴史の基礎過程として明らかにしておかなければならない。第二次大戦直後に一旦時間を戻し、時間軸に沿って議論を進めていこう。

2　戦後政治社会空間の変容

1

第二次世界大戦後、アメリカ国内の政治議論に反共という争点が目にみえるかたちで登場したのは、大戦が終わって一年もたたない四六年前半からであった。四六年からおよそ五〇年頃までの間に、そうした動きが政治領域ばかりか人びとの社会生活の広い分野、とくに大学という教育機構とそこに生きる知識人にまで深い緊張と奇妙なイデオロギー的空間をつくっていった経緯は、複雑であった。大戦中に規範化した、国家への忠誠を第一とするような愛国的気運。大戦が勝利に終わってまだ一年しかたたない四六年に、その種の愛国主義が市民の行動規範の一つとして依然として大きな力をもったことは、想像にかたくない。その年の前半から対ソ関係の悪化を介して語られ始めた共産主義の脅威という議論が、対外問題としてばかりか、国内政治原理としての反共主義にまで変質していく過程には、国内外を問わず多様な問題を強引に愛国の枠に取り込み善悪に識別してしまうという、戦時下からみられた政治議論の狭隘化、全体としての保守化が影響を与えたことは間違いない。しかし、そうした一般的傾向を認めたとしても、第二次世界大戦後のアメリカ社会において対外問題として起こった反共主義が国内政治議論全体に深く折り重なっていった過程には、やはり、いま少し複雑な政治的事情と社会的な力が係わった。

四六年一一月に行われた戦後最初の連邦選挙であった中間選挙は、のちの大統領リチャード・ニクソン(Richard M. Nixon)、さらにはウィスコンシン州選出上院議員ジョーゼフ・マッカーシーが初当選するなど、戦後政治史の始発点となる事件であった。とくに共和党が一六年ぶりに上下両院を制した議会構成の変化は、三三年以来の民主党大統領に対抗する共和党議会という、二大政党間の党派争いの激化、さらにはその対立に反共主義が微妙に絡みつくという複雑な政治状況を生み出した。議会共和党が政府・民主党に対する攻撃、とくに三〇年代以来彼らにとって政治的ばかりか思想的にも息苦しいほどの重しであったニューディールへの攻撃に反共主義を利用し始めたことから、反共のための指弾対象が不定形に、さらには事の真偽を無視していたずらに肥大化する状況が芽生えていた。四六年選挙終盤から翌四七年一月、新議会・第八〇議会が開催される時期にかけて、合衆国商業会議所は、長期にわたる民主党政権の容共的姿勢の結果国務省内に共産主義者が巣くい、彼らの行動がアメリカ政府の対外政策を不幸なかたちにねじ曲げたという、一見奇抜にみえるような論理をすでにキャンペーンとして展開した。歴史的にみればその論理には、労働運動の著しい拡大をもたらしたニューディール労働政策への産業界の不満が貫通しており、ニューディール批判と戦後反共主義をさながらない交ぜとしたような新たな反共議論の原型がみられた。そうした国内外の争点を取り込んだ論理の複合性のゆえに彼らの主張は、内容の随所に議論のひどい飛躍を抱えながらも、対ソ関係が悪化するという時代の潮流を背にしだいに衝撃力を増していった。[17]

共和党さらには合衆国商業会議所が語る反ニューディール的含意の反共論がジャーナリズムを賑わすなかで、まもなくその攻撃の標的となった中心人物が、ローズヴェルト民主党政権のもとで大戦中には戦後世界構想の立案を進めるまでに昇進したニューディール官僚の一人、アルジャー・ヒス(Alger Hiss)であった。ハーヴァード・ロー・スクール出身のハイブラウ官僚と揶揄《やゆ》されたヒスが、出世街道の途上でさながら足下をすくわれるように戦後、保守派からの攻撃対象にさらされた背景には、この時代のアメリカを特徴づけるいま一つの政治社会構造のきしみが現れていた。

やはりニューディール以降の流れであった連邦政治機能の強化、またその力に依拠する連邦官僚機構の拡大傾向は、東部経済がもつ強い資金力や、それと結びつくものとたえず連想される連邦権力に対して伝統的疑念を抱く、中西部あるいは南部地域の小企業家さらには農業関係者の間に、四〇年代後半から五〇年代、連邦官僚機構への根強い反発を呼び起こしていた。その反発には、地方が中央に向けて仮想する巨大な力、あるいはその圧力と規律に対して国内秩序を守るために抵抗するという、中西部に根強い地方エリートの分権的エートスが露出していたが、その種の中央への不満が、東部の進歩的知識人あるいは対外経済援助に熱心なワシントン官僚へのことさらの不信という姿をとって立ち現れたのが、第二次大戦後から戦後にかけての一つの特徴であった。

彼らの心情の枠では、アメリカの草の根社会とはまさに無縁の「左翼知識人」アルジャー・ヒスが、ヤルタ会議に出席し、さらには国際連合憲章を最終起草したサンフランシスコ会議へのアメリカ代表として、同会議の事務総長まで務めた事実などは、ほとんど信じがたいものと映った。そうしたヒスをソ連のスパイであると糾弾する動きを含めて、第二次大戦後に起こった反共主義の国内政治における現れ方には、厳密な共産主義の脅威という論点を超えて社会構造の急速な全国化傾向が生み出した連邦と地方の対立、それがもたらす政治的不安定さが絡んだために、対象がいっそう不定形に飛び火するばかりか事をことさらに挑発するというような、独特の扇動的特徴が付きまとっていった。

具体的事件の現れ方を子細に覗《のぞ》いてみよう。表面化した主要事件の多くが、そもそも刑事事件として起訴がなされる種類の法的事件ではなかった。事件は、主に、三〇年代に共産党員歴をもちその後転向したとされる人物が、かつて見知った人物の共産党への係わりを暴露するという、文字通りの密告や伝聞に近い告発をもとに表面化した。その類の告発をもとに特定人物に対して過去をあげつらう異様な証言強要の舞台設営がなされた。舞台がさらに異様であったのは、共産党を「積極的に否定する」という意味の反共がその場では許される唯一の「愛国」であり、共産党支持はもちろんのこと、共産党を否定しないことも国家への裏切りに種別するという極端な二分の論理が横行した点であった。その種の証言強制は、中世カトリック組織の異端審問に似ているとも揶揄されたが、重要なことはその証言の場があくまで公的機関であった事実である。四七年、そうした舞台装置として重みを増したのが、共和党が多数を占めたことで性格を一新した下院非米活動委員会(以下、非米活動委員会と略記)と呼ばれた連邦下院の一委員会であった。

非米活動委員会は、四五年初めに常設委員会に昇格したとはいえ、四六年選挙が終わるまでは議会でとくに影響力をもつ委員会とはいいがたい、頑迷な保守的人物の溜《たま》り場のような機関であった。しかし、四七年初めから新委員が加わることで打って変わる活発な活動をみせ始めたこの委員会は、その年の一〇月、ハリウッドの監督あるいは脚本家ら一〇数名に対して共産党との係わりを糾弾する、有名なハリウッド・テン事件と呼ばれた公聴会を開始して一躍世上の注目を浴びた。嫌疑の対象が華やかな映画人であったこと、また証人、傍聴者など多数の関係者を太平洋岸からワシントンまで全米を股にかけて召喚・移動させた大演出が、事件をセンセーショナルなものとし、非米活動委員会の存在を強烈に印象づける役割を果たした。実際、この公聴会に初めて参加し、その後召喚者への個人攻撃と、さらには手広い調査によって共産党組織の隠れた内実をえぐり出すという、一見鮮やかにみえる反共論理のさえをみせることで瞬くまに共和党内での地歩を築いていった人物が、他ならぬ新人議員ニクソンであった。証人の人格や愛国心を罵倒し、さらには彼らの私的人間関係にまで傍若無人《ぼうじゃくぶじん》に踏み入ろうとしたハリウッド・テン事件は、トルーマン・ドクトリンの発表から七カ月後に始まり、翌四八年八月、同委員会の次の標的となるアルジャー・ヒス事件、またその他一連のスパイ容疑事件へと連なっていく、非米活動委員会が手がけたきわめて挑発的な公聴会の発端となる大事件であった。言論の自由にもまして反共的でなければならない、極端に解すればそのような反共原理が登場したのは、この委員会の質疑をとおしてであった。

他方、大統領ハリー・トルーマン(Harry Truman)が四七年三月、立法化への手続きをとらず大統領行政命令によって制度化した、連邦職員に対して国家への忠誠を明示的に求め忠誠に疑念のある職員については解雇に処すという、いわゆる連邦職員忠誠審査計画については、導入の歴史的経緯について若干の理解のゆれがある。一つの解釈はこうである。四六年初め以降、議会の共和党は、連邦職員を対象とした忠誠審査の実施と、さらに進んで各社会団体に関しても反共の明示を求めるような立法の可決を、トルーマン民主党政権をゆさぶる戦術としてめざしていた。四六年選挙における共和党の勝利は、その種の反共法の成立を決定的なものとしたことから、トルーマン政府としてはやむなく行政府内の忠誠措置を自らの手で先取り的にとらざるをえなかった。大統領命令にいきつく潮流をつくったのは、まずもって議会の側にあったと解する議論である。[18]

これに対し政治史家リチャード・フリーランドらは、トルーマン政権自身の積極性を強調するいま一つの解釈を示す。連邦職員忠誠審査計画の発令は、四七年三月、トルーマンが、ギリシア・トルコへの軍事援助計画を提案したトルーマン・ドクトリン演説の一〇日後(三月二二日)に出された。トルーマン・ドクトリン演説は自由主義と全体主義との対峙を善悪二極の世界対立と図式化したが、その種の単純化した議論の背後には、第二次大戦終了以後、国内世論のうちに根強かった平和指向、とくに国内問題を重視する気運に冷水を浴びせ、ことさらに対外危機をあおろうとする国内世論動員のレトリックが込められていた。二月後半になされた連邦忠誠審査計画の導入は、その意味でのトルーマン政権による対ソ封じ込め・冷戦政策の遂行によって必然的に結果した国内引締め政策であった、という主張である。[19]

以上の分れる評価はさておき、四七年三月二二日トルーマン政府が大統領命令として制度化した連邦職員忠誠審査計画は、それまで重要な政治争点ではあったが行政を律する原理までにはいたらなかった反共主義が、国家制度(連邦行政)の中心的な組織編成に組み込まれたという点で、画期的意義をもつ措置であった。好むと否とにかかわらずトルーマン政府が、以後、忠誠審査計画を連邦政府内で厳密に実施していったことはいうまでもない。

こうして第二次大戦以後、対ソ関係の悪化とともに浮上した反共の議論は、四六年選挙における共和党の躍進を梃子として、翌四七年からおよそ四九年までの間に、単なる政治気運という以上の二つの明確な拡大の推進力をもった。議会委員会が舞台となって証人喚問という手段で反共気運を幅広く社会的に扇動する情宣的活動がその一つであり、いま一つは、公務員の忠誠誓約という制度面から異端者を排除する反共「制度」の拡大の動きであった。下院非米活動委員会が召喚した対象は、ハリウッド映画界から始まり連邦官僚、労働界の左派的人物、さらにはマンハッタン計画に係わった科学者など、社会の多様な層へと広がった。しかもいま一つ重要であったのは、その連邦議会委員会モデルが州政治レベルにおいても模倣され、州議会が陸続と非米活動取締りを目的とした州委員会を設置することで反共宣伝を何倍にも拡大し、社会の隅々にまで広げたことであった。他方、公務員に反共の忠誠を求める組織制度上の締め付けの動きも、連邦から州また市政府と下位の行政機関に広がり、さらには民間部門にも同種の忠誠制度の導入傾向が多数生まれた。四九年末から五〇年に入って伝えられたソ連の核実験成功また中国共産党の政権掌握が、いきり立つような政治機運を呼び起こす前に、国内の反共主義はすでに四九年末までには十分な社会装置としての広がりをもちつつあったというのが、今日の歴史家の共通認識である。[20]

ちなみにそのような四〇年代後半からの反共主義は、以上みた二つの拡大源を中心に幅広い政治社会文化領域に広がったが、とりわけ注目に値するのは、大学など高等教育研究機関に及ぼした深刻な影響であった。一般的な言い方をすれば、第二次世界大戦に先だつ三〇年代、アメリカの大学組織は思想と学問の自由を謳った。彼らのそうした論理は、憲法修正第一条に語られる信条の自由が学問研究のうえで基礎的であるという理解、ひとまずはそのように解してよい立場であった。くわえて同じ三〇年代中頃以来、アメリカの大学には、大恐慌期に左傾化した経験をもつリベラルな学生や知識人が多く流入し、第二次大戦が終わる時期にはそうしたリベラル知識人が大学教員の主流を構成した。自由を標榜する組織としての特質、さらには比較的進歩的である教員構成員の傾向からして、反共主義は、大学にはただちに踏み込めない傾向のようにみえた。しかし、実はそのゆえもあって、戦後、反共宣伝が大学に向けたことさらの攻撃は、それ自体大きなエネルギーへとふくらみ、四〇年代後半から五〇年代のアメリカ社会を貫く特徴的な動きとなった。反共主義とそれにさらされた大学の対応を瞥見しながら、この間のアメリカ政治社会がたどった変化の内実をさらに明確にしておこう。

2

大学に対して反共の嵐が及び始めたのは、冷戦の開始からやや遅れて四八年に入ってからであった。激流にのみ込まれた最初の大学は、西部名門校の一つ、ワシントン州立大学であった。

反共主義がワシントン州を襲う経緯から明らかにすべきであろう。大恐慌のもとの三〇年代中頃、西部太平洋岸地域では都市部を中心に労働運動が台頭し、また左翼組織による大学知識人への影響力拡大が顕著であった。民主党政治、さらにはそれに近い関係にたつ革新グループの政治は、州全体に広がる労働運動からエネルギーをくみ上げ、さらには若い改革的知識人の活発な政治関心を吸収して展開した。例えば州内の失業対策事業などを基盤として三〇年代中頃から州政治・行政に加わった人脈には、これまでにない高等教育を積んだリベラルな人物が多くみられた。しかし、大戦期をはさんで時代が保守化するなかで、ニューディール以来の改革傾向への構造的反発がこの州でもかたくななまでの反動を戦後に引き起こす社会底流となった。[21] 四七年一〇月、州議会が立ち上げた州ミニチュア版の非米活動調査委員会は、下院議員アルベート・キャンウェル(Albert F. Canwell)が主宰したことからキャンウェル委員会と呼ばれた。前年、四六年選挙における共和党の勝利がこの委員会設置のバネとなった点で、長期にわたる民主党政治に対する共和党の反発という党派的思惑、さらには地方エリートに根強い反ニューディールの機運が、ワシントン州でも反共主義の始動に密接に絡んでいた事実は注目してよい。

四七年に立ち上がったキャンウェル委員会が最初の攻撃目標に据えたのは、はたせるかな地方エリートがことさら違和感をもって語った、州立大学に巣くう赤い共産党教員の告発であった。事件経過の概要に移ろう。

四七年に設置されたキャンウェル委員会が翌四八年七月、満をじして証人席に呼び寄せたワシントン州立大学教員は、中世文学教授ジョーゼフ・バターワース(Joseph Butterworth)、哲学教授ハーバート・フィリップス(Herbert J. Phillips)、そして心理学準教授ラルフ・グンドラーチ(Ralph Gundlach)を含めて、一〇名に及んだ。そのうち、過去の共産党員歴を認める一方、現在は無関係と証言した者が五名を数えたのに対し、バターワースら三名は委員会に対し憲法修正第五条に認められた「自己負罪拒否特権」(いわゆる黙秘権)を行使し、一切の証言を拒む態度をとった。委員会はその三名を議会侮辱罪として告発し、うちグンドラーチが訴追を受けまもなく有罪判決を受けた(三〇日の収監)。ただし、問題はそこからであった。公聴会における教員の非協力的姿勢に対して大学側がどのような措置をとるのか、学外から大学に及ぶ圧力は、公聴会以前にもまして拡大した。大学側が具体的反応を示したのは九月であった。証言を拒否した三名と、他に、共産党との過去の関係を認めた三名の教員に対し、解雇を含めた何らかの処分検討が学内に明示され、教員からなる非公開の調査委員会が設置された。この場合、重要であったのは、六名の教員が停年までの在職身分保障(テニュアー)をもつ点であった。そうした身分保障をもつ教員を解雇するには、服務上の重大な義務違反という明確な処分理由が求められた。共産党員であること、あるいは過去にそうであったことがその種の解雇理由となるかが争点となったが、少なくとも調査開始時点でのワシントン大学教員の過半の認識は、個人的信条をもって服務義務違反と捉えることはできないという立場であった[22]。

事実、四八年一二月にまとめられた教員調査委員会の多数意見は、大学当局が検討を求めた六名のうち、五名の教員について個人的信条という論理では処分不相当であるという内容であった(他方、調査委員会に対しても非協力であったグンドラーチについては、解雇もやむなしとされた。その理由は後述する)。しかし、最終決定となったのは、教員調査委員会の多数意見報告ではなかった。同月、ワシントン大学学長レイモンド・アレン(Raymond B. Allen)は、大学理事会に対して、教員委員会の報告書を覆すかたちで右の五名についてすべて処分妥当という独自の意見書を提出した。アレンの勧告が認められ、ワシントン大学理事会は四九年一月最終的にバターワースら三名の教員に対して解雇、また共産党への過去の関与を認めた残りの三名の教員についても二年間の観察処分に付す決定を下したのである。

学長アレンそして理事会が三名の教員を解雇処分とした理由は、四〇年代後半にアメリカ社会に登場した新しい政治社会論理であった事実に加えて、その後、他の大学においても広く使われた論理であった点で重要であった。まずグンドラーチの解雇理由は、彼が共産党員であるか否かは確認できないが、その種の政治信条を間違いなく彼がもち、しかも学外で頻繁に政治的活動に加わっているという事由であった。とくにその学外の活動は大学の「評判」を著しく傷つけるものであり、大学教員の服務規程にもとるという理由が解雇の根拠となった。実質的には選挙における特定候補あるいは政治団体への応援活動がそこでいう学外活動であったが、その種の活動を服務義務違反とみなすというワシントン大学の解釈は、職業上の組織が被用者の個人的な政治活動にも強く介入し制裁を課すことができるとした点で、重い社会規律の拡大を意味した。

他方、共産党にいまも属している事実を認めたバターワースおよびフィリップスに対する解雇の理由は、服務規程という枠を越えた全く新しい政治論理を構築した点で、いっそう重要であった。合衆国共産党は党員に完全な服従を求める全体主義の組織である。しかもそれは、ロシア共産党の支配に服しており、合衆国国家の暴力的転覆をめざす団体でもある。そのような共産党に所属することは、大学教員に求められるべき真理追究のための自由な精神を自ら否定したものと解さねばならない。けだし大学とは、精神と学問の自由を守る府であるがゆえに、共産党員たる教員を保持することはできない、と。付記すれば、学長アレンは、共産党が現時点では合衆国における不法な陰謀組織と法的に指定されているわけではない事実を認めていた。言葉を換えれば、ワシントン大学がとる共産党への制裁の立場は、法規範に先んじて大学が任意にとる措置であることを了解したものであった。その論理もまた重要であったろう。大学とはよきアメリカ市民を育成する、そのために自由を重んじる機関であるがゆえに、厳密な法規範を越えて共産党参加者を教員から排除する社会的義務がある、というのであった[23]。

ちなみに四九年初め、以上の理由で解雇されたバターワース、フィリップス、グンドラーチの三名は、いずれも一九二〇年代以来、二〇年以上にわたってワシントン大学に勤務した長期勤続の教員であった。解雇後、彼らが、地位保全の法的訴訟に敗れ、他の大学に再就職を求めながらすべて拒否され、結局どの大学にも以後復職できなかった事実も記すに値しよう[24]。四〇年代後半に浮上した反共の嵐が、いかに突然にしかもアメリカの大学全体をなめるように巻き込んだかを、彼らの悲劇が物語るからである。例えばそうした反共の激流は、ワシントン州から南のカリフォルニア州に次のように飛び火していった。四九年三月、カリフォルニア州議会は、ワシントン大学理事会の決定を全面的に支持する旨の決議を採択してまず応答した。その年から翌五〇年に向けて、州議会がカリフォルニア州立大学教員に対して導入した、共産党に加わることを禁じる条項を含む忠誠宣誓書署名義務制度は、共産党員ばかりか、一般的に思想の自由を重んじる同大学の多くの教員にとっても、市民的自由の明瞭な侵害と映った。そのため、州議会における忠誠宣誓の法制化を機にカリフォルニア大学で起こった紛争は多数のリベラル教員を巻き込んですさまじかったが、事件は一年後、宣誓を拒んだ三一名にのぼる同大教員の解雇をもって終わったのである[25]。

大学に矛先を向けた反共主義、いな反共というばかりか進歩的思想をもつとされる人びと一般にまで及ぶ思想の自由の実質的な規制とおぼしき気運は、さながら野火のようにこの時期から広がり、五〇年代後半までまさに全国を席巻する現象と化した。そうした拡大過程で共産党と何の関係ももたないにもかかわらず、過去の係わりを問題とされた教員、あるいは進歩的な政治思想をもつという理由だけで外部から嫌がらせや精神的・物理的被害を受けた教員を、大学はどの程度保護したのか。大学が自由で知的な精神活動の世界であろうとすれば、不合理なまでに肥大化した反共主義の嵐に学問の府はやはり毅然とした対処を示すべきであったが、第二次大戦後のアメリカの大学組織にはその点からみて幾つかの問題状況がみられた。議論をその問題にしぼって事実をさらに掘り起こしてみよう。

大学の中央管理機構はワシントン大学のケースがそうであったように、一般的に組織防衛を原理として行動することが多かった。四八年以降、議会委員会が喚問するケースとしてもっとも騒がれたのは、非米活動委員会あるいは五一年一月に設置された上院国内治安小委員会(マッカラン委員会、後述)が、ソ連のスパイとか、共産党員で「ある」(あるいは「あった」)という鳴り物入りの理由で呼びつけた一連の大学教員のケースであった。

原理的にはそうした委員会の喚問は、個人への召喚であったが、実際には大学に大きな圧力となった。大学側は学外での評判や社会的関係を慮《おもんぱか》るばかりに、喚問を受けた教員を自ら処分する行動をとった。第二次大戦中マンハッタン計画に参加した物理学者フランク・オッペンハイマー(Frank Oppenheimer, ロバート・オッペンハイマーの弟)と、彼が在職したミシガン大学のケースも、その一例であった。非米活動委員会がオッペンハイマーを共産党員であったという理由で喚問したのは、四九年六月である。オッペンハイマー自身の証言によれば彼が三七年から四一年まで共産党員であったことは確かであった。しかしその後、彼は同世代の多くの若い大学人がたどったように共産党から離れ、関係は途絶していった。ただそれでも、彼が進歩的な政治関心を保持し続けたことは事実であったようで、四八年大統領選挙の際には、進歩党候補ヘンリー・ウォーレス(Henry Wallace)を支援する集会などにオッペンハイマーは参加した。非米活動委員会が彼を召喚したのはその選挙後であったが、ミシガン大学理事会は召喚を機にオッペンハイマーをただちに解雇した。決定の背景には過去の共産党員歴ばかりか、四八年選挙まで続いたオッペンハイマーの活発な政治行動への不安が大きな比重を占めていたという[26]。彼の行動が学外において指弾されることで、大学が不要なトラブルに巻き込まれることを当局者は危惧したというのである。大学当局にとって反共は、往々にして大学の社会的評価を保持することと表裏一体の問題であった。

さらに、今日明らかにされつつある資料によると、大学は、そうした公聴会に教員が呼び出され騒動となるケースを嫌って四〇年代後半から、教員に対してあらかじめ、不透明な監視行動を取り始めていたとさえいう。重要な一例はハーヴァード大学であった。同時期、ハーヴァード大学理事会は対外的には学問の自由を守ることが大学の任務であるとし、議会委員会が喚問したからといって教員をただちに解雇する行動をとらないとする立場を保持した。そのもっとも代表的ケースとされたのは、五三年二月から非米活動委員会がハーヴァード大学教員に向けて行った一連の喚問において中心的攻撃対象となった、理論物理学者準教授ウェンデル・フィリー(Wendell Furry)に対する扱いであった。召喚状を受けたフィリーは、自らがいまは共産党員でないと明言する一方、個人の信条を詰問する非米活動委員会の行動は、思想の自由を重んじるアメリカの伝統に違反すると公の場で批判し、委員会に対する非協力の態度を貫いた。しかし、ハーヴァード大学理事会は、フィリーを他大学のように解雇せず三年間の保護監視とする軽い処分ですませた。一般的にその処分は、ハーヴァード大学がこの時期の反共の嵐に対して強い抵抗を示した事例として、大学自身が自画自賛した行為であった[27]。

しかし、近年明らかとなりつつある資料は、ハーヴァード大学においても事はそれほど簡単ではなかったことを示している。五二年まで学長を務めたジェームズ・コナント(James B. Conant)は、個人的立場を語る際にはワシントン大学学長アレンとほぼ同様の、強烈な反共主義を漏らした。「今日のような冷戦の下では、政党に対する通常の寛大な理解や規範は共産党に対して適用できないであろう。陰謀をめぐらし、まことしやかな欺瞞《ぎまん》を弄《ろう》するのが、全世界における共産主義者の特徴的な行動であると私は確信する。そうした事実を直視するとき私の個人的意見では、共産党員は教員たる資格を持っていないと考える」[28]。このような学長コナントの関心と、ハーヴァード大学が内々にとった教員に対する不透明な監視システムが、どのような直接的因果関係をもったのか、経緯の細部はなお不明であるが、ただ開示されつつある事実は、連邦調査局(ＦＢＩ)が関与した陰鬱《いんうつ》な監視システムの存在であった。

今日断片的なＦＢＩ資料から推すると、四〇年代末から五〇年代、ハーヴァード大学には、教員の政治行動や信条をＦＢＩのボストン支部に報告する極秘の通報者が相当数存在し、その通報者は学長直属の事務局の承認を受けて行動した。そのシステムのもと、大学とＦＢＩ双方の間で、幾人もの教員に関する個人情報が伝えられ、それらが大学では、教員の雇用や昇進における有力な判断基準に利用されただろうというのである。

ちなみにこの事実に関心を寄せたコロンビア大学教授シグムンド・ダイアモンド(Sigmund Diamond)は、そうしたＦＢＩ資料の発掘に情熱をかけた彼の研究の動機として、彼自身がハーヴァード大学への教員採用を内定されながら採用直前に撤回となった経験をあげる。テニュアーをもつ教員の場合には解雇は容易でなかったが、新規採用とかダイヤモンドのような若手の契約教員の場合には、採用や再契約は通常でもある恣意性をもった。その際の決定に、ＦＢＩを介した政治的情報が絶対的ではないにしても折々に有力な役割を果したのではないか。今日そのすべてを証明する材料は開示されていないが、そうした可能性をもつケースが少なくないこと、実際自分の場合には明確にそう判断できる、と彼はいう。しかも、ことはハーヴァード大学のみではなかったというのである[29]。

3

第二次大戦後のアメリカの大学に広がったこのような反共気運が、多くの教員の政治的関心を萎縮させ、思想の自由を奪いかねない事態に発展した事実、しかもその過程で、内なる大学管理機構が反共的学内規律の強化に深く関与した点は、疑いを入れないであろう。問題は誰かが解雇されたり就職できなかったというだけではすまなかった。そうしたケースが象徴的なものとして発生したとき、大学のなかには自らの発言、また学外での行動についてくれぐれも自粛するという鬱々《うつうつ》たる自己抑制の機運が広がったことは想像にかたくない[30]。

大学のそうしたありさまを歴史的に意義づけるためには、さらに各大学にそって個別に論じることから始めるべきであり、いたずらに一般化した議論は妥当ではなかろう。ただ、その限界を承知したうえであれば、この間、広義にいえば近代社会制度といってよい大学が経験しつつあった重要な変化を概観してみることは、少なくとも本章が扱う問題の歴史的文脈として意味あるように思える。

通観的にみて第二次世界大戦からその後の数年の時期は、一九世紀後半に形成された近代高等教育・研究機関としてのアメリカの大学が、まさに画期ともいえる変化を示した注目すべき時期であった[31]。大戦勃発に先だって一二〇〇校ほどの規模であったアメリカの大学機構は、戦中から戦後にかけて二つの面で、国家と、決定的に新しい関係をもつ存在へと変わったからである。

一つは、第二次世界大戦がレーダーから原爆まで、新兵器開発を不断にともなう科学戦であったことから結果した、大学研究組織のあり方の直接的変化であった。マンハッタン計画に係わった機関が典型的にそうであったように、大戦中からのアメリカ有力大学の研究機構は、自然科学分野における軍事技術開発を中心に社会科学においても、国家の要請に応えて研究課題を採用するという、軍事・経済・政治いずれの分野でも連邦政府の関心に敏感に反応する特殊な戦略性をもった機関へと変貌し始めていた。しかもその過程は、研究規模の拡大と絡んで大学での研究が、学内資金や寄付金で運営される伝統的範囲を超え、アイゼンハワーが指摘したように多額の連邦資金に依存する大学と国家との新しい関係状況を生み出していく道程でもあった。戦時下、マサチューセッツ工科大学(MIT)内に設立された「放射線研究所」なる組織は、私立大学施設でありながら連邦政府との契約で運営され、連邦プロジェクトが常に推進されるという全く新しいタイプの研究開発施設としてスタートした点で、画期的意味をもった。第二次大戦終了とともに「放射線研究所」に流れる軍予算は一旦は減少するかにみたが、結果は逆であった。一九五一年、空軍との提携で新たに再編され、冷戦期最大の軍事研究機関となったＭＩＴ・リンカン研究所は、他ならぬ「放射線研究所」の後身であった[32]。軍部が大学に直接委託するそうした研究プロジェクト方式は、ＭＩＴ・リンカン研究所を対象とするもののほか、スタンフォード大学など数個の特定大学への多額の軍予算投入というかたちで戦後継続したのであり、実際には五〇年頃からますます拡大したのである。

このような軍と大学との直接的関係の拡大ばかりではなかった。四五年七月、戦後におけるアメリカ科学研究のあり方を提言するべく編まれた大統領宛報告書『科学──その限りないフロンティア』は、連邦政府による科学の振興が、「国家の安全保障のために」不可欠の課題と主張した歴史的文書であった。戦時下の大学動員に重要な役割を果たしたヴァネヴァー・ブッシュ(Vannevar Bush)らの作成になる報告書であったことを勘案すれば、その報告書が及ぼした幅広い影響も注目しておかねばならない。

報告書『科学』が四五年に取り上げたテーマは、二年後の四七年新しい大統領委員会によっても重ねて強調された。その年の一二月、戦後アメリカ高等教育機関のあり方を提言した大統領委員会、正式名称「高等教育調査大統領委員会」の報告書『アメリカ民主主義のための高等教育』は、主要な高等教育機関の指導者がトルーマン大統領に対して、教育を改善するうえでの連邦政府の役割を改めて力説した報告書であった。立案や企画のイニシャティヴは研究組織に可能なかぎり委ねながら、高等研究機関が進める基礎研究に連邦政府は積極的に資金をふり分けていく、そのような「連邦科学振興政策」が、戦後アメリカ政府の進めるべきもっとも重要でかつ緊急の目標であるとその報告書は主張した。それから三年後の五〇年、連邦予算措置を得て設置された周知の「全米科学振興機構」(National Science Foundation)は、二〇世紀後半に向けて、アメリカの大学機構が政治的に獲得したかつてない新しい地位を象徴する一機構となった。アメリカの科学を世界に冠たるものとすること、その目標のために、連邦政府資金が将来の科学研究に不可欠に投入されるべきであるという論理が何人《なんぴと》も否定しえない議論として謳われ、それを基礎に大学への豊富な連邦資金援助が制度化されたのである。[33]

右のような改変をへて、六〇年頃までには連邦政府と大学との関係は、かつてない確固たるものとなった事実を物語る数字的資料がある。この年、連邦政府が大学にふりあてた財政的支援は、第二次大戦参戦前となる四〇年の約一〇〇倍にあたる一五億ドルであった(六〇年連邦総支出九二二億ドルの一・六%)。そのうち、主として軍関係予算として特定大学との契約により個別研究機関に直接支出した全資金が三分の一の約五億ドル、他方、全国科学振興機構を介して選別されたさまざまなプロジェクトに一般研究補助金として支出された金額がやはり三分の一の五億ドルを占め、残りが、学生向けのローン保証あるいは奨学金など一般的な学生支援であった。つまり、六〇年時点でのアメリカの大学機構は、連邦政府から合計一〇億ドルの研究資金を得ていたが、その金額はこの年のアメリカ全大学が研究向けに支出した総資金額の七五%に達し、大学予算の総額からしても実に一五%に及ぶ資金であった。[34]第二次大戦中から戦後にかけて、アメリカの大学機構が連邦政府との関係をいかに太いものとしたか、その結果として、大学が比較的自立的であった社会機構としての伝統的性格をいかに大きく変えたかが、以上の数字から推定できるのである。

われわれの基本命題に戻ろう。なるほど、四八年以降、アメリカの大学は、反共という嵐に巻き込まれ、多くの人びとにとって耐えがたい思想の自由の抑圧や、個人の尊厳を傷つける事件に巻き込まれた。そうした抑圧の諸事実は、とくに不当な中傷のために解雇されたり、名誉回復の道さえ奪われた当事者の苦悩を忘却に付さないためにも十分に語られるべきであろう。

しかし、その一方で、われわれはこの間の歴史をより客観的にみるのであれば、次の事実にも留意しなければならない。渦巻く反共の嵐がもたらす思想抑圧の気運、それは一部の大学人にとっては耐えがたい状況であったが、実のところ大学全体をみたとき、ただちに不満な状況と理解されたわけではなかった事実である。この時期の大学がたどった連邦政府との新しい関係は、大学がむしろ反共へと向かう連邦政治状況を積極的に受け入れ反共気運と慣れ親しんでいった、長期的にみればいっそう重要であったいま一つの機運を示唆する。[35] 冷戦的政治状況に対して機敏に順応し、アメリカ政治の目標をよりナショナリスティックに捉えようとする保守的営みが大学機関の研究教育のなかに、さらには知識人の思想の枠に有力な潮流としてこの時期浮上していた。その象徴的な一事例をあげて本節の議論を結ぼう。

一九五〇年一二月に開催されたアメリカ歴史学協会の年次大会は、おそらくはかつてないほどの異様な雰囲気に包まれた学会であったに相違ない。とくに大会の半ばに行われた新会長サムエル・モリソン(Samuel E. Morison)の講演[36]は、参集したアメリカ人歴史家ばかりか世界中の歴史家の注目を引かずにはおかないものであった。モリソン会長の講演が、アメリカ歴史学協会において三〇年代、もっとも大きな影響力をもった革新主義史学の重鎮チャールズ・ビアード(Charles A. Beard)を徹底的に酷評する内容を含んだからである。三三年一二月、ビアードが同じアメリカ歴史学協会の講演に臨んで演題としたのは、「信念の行為としての歴史叙述」であった。その一七年前の講演を批判してモリソンは冒頭にいう。ビアードらによって育てられた革新主義史学、つまり「自称信念の行為としての」歴史学は、実のところ「まやかしの歴史学」に他ならなかった。特定の見解で社会を眺め、自らの希望する方向に歴史の事実さえねじ曲げようとする姿勢は、真実を探求すべき歴史学の名に値しないものであった、と。

息もつかせずモリソンはビアードの作品と思想にそって批判を続ける。彼が議論の中心においたのは、ビアードが初期の分析手法とした経済中心的解釈(モリソンはそれを「唯物論」的解釈という)であり、さらには第二次大戦に先だってアメリカの参戦に反対したビアードの反戦の態度であった。批判の論理が興味深かった。そもそも歴史家は、真実を探求しようとする知的誠実さを尊重する。と同時に、国民に対しても重要な責任を負うものである。おのおのの国民的伝統とその国民性を保持しようとする民衆の記憶に敬意をはらう態度が、歴史家がとるべき本来の姿なのである。そうした歴史家の目からみるとき、ビアードが第二次大戦に反対したあの態度は困惑すべきものであった。アメリカ人が歴史的に高い価値をおいた独立とか、個人の自由、国家の統合、また西方への膨張は、人びとがそのために戦う意思がないかぎり、勝ちとることも、また保持することもできなかった価値である。そうしたアメリカが誇るべき伝統からみても、戦争は重要な成果をもたらしうるものであり、少なくとも人間の歴史にとって避けがたい過程であったという事実を、歴史家は国民に語りかける責任を負っている。今日アメリカに求められる歴史記述とは、アメリカの制度やあり方をいたずらに批判することではなく、「健全な保守主義」という視点から、その伝統的価値の意味を正当に提示し、その保持に果たした国民のたゆまざる努力の跡を生き生きと描くことである、と。

この時点でハーヴァード大学歴史学部を代表する地位にあったモリソンの右の議論は、一方で学問的経験に富み、なるほどすべてが否定されるべきものではない。しかしその点を認めたとしても、アメリカ歴史学協会年次大会という多数の聴衆が加わる場で彼がなしたビアード攻撃には、学問的批判というにはあまりに逸脱した政治性が漂った[37]。一般的にはコンセンサス史学の台頭として知られた彼の「健全な保守主義」を重んじる立場は、そのじつ冷戦が激化し、アメリカの守るべき価値がことさらに唱道された四〇年代末から五〇年代初めにおいては、時代の政治的・社会的保守主義を圧倒的に吸い込み、国民的伝統をことさらに主張する体制順応の思想そのものに近かった。

いずれにせよ、第二次大戦終了の二年後ぐらいから始まった冷戦の進行は、このようにして歴史の見方にさえ深刻な影響を与え、広くは政治文化構造にも幅広い変容をもたらした変動であった事実が、重ねて強調されてよいであろう。事実その過程で、戦後アメリカにおいて論じられた平和論の一つの流れは悲惨なまでに中傷され、間違いなく後景に退かざるをえなかった。節を改めよう。

3　一九五〇年、戦後アメリカ政治の転換点

1

冷戦政策を批判する戦後平和論が、一九四七年以降強い緊張を含んだアメリカ社会と政治文化の変容のもとで思わざる政治的色分けによって「左翼」とみなされ、しだいに厳しい活動環境に直面していたことは間違いなかった。しかし、そうした状況の枠でも五〇年までは、戦後平和論がしぶとく生き残っていた事実をわれわれはまず記憶にとどめたい。本節はその足跡をたどることから、彼らが五〇年代初めに直面した事態の解明を試みる。

第二次大戦後のアメリカ政治過程において、戦後の平和を維持するためにいかなる方策を講じるべきかという戦争と平和の問題が、単に願望という域を越えて緊急の争点として浮上したのは、四八年春から秋にかけての大統領選挙戦時期であった。その年の二月、チェコスロヴァキアで共産党によるクーデタ政変が起こったあと、六月にはベルリン封鎖が勃発することで、米ソ・東西戦争突入の危機感に満ちた緊張が民衆を巻き込むまでに高まった。それに呼応して、六月には戦後初めての新徴兵法が採択され、さらに九月には原爆搭載可能なB二九のイギリス配備が決定されるという危機のただ中で進んだ選挙戦では、二人の候補者がヨーロッパにおける平和の問題を重要な争点に掲げた。一人は、六月に成立した新徴兵法への反対、さらには軍縮を主張した社会党のノーマン・トーマス(Norman Thomas)であった。トルーマン現政権が掲げる対ソ封じ込めの反共的立場を支持しながらも、軍事力の強化による封じ込めではなく、マーシャル・プランを中心とした西欧への経済的支援によってソ連の脅威に対処すべきというのが、社会党がこの選挙で掲げた対外政策綱領の骨子であった[38]。

他方、平和の問題をさらに大きな争点として取り上げたのが、四六年九月までトルーマン政権の商務長官を務め、対

ソ政策をめぐる対立で解任され閣外に去った民主党左派の有力者ヘンリー・ウォーレスであった。解任後、『ニュー・リパブリック』誌の編集主幹を務めたウォーレスが第三政党から大統領選挙に挑む意思を示したのは、四七年末であった。翌四八年七月、新第三政党・進歩党結成大会が採択した綱領は、ソ連との直接交渉によるベルリン危機の克服を第一の眼目とし、さらに将来への展望として、国際連合の活性化による紛争の平和的調停、また、他国に対する内政不干渉原則の遵守による米ソ間の緊張緩和などを謳った。新徴兵法の撤廃、さらには軍事予算の大幅カットを主張した点は社会党と同様であった[39]。

地域的に偏りをもつ少数政党であった社会党はともかく、ウォーレス進歩党の旗上げは、掲げた綱領からみても戦後、アメリカ社会の知識人さらには市民の間に、国際紛争の平和的調停をはかることによって持続的な平和を実現するという平和維持の問題が、引き続き重い関心であったことを示す確かな動きであった。ただし、それと同時にウォーレス進歩党の選挙戦は、すでにこの四八年の時点で軍縮への行動と平和の維持を政治論議の最大無比の争点に据えることが、アメリカ社会でかなり難しい課題となり始めていた事実を改めて思い知らせていた。

選挙戦中、ウォーレスにとって負担となった最大の弱点は、ウォーレス支持を標榜した共産党との関係にあった。六月、結成大会直後からウォーレス進歩党は、容共的あるいは共産党に軟弱であると批判されただけではなかった。この時点においても邪悪なグループと絶縁することのできない団体、それは、共産主義者の浸透によって組織の実体が乗っ取られた、共産党支配のダミー組織であるという攻撃が彼らを襲った。共和党など保守勢力がその種の攻撃をウォーレスに浴びせただけではなかった。むしろウォーレス進歩党に政策的には近いリベラル勢力の攻撃のほうが、さらに手ひどかったことが、時代の潮流変化を象徴していた。人民戦線方式なるものは過去の遺物である以上に、そもそも醜悪な政治行動理念そのものであるとみる流れが、四八年選挙の際立った特徴として浮上していた。

周知のように、四八年選挙に二年先だつ四六年の末、その年の中間選挙結果に現れた世論の保守化を背景に民主党の主軸をなす中間派リベラル勢力と、その左派の独立的知識人と呼ばれた社会民主主義系リベラル勢力は、共産党との関係をめぐって鋭い内部対立を露呈し、分裂を始めていた。選挙後、進歩勢力の大同団結を再度模索した「アメリカ革新市民連盟」(Progressive Citizens of America)の動きに対し、四七年一月、反共を謳った「民主的行動のためのアメリカ人連盟」(Americans for Democratic Action)の結成は、アメリカ政治の全体地図からいえば、民主党中間派から左派を占めたリベラル勢力のかつてない分裂を意味する重大事件であった。左派を中間派が拒絶するというかたちでリベラルが内部分裂するなかで、四八年、ウォーレス進歩党支持にまわったのは、以前、民主党左派を構成した一群の知識人、文化団体、さらには、労働運動でもウォーレス支持を唯一とりまとめたニューヨーク市労働連盟のみであった。かつてはフランクリン・ローズヴェルトの後継者として民主党大統領候補まで噂されたウォーレスの得票は結局一一五万票、全体投票(四八七九万票)の二・三%にとどまり、進歩党はこの選挙で党存続の可能性さえ奪われる惨敗を喫した。ウォーレスの選挙戦をみるかぎり、四八年、対ソ関係の改善をめざすという内容だけの平和の議論は、世論を喚起するだけの争点にはなりえなかった、そのことは否定しがたい事実であった。

ただし、そうしたウォーレスの動向をこの年の政治状況の一光景として相対化し、彼の選挙戦から意識的に目を全体に向けてみれば、実のところ四八年政治過程での平和の問題はウォーレスだけが独占したわけでなかったこと、したがってウォーレスの敗北によって一蹴されたといえるほどに軽い争点ではなかった事実も、あえて強調すべき点であった。選挙でトルーマンの再選にもっとも貢献した勢力は、民主党にとどまりトルーマン支持を表明した反共的中間派リベラル勢力、さらには四八年初め、雪崩《なだれ》を打って共産党との組織的関係を切った、三〇年代以来のニューディール連合の中核である民主党系労働団体であった。

思想的にはやはり社会民主主義的傾向をもつ集団とくくってよいこれらの民主党リベラル・グループの思想と行動は、四七年以降反共姿勢を強めたことから、四八年大統領選挙前後をとおしてみると、保守化と、年来からの革新の立場の双方に不規則に振幅するというかなり読みとりにくい政治的姿態を示していた。とくに対外政策面では、彼らの反共意識の激しさは際立った。東欧諸国へのソ連の政治介入、ドイツの東部新国境とされたオーデル・ナイセ国境、さらにはベルリン封鎖にいたるまでのドイツ占領政策におけるソ連の「独断的」行動を、民主党リベラルは、ヨーロッパに対するソ連の侵略的意図を明確にするものとして厳しく攻撃した。しかし、そうした反共姿勢を明示する一方で、彼らのかなりの人びとは、ヨーロッパの冷戦がただちに東西両陣営の際限ない軍拡に結びつくことを否定し、むしろそれを阻止する論理をも構想しようとしていた。

彼らの立場には二つの要点があった。一つは、国際緊張がヨーロッパを主舞台にするという理解を基礎に、ソ連に対する最大の防御策は西欧の経済的回復・安定にあるという、彼らの経済指向的姿勢であった[40]。

そして、いま一つは、ソ連との対立である冷戦がヨーロッパを越えてアジアなど、旧植民地体制の崩壊で激しい政治変動を経験しつつある第三世界地域にまで拡大することを、避けようとする姿勢であった。それには幾つかの理由が語られたが、さしあたり冷戦が世界大に拡大することは軍備の限りない増強をもたらし、また海外基地の大幅な増加を呼び起こすであろうという、アメリカ政治のあり方に対する危惧が強く主張されていた点が注目に値するものであった。軍事的海外関与を世界大とすることはアメリカの力の分散をもたらすばかりか、国内的にアメリカ政治のいっそうの保守化をもたらすがゆえに是非とも避けねばならない、そう説くのが、民主党の中軸をなお形成したリベラル・グループのいま一つの要の議論であった。

四八年、民主党に残ったリベラルはそうした関心枠で、最終的には苦渋の選択としてトルーマンを支持した。彼らの判断が歴史的にみてもっとも妥当であったか否か、その評価はさておき、トルーマンの四八年選挙における再選には、以上の内容をもつ反共リベラル勢力の独特の平和指向が一つの理念として組み込まれていた点は、この時期の平和論が分裂していたとはいえ政治主張としての一応の実体と存在感をなお保持した事実として、留意すべきであろう。戦後平和論は反共の枠に組み込まれて薄まったとはいえ、完全には無視できない政治的命脈を保っていたといってよいのである。[41]その状況は、四八年選挙以後、少なくとも五〇年初めまでは基本的状況として変わらなかった。

五〇年二月、『ネーション』誌がニューヨークで主催した原子力時代の平和を問う会議、すでにみた『ネーション』誌会議は、以上の歴史的文脈を踏まえていえば、他ならぬ四八年以来、トルーマン民主党陣営にとどまりながら独自の平和構想を抱いた党派的には反共リベラルに近い人びとの平和論を、再度活性化しようとする試みであった。会議の主宰者『ネーション』誌主幹フレッダ・カーチウェイ(Freda Kirchwey)、さらには会議において中心的論点を提供したモーゲンソーやフェアバンクらは、彼らの反共的姿勢を明示していた。が、それにもかかわらず彼らはこの会議を危機感をもって求め、集会に期待を込めた。端的にいえば彼らは、四九年後半から五〇年初めにかけて、それまでにもまして異様な拡大を示し始めた対ソ対決論に対して、冷戦の拡大をぎりぎりの瀬戸際で押しとどめる趣旨での、彼ら独自の中道左派的平和論を再構築しようとしていた。

会議での議論をいま一度思い返してみよう。モーゲンソーは、西欧諸国内における共産党の脅威には断固とした対処が必要であることを、彼の主張の核とした。しかし、その姿勢は、ソ連との交渉、緊張緩和を妨げるものではないというのが彼の立場であった。さらに進んでクエーカー団体アメリカン・フレンズが提案した平和アピールは、両陣営の共存、そのための相互の経済関係改善を、アメリカ民主主義にとってまた国際関係としてもより生産的なものと主張する訴えであった。しかも、モーゲンソーからアメリカン・フレンズを含めて会議参加者の関心に通底したいま一点は、ヨーロッパを場とした西側とソ連陣営との地政的また体制的対立関係と、非ヨーロッパ世界における対立関係を、一元的な問題として捉えず、とくにアジアでの変化には別個の独自性を見出そうとする姿勢であった。あえていえばアメリカが、アジアにおいては冷戦的対立思考から離れることを彼らはとくに提案した。五〇年初め、『ネーション』誌会議に集約された平和論が歴史的に興味深いゆえんは、冷戦のアジアへの拡大というまぎれもない新たな危機に直面して、その危機をなんとか押しとどめ、平和維持への足掛りを取り戻そうと努めた、戦後平和を期待する人びとのぎりぎりの思想的営為が、そこに込められていた点であった。

2

しかし、翻っていえば、五〇年、アメリカ国内政治を取り巻いた環境は『ネーション』誌会議参加者らが感じとっていたとおりに間違いなく危機的であり、しかもその年の初めからは、会議に参集した一群の平和論者ではおよそ抗いがたいほどの新たな対外強硬の潮流が渦巻き始めていたのが実態であった。すでに述べたとおり五〇年一月にはトルーマン政府による水爆開発の発表がなされたが、政権中枢において暗々裏に始まったさらなる動きはこの新兵器開発だけではなかった。通常兵力の増強を含めて、それまでとは質的に異なる軍拡論が主張を強めていた。

四八年のベルリン危機以降、ヨーロッパ大陸でのソ連との衝突を仮想して通常軍備増強を求め始めていた軍部の要求はその後も漸次強まりつつあったが、四九年九月、ソ連の原爆開発の確認は、彼らの要求を一気に加速させる格好の機会となるものであった[42]。軍部のその意向をくんで、ジョージ・ケナンのあとを襲った国務省政策企画室長ポール・ニッツェ(Paul H. Nitze)らが、五〇年二月から三月にかけて作成した国家安全保障会議文書は、NSC六八の番号が付され「安全保障に係わる合衆国の目的と戦略」と題された内容であった。「合衆国の現行および潜在的軍事力は、軍事的見地からみるときこれまでの計画のままでは戦争の抑止力として今後急速に有効性を弱めることになろう。ソ連による戦争の挑発を防止するばかりか、国際関係において当面する不利な状況を逆転する、そのような政策を支持していくためにも、現行の軍備の大幅な増強が重要な課題となりつつある」。このように説いたNSC六八文書は核兵力の拡大に加えて、陸海軍通常兵力の増強と、いま一つは、通常兵力が世界大に展開することのできる広範な海外基地体制の整備を主張していた[43]。NSC六八文書が、ニッツェらの起草をへてトルーマン政府の国家安全保障会議に提出されたのは、当時極秘であったが五〇年四月であった。

ただし今日では周知のごとく、その四月時点でNSC六八文書は採択にいたらなかった。事実上の大軍拡案としてトルーマン政府の大幅な政策転換を求めた提言に対し、財政膨張によるインフレ、さらには議会の反対を恐れたトルーマン周辺が、文書の棚上げによって事態をひとまず凍結したのが、四月の国家安全保障会議であった。しかし、凍結は結局長続きしなかった。バランスを揺るがす決定的衝撃がまもなく加わったからであった。五〇年六月、予期せぬ朝鮮戦争が勃発したのである。

朝鮮内乱への介入として始まったアメリカにとっての朝鮮戦争。歴史的にみるとき、この戦争へのアメリカの介入が内戦勃発の六月二四日未明以降、ディーン・アチソン(Dean Acheson)長官下の国務省の主導によって六月三一日までのほぼ一週間以内に決定されるという、常にもまして素早かった事情をどのように説明するかについては、今日まで多くの議論が試みられてきた。が、おそらく介入要因が複合的でありまたきわめて政治的でもあった事情から、国内外要因をすべて過不足なくより合わせた包括的説明はなおなされていないのが現状であろう[44]。その意味では筆者の議論も要因の一端を指摘するにとどまるが、以下では、国内外を含めた多様な原因のうちでも、四九年末からアメリカ社会に高まりつつあったいわゆる「中国喪失論」が、この期の政治潮流に与えた強い拘束という事実に注目してみたい。やや遠回りとなるが、四九年後半からの政治状況に改めて言及しておかねばならない。

中国喪失論、それはすこぶる扇動的に民主党政府の中枢、とくに外交当局を告発し弾劾する議論であった。四九年一〇月、中国共産党が、「二〇年に及ぶ国民党との権力闘争に勝利し」、中国全土を席巻、中華人民共和国建国にまでいたった「決定的要因」は、なんと、共産党の勝利を助けるような「アメリカの対外政策にあった[45]」、と。

第1節で触れたように、五〇年二月『ネーション』誌会議に参加したアジア史家フェアバンクが、すでにこの種の奇妙な主張に不快感を漏らしていた。しかし、ファエバンクからいえばデマそのものにみえた議論であったが、その主張は、四〇年代末から広がった時代の反共論理の筋立てと独特の波長で共鳴することで、攻撃する側、中傷されるほう、いずれにとっても想像以上の衝撃力をおびる主張へと広がりつつあった。議論の周囲には、この時代を特徴づける二つの社会機運が、論理の下支えのように張りついていた。一つは、アメリカ社会を内部から掘りくずす異端分子あるいはスパイが実際に存在するという、四七年以来醸成されてきた冷戦下特有の不透明な社会観、あるいは既成社会関係を改めてなめ回すような警戒感がそれであった。他方、その不透明感をさらに増殖させたいま一つの議論が、国務省という連邦政府権力の中枢にスパイが忍びこみ、アメリカの対外政策を陰謀的にねじ曲げたという、連邦エリート官僚への反感をあおる議論であった。政治を民衆の手に取り戻そうと煽る疑似改革論的な民衆主権論が、そこでは伝統的民主主義を保持する正統性ある議論として横行した。

五〇年初めまで連邦政界ではほとんど無名に近かったウィスコンシン州選出のジョーゼフ・マッカーシーが、ワシントン政界を突如闊歩しだしたのは、そうした社会的不透明感がさながら臨界点に達し、人びとの警戒心に媚《こ》びるような扇動的言動がまかりとおり始めたただ中の出来事であった。五〇年二月以後、マッカーシーが声高に語り、注目を呼んだ議論とは次のようであった。いわく。国民党に適切な支援を与えず共産党の勝利を側面から幇助《ほうじょ》した、そうした共産主義者が国務省内部に数十名存在しており、私はその具体的名前をすでにある資料から入手し知っている、と。[46]

上院議員が時代の風潮に媚び売名もねらって選んだ中国・アジア情勢に焦点を当てた反共の扇動は、長期にわたった民主党政権への倦怠《けんたい》感、あるいは対外関係への不満とも折り重なることで、瞬くまに強い火勢へと拡大した。そこにもあるダイナミズムが作動していた。議会共和党の中心勢力は、マッカーシーのずさんな告発にときに眉をひそめながらも、他方で、このけばけばしい扇動政治家の登場を彼らの中期的政治戦略に取り込もうと企画していた。勝利の予想が高かった四八年大統領選挙に敗れたあと、来るべき五二年大統領選挙での共和党政権の奪還をなりふりかまわぬ第一目標とし、それに向けて民主党政権の弱点を徹底的にあばき出すこと、とくに連邦官僚への不満に乗じて国務省の反共行動の軟弱さをつくことが、この時期から共和党が採用し始めた新たな中期政治戦略であった。そうした仕掛けにも似た戦略を背景に、現状に衝撃を与える狂言回しとしてマッカーシーの言動を最大限に利用しようとする共和党主流の思惑は、五〇年初めからの反共主義をことさらに激しく、しかも狭隘《きょうあい》なイデオロギーへと昂進《こうしん》させる政治基盤をつくった。マッカーシズムは、既存政界がこの時期に認めうるものであったもの、いわば既成政治の対立許容範囲内で広がった現象であったことが、歴史的にみれば興味深い事実なのである。

議論を元に戻そう。マッカーシーがそうした共和党の暗黙の了解を受けて跳梁《ちょうりょう》することで国内反共世論がいっそうの硬直化を始めたただ中に、対外危機としての朝鮮戦争は勃発した。もちろん五〇年六月末、朝鮮内乱への介入をトルーマン政府が即決した理由が東アジアでの反共主義を加速させる共和党への目配りにあったなどと、国内的圧力にのみ引きつけて説明する議論は、歴史叙述としてバランスを欠くばかりか決定的な無理がある。参戦の決定過程そのものは、政治指導者の複雑な思惑を含めて単純ではなく、とくに朝鮮戦争の場合には、冷戦開始以降のトルーマン政権エリートたちの対ソ封じ込め理念に係わるところが大きかった。

朝鮮戦争史研究において画期的位置を占めるブルース・カミングズの研究は、トルーマン政府、とくに国務省による冷戦封じ込め政策の朝鮮に対する適用が、すこぶる早く四七年前半には始まったという。事実、五〇年まで同政権がとった対朝鮮政策を跡づければ、戦争介入にいたる遠因が、かなり早い時期の行動から芽生えていた事実は否定しがたい。ひとまずはカミングズの言に従ってこの間の動きを簡単に叙述してみよう。アメリカは対ソ封じ込め政策の威信を維持するため、ヨーロッパばかりかアジアの主要な係争地点のいずれにおいても、一歩も退くべきではないとする論理が四七年前半にはすでに台頭した。南朝鮮は、その重要地点として国務省首脳によって位置づけられ始め、それゆえアメリカ政府は四八年、国際連合の威信をかりて朝鮮南北の分断化につながる大韓民国の建国を強引に進めた。四九年一〇月、トルーマンが署名した一九四九年相互防衛援助法は、対韓援助を含んでおり、南朝鮮をあくまで政治的に保持するという四七年以来の国務省路線の延長線上になされた、朝鮮分断固定化政策を強化したものと理解することが、もっとも合理的であろう[47]、と。

右の意味では、朝鮮戦争介入に係わる議論はいかなる立場をとるにしても、アメリカ政府が四七年以降自ら舵をきった対ソ封じ込め政策の行動規律の拡大という、冷戦開始以後の歴史的文脈のもとでなされねばならない。しかし、そのように行動範囲がますます狭まっていた環境でも、重要な点は、アメリカ政府の冷戦政策の全体方針、とくにアジアへの冷戦拡大に関しては五〇年初めの時点まで、トルーマン政権自身においてさえかなりの議論の幅があり、軍部を含めて冷戦の無制限の拡大に批判的議論が依然存在した事実である。一例をあげればこうである。

五〇年初めNSC六八文書の起草は、トルーマン政権内にも軍備の拡大と東アジアに活発な反共行動の実行を求める勢力が、従来にもまして台頭し始めた事実をなるほど示唆した。しかし、他方で、トルーマンがその政策転換に強い躊躇《ためら》いを示していたことは上述したとおりであった。そこには、ソ連の脅威をいたずらに煽り、結果として異様な軍備拡大につながるようなアメリカ社会の硬直化と、さらには、冷戦の世界大への拡大に不安を覚え、あくまで対ソ封じ込め反共路線をヨーロッパに限定し、台湾の中国への明け渡しなど、アジアには日本を除いてより開かれた政策選択を求めようとする指向が、四九年後半までは民主党政権の一部に存在した事実を物語った。トルーマン政権内の財政政策に重要な位置を占めた大統領予算局のウィリアム・シャウブ(William Schaub)などが、財政面からそうした主張を説く代表的人物であった。カミングズもまたトルーマン政府内にそうした多様性が残っていた事実を認めるのである[48]。

ただし、その点を確認したうえであれば四九年秋から急速に浮上した中国喪失論、さらにはその動きと軌を一にして台頭した東アジアにおいて冷戦を積極的に拡大しようとする共和党中枢が流布し始めた議論は、以上の微妙な選択の岐路にあったトルーマン政府の動きに、厳しい規定環境を与えずにはおかなかった。とくに世論が国務省に対する不信、場合によっては裏切りによる中国喪失を語るまでに昂進し始めた五〇年初めに入ると、強硬な対アジア政策への目配りは、国内政治力学上およそ避けがたい選択となりつつあった。その事実は、大統領トルーマンが、共和党の取り込みを改めてめざす行動をとったことに端的に現れた。五〇年四月トルーマンは、共和党のジョン・フォスター・ダレス(John Foster Dulles)を対日講和担当の国務省顧問に登用し、東アジアに関して超党派外交を進める姿勢を示すことで共和党との距離の短縮をはかっていたのである。

朝鮮内乱は、まさにその二カ月後に勃発した。トルーマン政府の介入決断という強硬手段は国務省を取り巻く五〇年初めからの包括的状況をみるとき、おそらくはすでに避けがたい流れとなっていた。一方に、トルーマン政府部内で軍拡と冷戦政策の広域化を説くグループの台頭があり、その対極には、東アジアにおいてとくに強硬な姿勢を打ち上げることにより、独自性を発揮しようと目論む強力な共和党がいた。その二つの思惑が政権を両側から強く縛るなかで、対中国・対朝鮮・対台湾、以前にはこれら三地域について柔軟な対応を考える可能性があったものが、いまや三地域を強引に極東冷戦政策として一つにくくるようなアジア政策論が、戦争の勃発という衝撃で反射的に強まった。それを支援したのが、朝鮮の内乱は北朝鮮を先兵に使ったソ連の対外進出であり、その衝撃を朝鮮において阻止しない場合、西側世界は世界の各所で後退を余儀なくされるという、いわば朝鮮を牌《パイ》の一つにたとえた世界的ドミノ論であった。朝鮮への介入は、結論的にいえば、その一段昂進した世界規模の包括的封じ込め政策(時に巻き返し政策の衝動さえ含んだ政策)と東アジアへの新たな冷戦政策の採用を意味した。介入決定とともに、NSC六八文書が五〇年一〇月トルーマン政府の国家安全保障会議において採択され、政権の対外政策の基本文書に採択された事実は、トルーマン政府部内で四九年後半から五〇年中頃までに起こった政策論議の最終的収斂《しゅうれん》、転換を示唆する決定的な出来事であった。

3

かくして朝鮮戦争に対する軍事行動が進んだ五〇年秋の時点に入ると、アメリカの戦後外交のあり方は、その年の初めとは質的に異なる新しい段階にすでに突入していた。何より重要なことは、アメリカが第二次大戦以後の束の間の平和ではもはやなく、再び戦争下にあった事実である。軍備の拡大は戦時国家非常事態という呼び掛けのもとでは、批判の余地ない国策となった。外交全体を統御する冷戦論理の枠からも、五〇年の初めにはなお残った冷戦拡大への躊躇いが雲散し、新たな強硬路線が露出していった。そのなかでも最大の転換は、トルーマン政権にとって従来基本戦略であったヨーロッパに最大の資源を注ぎこむヨーロッパ第一主義を堅持しながら、他方で、反共政策を東アジアに明確に拡大し、論理的にはアジアを別領域としない決定であった(あるいはヨーロッパを重視するがゆえに、冷戦をアジアにも拡大する、そうした順接的論理の展開があったのかもしれない。しかしその点はいまおく)。四九年末にトルーマン政権が東アジアにおける基本的防衛ラインとみなした領域は、日本、琉球、フィリピンであったが、それらに加えて、朝鮮からさらに台湾、そしてインドシナまでを加えて防衛するという、明らかに中国をくまなく包囲することを意図した広大な防疫線保持という政治決定が、朝鮮戦争が開始してまもなくなされたのである。

五〇年暮れ、こうした変化が進んだとき、その年の二月『ネーション』誌が結集しようとした平和論は、もはや言論弾圧といってよいほどのかつてない圧力にさらされた。それもまた五〇年を境にみられ始めた決定的に新しい事態であった。

実際五〇年末の時点で、いかなる議論がもっとも痛烈に抑圧されたのか。以下ではとくにアジアに関連して窒息の運命をたどった議論をいま一度俎上とすることで、以後の変化の激しさを実態にそくして浮き彫りにしていこう。

おそらくは歴史的皮肉としかいいようがない事実がある。子細にみるとトルーマン政府内にさえ、五〇年後半からは一気に忘れ去られていったが歴史的には蘇らすに値するあるアジア論が、なお四九年までは語られていた。朝鮮戦争突入に先だつわずか半年前の四九年一二月、政権中枢では、東アジアに対して次のような配慮を込めた文章がつくられていた。「第二次世界大戦以後アジアで起こっている幅広い変化は、アジア諸国民が、彼らの運命を自らの手で切りひらき、過去に彼らが被った外国支配や不当な影響を払拭しようとする決意を基礎とした動きである。そのことを、われわれはまず念頭におかねばならない。そうした変化が進んだ状況では、欧米諸国によるアジア地域への干渉のような行為は、どのような善意に立脚していたとしても、おうおうにして疑われかねない……」。アメリカがアジアで行動するとき考慮すべきは、そうしたアジア諸国民の主体的であろうとする決意であり、したがって「彼らの意図を十分にくみあげ、アジアにおいて今日支配的である社会変化を促そうとする諸勢力と協調して行動すること」が重要なのである[49]、と。

以上の文面は、四九年、中華人民共和国の成立によって劇的な変化を来しつつあった東アジア状勢の再検討を急ぐトルーマン政府内国務省高官が、その年一二月に作成したNSC四八／一(「アジアに関する合衆国の立場」)に盛り込んだ文面である[50]。この文面を特徴づけているアジアの長期的変化に配慮する意識が、朝鮮戦争によってなぜ路傍の小石のように簡単に投棄されてしまったのか。その点については別に解明すべき問題がなお残るが、いずれにせよトルーマン政権・国務省起草になる最高機密の安全保障文書でさえこのように慎重な言い回しをしていたのであれば、第二次大戦期からのアジアにおける民族主義的運動をアジアの目線からできるかぎり眺めようとする視角は、四〇年代から五〇年頃までの時期に限れば、アメリカ社会のなかでも決して一握りの少数者の議論ではなかった。そのことは資料をとおして重ねて確認できる事実である。

第二次大戦中から戦後にかけて幾人かのアジア問題専門家が、かなり自由な立場をとってアジアでの政治的・社会的変化の歴史的意味を語り、またその変化に対するアメリカの係わり方を論じていた。われわれが本章の冒頭で関心を寄せたアジア学者オーエン・ラティモアも、その文脈におくことで改めて重要な意味をおびる人物であった。いまラティモアが第二次大戦期から戦後にたどった軌跡に焦点を移してみよう。

五〇年代には文字通り政治的誹謗《ひぼう》の渦に引きずり込まれることになるが、ジョンズ・ホプキンズ大学教授であったラティモアが四五年二月に発表した著書『アジアにおけるある解決』は、その実、発刊から日本占領初期の時期には、国務省官僚に加えてトルーマンさえ手にした東アジア関係のもっとも基本的な文献であった。そのなかでラティモアは、カイロ宣言によって独立が約束された朝鮮の帰趨が、戦後アメリカがアジアなどの旧植民地地域において民主主義の真の味方となりうるか否かの試金石であると記し、朝鮮での社会改革勢力との協調の必要性を強く訴えていた。ラティモアのこの時期の主張をもっともよく示す議論の主要部分を引いてみよう。

解放された旧植民地諸地域に対する「今日までのわが国の政治的対応と行動は、幾つかの点で連合国のなかでも、もっとも臆病な保守的性格のものであった。そうした地域においてわが国は、これまで当方の理解では穏健派にみえても、地域の国民からするとおよそ反動的である人びとと、再三にわたって手を結んだのである」。「しかし、そのようなやり方は、この大戦後の朝鮮においては功を奏さないであろう」。解放後の朝鮮では、わが国が従来支持したような保守的構想は、最終的に退けられるに相違ない。おそらくは「かなり広い範囲の進歩的勢力が、穏健ではあっても同時に共産主義者が支持するような改革政策を掲げるであろうし、その結果として進歩的勢力と、中国共産党支持者あるいはロシア支持者といった左派勢力との連合へと事態が進むことが、可能性として予想されるのである」。

いずれにせよ確かなことは、戦後アジア地域において「共産主義が避け難い一つの政治要素となると予想される」点である。したがって、現在朝鮮に対し考えられている国連が軸となって数カ年の朝鮮信託統治を米英ソ中、四国に対して託す案は、われわれにとって十分検討に値する案であろう。なぜなら、その策をとることによって、われわれは、「朝鮮国民に統治の責任を可能な限り早く移管するための、穏健であっても明確に進歩的な政策に対して」、共産主義ロシアをくみいれ、朝鮮の将来に対して「共同の責任をとる体制」を確保することができるだろうからである。[51]

ラティモアが朝鮮に抱いた右のような評価と展望が、アメリカが戦後とるべき本来の朝鮮政策であったなどと語る意図は、行論の本旨にない。ラティモアの議論とは異なる道をアメリカが歩んだ事実が歴史的にみれば唯一であり、彼の提言をことさらに高く評価する議論は、歴史叙述においてはいたずらな党派的主張である以外に、いかなる意味ももち得ない。その種の議論を語るのが趣旨ではなく、重要な点は、正しいかどうかは別として冷戦突入以後の反共主義枠からみればおよそはみ出すようなラティモアの戦後朝鮮政策論が、ひとまず四五年の時期にはいまだ生き生きと語られていた、そのようなアメリカ政治の多様な視点を認める状況をここでは確認したいのである。

その時期にみられた比較的進歩的なアジア観をいま一例、あげてみよう。ラティモアも編集に参加したアジア研究者の機関誌として、三七年日中戦争勃発時に発刊された雑誌『アメレジア』は、第二次大戦後半期に入ると、それまでの日本の中国侵略批判から、戦後アジアのあり方に対して幅広い関心を示す論説を掲載していた。そうした関心で書かれたものの一つに、四五年一月から二月にかけて、同誌が三回に分けて連載した論説「アジアにおけるイギリスの帝国政策」がある。イギリスは、戦後もアジアにおける自らの植民地体制を放棄する意図が全くない。フランスさらにはオランダも同様であると分析したこの論説は、そうした西欧列強のアジア政策に対して、アメリカがいかなる態度をとるべきかを問うた論文であった。論旨を約せばこうである。

今日、イギリス世論の大半は、どのようなかたちにせよ戦前の植民地体制の回復をめざしており、「イギリスが戦後も有力な工業・通商国家としての地位を保持するには、帝国規模の植民地、さらには英連邦帝国体制を維持していかねばならないという確信」をもっている。しかしながら、アメリカの立場は、「連合国の戦時の誓いを真に実現していくことであり、とくに「恒久的平和の基礎を築くには、以前の半従属地域の人びと、また植民地であった人びとがもとめる政治的自由・経済的自由の獲得の努力を、支援することをおいて他にない」。西欧列強による植民地の保持とは、「植民地体制が不可避的に権力政治の復活を促し、ひいては大国間の熾烈な利害対立を引き起こすという点で」、まぎれもなく戦後「アジアにおける恒久的平和に深刻な障害となる」ものである。[52]

付言すれば『アメレジア』誌は同じ文脈で次のようにも書いていた。

「戦後アメリカ国民が、平和を維持するという課題に立ち向かおうとするのであれば、軍事行為としての戦争が終わった時点で、問題がすべて解決したなどという幻想に浸ってはならない」。アメリカ国内にひしめく政治的経済的膨張主義者あるいはその対極にある孤立主義者と明確に対峙しなければならない。そうした勢力と闘いながら、「国際的安全保障機構の設置を求めるのに加えて、……真の平和的発展が可能な世界的経済構造を構築すべく、アメリカ政府が他の国々と誠実に協力することを、強く要求していかねばならないのである」[53]。

引用は右の程度にして朝鮮戦争勃発時のアメリカ政治に戻ろう。

五〇年の六月以降、右にみたようなアジアに対するラティモアらリベラルの議論は、そのほとんどが六〇年代後半ヴェトナム反戦運動が立ち上がるまで、政治の表面から消えざるをえない苛酷な運命にさらされた。その事実こそが、冷戦初期から中期にいたる合衆国政治にみられたもっとも際立った変化の一つであった。変化はしかも劇的かつ峻烈なかたちで起こった。マッカーシーの台頭以後、その扇動政治家の歯牙にかかった数名のアジア学者、なかでもラティモアの運命が、この間に起こった事実の激烈さを示して余りある。

マッカーシーの告発によってラティモアが不本意にも議会の証言台に立たねばならなくなった最初の場面は、朝鮮戦争が勃発した直後の五〇年夏、上院タイディグズ委員会が開催した公聴会であった。ただそのときには彼はマッカーシーの追求をかろうじて逃れた。しかし、彼が再度議会に引きずり出された五二年マッカラン委員会でのやりとりは、ラティモアにとってただただ屈辱的なものであったに相違ない。その場面に改めて光を当てることで、五〇年を境に退けられていった戦後アメリカにおける一つの平和論の結末を確かめ、さらには彼らの挫折がもった意味の歴史的省察を結んでみたい。

4　一九五二年初春、上院マッカラン委員会

一九五〇年一二月、周知のマッカラン法と呼ばれた国内治安法(Internal Security Act of 1950)の成立を受けて上院司法委員会内に設置された国内治安問題小委員会は、委員長パット・マッカラン(Patrick A. McCarran)の名をとって通称、上院マッカラン委員会と呼ばれた。このマッカラン委員会が、反共主義を掲げる国内言論締め付け機関として五〇年代のマッカーシズム最盛期、すでに先行した下院非米活動委員会と艶を競うかのように、国内治安維持の名目で言論の抑圧に猛威をふるった一般的状況については、アメリカ政治史の常識に属する事実としてここでの詳述を省いてよかろう。なかでも委員会が勇名を馳せたのは、時の争点であった「中国喪失論」にのって民間レベルの環太平洋諸国間友好・協力組織であった太平洋問題調査会(Institute for Pacific Relations：IPR)のアメリカ支部を、共産党の影響下にある傀儡《かいらい》組織として攻撃し、とくにその重要メンバーであったオーエン・ラティモアに批判を集中したいわゆるIPR公聴会であった。委員会が同調査会を対象に公聴会を始めたのは、朝鮮戦争の開始から一年たち、戦線が膠着状態に入った五一年七月であった。朝鮮戦争の膠着化は、この時期のアメリカ社会に次のような政治的影響をもたらし、マッカラン委員会の活動を助長していた。

一つは、なぜわれわれはかつて聞いたこともない朝鮮半島なる地で戦争を強いられているのかという、いささか身勝手なまでの戦争に対する不快感であった。戦線が好調であればその種の不快感も表面化することはなかったのであろう。が、五〇年六月からの朝鮮戦争は、アメリカ軍が三八度線を越えて北に攻め上がった九月から一一月までのわずかな時期を除いて、国連軍たるアメリカ軍にとって苦戦の連続の戦いとなった。五一年春、二年目を迎えるに従ってますます明確化した戦線の行き詰まりのなかで、簡単に撃破できるはずであった戦争に対する思惑のはずれが、アメリカ社会に

敗北感とも違う、いわば戦争への深い倦怠感、広い意味でのフラストレーションを生み出していた[54]。

そのフラストレーションはかたちを代えて挫折の責任を他に転嫁する、国内スケープゴートをさがす醜悪な機運をも呼び起こしていた。朝鮮戦争が生み出したいま一つの社会心理状況であるスケープゴート追求の論理はこうであった。忌まわしい中国革命と共産党の勝利、そしてソ連のアジアへの進出、引き続く不快な朝鮮戦争、このように連続した状況は、さかのぼればソ連に対してあの民主党大統領フランクリン・ローズヴェルトが譲歩した四五年二月ヤルタ会談から発した一連の出来事であった。ヤルタ会談後のアジア情勢の展開はすべて仕組まれた結果であったに違いない。つまり国務省においては、アジアにおいて確固たる反共政策を主張し、蔣介石国民党政権への支援を論じた日本派と呼ばれたジョセフ・グルー(Joseph Grew)らの高官が対日戦終了直後に排除された。彼らの代わりに、共産党員も加えた、容共的といってよい偏った勢力が政策の中枢を握り、以後国務省を支配し続けてきた。元陸軍参謀長、前国務長官ジョージ・マーシャル(George C. Marshall)、さらには現国務長官ディーン・アチソンも容共的という点では例外でなかった。約すれば、ローズヴェルト、トルーマン民主党政権と国務省は、第二次大戦後半から今日まで、不当なまでにソ連に対し譲歩する対アジア政策を進めてきたのであり、それこそが現状のアジア情勢をもたらした元凶であった[55]、と。

一九五〇年初めから闊歩し、マッカラン委員会の公聴会席上でも公然と語られた上述のような国務省批判と民主党政権批判の論理が、この時期に猛威をふるった「中国喪失論」の本体であった。マッカラン委員会はまさにその確信のうえに行動していた。ちなみにその確信を歴史的に位置づければ、第二次大戦期から戦後に進んだアジアにおける自立的変革の運動をほとんど評価することなく、さながらアメリカは中国の運命を常に舵取りできたはずであるという、アジア人に対する人種偏見さえ感じさせるようなパターナリスティックな政治意識が心性に潜んだ。しかもその種のパターナリズムには、一九世紀後半以来のアジアに対する抜きがたい優越意識という、帝国主義的感性もが混入したとみてよかろう。

他方、その種の論理を含んだ「中国喪失論」の異様さに反撃する勢力が、少なくとも五〇年代初めまでのアメリカ社会になかったわけではない。というより、五〇年『ネーション』誌フォーラムでハンス・モーゲンソーまたジョン・フェアバンクらが語ったアジア観は、まさに、マッカラン委員会に潜んだ種類のアジアに対する伝統的パターナリズム意識、それが内在するアメリカ帝国的意識を批判的にあぶり出し払拭しようとする、明確な対抗的目的をもった主張であった。とすれば、マッカラン委員会が攻撃目標としたのも、たえず主敵と位置づける外来的共産主義に加えて、実のところ、そのような新たなアジア観を語る国内リベラル勢力の摘除であったことはいささかも不思議なことではなかった。わけてもその新しい対抗的アジア観を主張する最大の論客とみなされたのがオーエン・ラティモアであった。ラティモアがマッカラン委員会の究極の攻撃目標となった事情は、そのことに起因した[56]。

五一年七月、マッカラン委員会がIPR公聴会を開始するうえでの推進力とした「新資料」は、鳴り物入りであった。国務省の極東政策に三〇年代以来強い影響力を行使したIPR・アメリカ支部が共産主義者の影響下にあったことを示す膨大な資料が、IPR事務局長であったエドワード・カーター(Edward C. Carter)のマサチューセッツ州にある自宅納屋から発見された。五一年初め、CIAがそのような触れ込みで発見した文書を、マッカラン委員会はいち早く差し押さえ彼らの論理で使おうとした。同文書はニューヨークのIPR事務局から密かに持ち出され、隠匿されてきた極秘資料である。その秘匿性からみて「新資料」は、三〇年代以来、IPRの中心人物であったラティモアが共産主義者であったこと、また彼を含めて調査会に潜り込んだ一〇名ほどにのぼる共産党員が、ソ連共産党の意を受けて国務省の対アジア政策に容喙《ようかい》し、アメリカの対アジア政策をゆがめてきた事実を明らかにするであろう、と。

「新資料」を盾に、五一年後半から多数の証人がワシントンに呼び寄せられていった。最初に呼び出されたのは、関係文書を秘蔵したとされるカーターであった。彼への喚問の際最大の問題として取り上げられたのが、「新資料」から発見された、ラティモアによる四〇年二月付けのカーター宛書簡であった。その書簡は、ラティモアとIPRが中国共産党に対して好意的な態度をとり、またその姿勢を国務省に巧妙に売り込もうとした、まがうことない重要証拠とみなされたものであった。公聴会はこのようにしてラティモアを冒頭から最重要標的としたうえで、以後もラティモアがＩＰＲ、国務省に強い影響力を保持した点、さらにはＩＰＲが容共的意図で国務省の政策に容喙した「証拠」なるものを、むさぼり求めた。下院非米活動委員会の公聴会などで、いわゆる「隠れ共産党員」の名を次々と暴露して名をあげた、かつての自称共産党員ルイス・ビュデンズ(Louis F. Budenz)が、この場にも再び登場し、ラティモアは共産主義者であったと断定的に語ったのは、そうした状況であった。のちのラティモアの反論を借りれば、事実の捏造《ねつぞう》と、さらには反共ヒステリアを煽るような扇動に近い公聴会が、五一年後半から五二年初めまで延々と続いた。

しかし、その間、ラティモアは繰り返し攻撃対象とされながら、公聴会に呼ばれることがなかった。ラティモアがマッカラン委員会の推移に強い焦燥感を覚え、反論の機会を委員会に求めたのは五一年一一月であった。結局、彼がその機会を認められて公聴会に出席したのは、さらにそれから三カ月後の五二年二月二六日であった。五一年夏から五二年二月まで「中国喪失論」は昂進し、ヒステリックな反共主義がますます世情を賑わした事実は、委員会がまさに満をじし、ラティモアを公聴会席上に呼び寄せる最良の機会を待ったかのようであった。

五二年二月二六日、ラティモア本人に対するマッカラン委員会の公聴会は、ＩＰＲ公聴会が始まって九カ月後となるこの日始まり、三月二一日まで一カ月続いた。正味一三日、三月七日までは日曜を除いて連日開催された。大半の日が、午前一〇時半から午後五時頃まで、わずかな休憩時間しかとらず、五、六人の委員がラティモアに対してかわるがわるこじつけに近い批判や、強引な質問を浴びせる会であった。今日その八〇〇ページ弱にものぼる質疑記録を通読すると、ラティモアが、彼をさながら遠巻きにして小突き回すような質問の嵐のなかでも、よく自制心を保持し反論したという印象をまず記さざるをえない。

公聴会は三日目まで、ラティモアがあらかじめ用意した五〇ページほどの弁明書を彼自身が朗読する、ただし、朗読中でも委員は質問があればいつでもラティモアの弁明に割って入ることができるという規定で進んだ。

二日目、ラティモアは彼の立場を弁明書のなかで次のように主張した。「手を変え品を換え私を共産主義者とかソ連のエージェトであると決めつけようとする努力が今日まで続いてきた。……しかし私、オーエン・ラティモアはいま自身の立場を明確にしたい」。「私は」合衆国市民としてこの国に対する「いささかの、またいかなる類の不忠誠にも関与したことがない」。「共産主義者、ソ連のエージェント、あるいは共産主義運動の支持者、さらにはその他同種運動の賛同者、それらのどれでも私はなかったし、また現在もない」。本委員会は「ビュデンズのごとき虚言者を用いて」「私が共産主義運動のエージェントとして行動した」という虚妄を押しつけようとしてきた。その動きは「どす黒い陰謀」とも表現してよいものである。

弁明をいま少し引こう。「公聴会を通して私に対して積みあげられた悪質な偽りの証言、また本委員会がとった証言の取り上げ方が私に与えた個人的損害は、もはや修復しがたいものである」。「しかしそれ以上に深刻な損害がわが国に対してもたらされたこと、とくにわが国の外交に加えられたことを」私は強調したい。「中国共産党の勝利は、確かにアメリカの国益にとり大きなマイナスであった」。しかしながら「彼らの勝利はいくつもの複雑な原因の結果であった」。いまから振り返れば、アメリカ外交の過去の進め方について「多数の誤りを指摘できることは、たしかに私もそのように思う」。「将来の指針として誤りを検討することは有益であろう。しかし、そうした誤り、いなより正確にいえばわれわれが目標を達成できなかった事実を、その間にあたかも犯罪的行為があったかのようにゆがめてみる見方は、わが国の目標に益するところが全くない。政治的スケープゴートを追い求めるためだけに問題をねじ曲げ、ありもしない個人的犯罪を掘り起こす行為は、教養ある国民、とくに民主主義を尊ぶ国民がとるべき行動ではないと私は考えるのである[57]」。

右の発言を引用したのは、ラティモアが公聴会において滔々《とうとう》と弁明したかのような印象を与えるためではない。公聴会そのものの性格についていえば、議論の推移は全く逆であった事実が重ねて強調されてよい。ラティモアがアメリカ外交へのダメージに触れた上記文面を読みあげたのは、証言二日目の午後である。彼の弁明書でいえば、一九ページから二四ページにあたる。彼がこの部分にたどり着くために、公聴会はすでに六時間以上を費やした。つまり朗読は頻繁に中断され、ラティモアの発言に対して委員会が一字一句クレームをつけ、曲解に近い解釈や根拠のない批判を浴びせたのがその間の推移であった。

公聴会でのやりとりの典型的な一例を引こう。以下は、五二年二月二六日から二七日にかけて、ラティモアの次のような弁明に係わっての議論である。言葉の端々《はしばし》に込められた上院議員の毒気、さらには個人の尊厳さえをも無視する傲《ごう》慢《まん》さにおいて、そこでの議論はマッカーシズム時代を象徴する一事例として歴史に記録するに値する。

ラティモアの発言(弁明書の朗読)

本委員会は私に対する法外ともいうべき虚妄、根拠のない風聞、また個人的悪意を含むさながら悪夢といってよいような膨大な証言を取り上げてきたが、加えて、そうした虚言に真実性を与える目的で新出資料とされるＩＰＲ文書から私の書いた書簡、メモ、書評、あるいはその他文書を証拠として採用してきた。〔朗読、中断。しばらく質疑。〕しかしながらその過程で掘り出された文書資料なるものは、私の理解からすれば各々の執筆時期、文書の書かれた前後関係などが全く無視されたまま恣意的に取り上げられており、その点で無意味な証拠といわざるをえない。つまりそれらの証拠は、極東問題の専門家でない通常の市民からすれば、執筆された時点での状況を説明する主張であるのか、執筆時の願望とみなすべきものか、それとも、右の二つとは全く異なる次元の、現在の私がそのように考えている証拠ということか、などといった基本的判断が全く不可能なように時間軸を無視して取り上げられており、史料の扱いとして著しく不当なものといわざるをえないのである。……

上院議員スミス(Willis Smith)

までラティモア氏、あなたの発言は本委員会を不当になじる言動である。……

上院議員ワトキンス(Arthur V. Watkins)

あなたが弁明において論じているのは、証拠の取り扱い方というような問題ではない。本委員会に対する誹謗《ひぼう》にほかならない。……

上院議員ファーガスン(Homer Ferguson)

質問してよろしいか。ラティモア氏、あなたが本委員会に対して抱く不満は、委員会があなたについて行う調査のやり方なのか、それともわれわれがＩＰＲまたはＩＰＲに関係する人びとを調査している、そのこと自体についての不満なのか。……

ラティモア

重ねて申し上げる。私の発言は、私についての証拠を含めて本委員会が今日まで関係資料を証拠として採用してきた、その仕方に関する意見である。

上院議員ファーガスン

ということは、あなたの議論には、あなた以外の他の人びとに係わる意見も含まれているのか。

ラティモア

おっしゃる点についていえば、その通りである。

上院議員ファーガスン

では本委員会に対するあなたの不満内容には、さらにこの委員会がＩＰＲと国務省との関係の問題を取り上げている事実も含まれているのか。

ラティモア

その二つの機関に、あなたがいうような問題があるというのであれば、それも含まれる。

上院議員ファーガスン

「問題があるというのであれば」とは、どのような意味か。あなたは、IPRと国務省の両者、ないしは少なくとも国務省官僚の幾人かと間に関係がなかったとでもいおうとしているのか。

〔ラティモアは上記質問には直接答えず、「関係」とはいかなる意味かと反論し、応酬がしばらく続く。〕……

上院議員ファーガスン

いま私は、あなたに是非とも申し上げておきたい。……本委員会委員としてわれわれが抱く第一の関心は、わが国の諸機関、さらには同盟各国の諸機関に共産主義がどの程度浸透していたかを明らかにする使命である。われわれは、実際のところ今日、共産主義の浸透の実態を解明するという、われわれの原則に係わる戦争を戦っているのである。……〔そうした戦いのなかで、〕もしIPRが共産主義者の浸透を受けていたのであれば、その種の浸透が将来ありえないよう事実を公衆に明らかにすることは当然の義務なのである。

以上の点を前提として端的にあなたの意見をお聞きしたい。国務省はIPRから情報を得ていたのか。……たとえばあなたは、弁明書の中で〔国務省官僚〕クラッブ(Oliver E. Clubb)氏が忠誠審査委員会により潔白が証明されていたと主張している。しかしながら、あなたは、これまで国務省については何も知らないといっていたではないか。もしあなたが国務省に関し何も知らないというのであれば、いかにしてあなたはクラッブが潔白であると知ったのか。……質問の要点はこうだ。あなたは弁明書のなかでクラッブを加えた三名の国務省官僚の名をあげ擁護している。つまり彼らをあえて擁護するのであれば、あなたはこの三名の人物に対してどのような非難がなされているか、その非難の内容を承知しているというのか。とくに国務省、FBIまた忠誠審査委員会が彼らに対してどのような証拠を集めているのかを、あなたは知っているのか。[58]

長々と続く質疑の引用は、もはや右の程度にしておこう。公聴会の推移は、今日第三者たるわれわれが読んでも、牽《けん》強付会《きょうふかい》といってよいまでに議論をねじ曲げる委員会の手法、さらには特定問題に対して示す異常なほどの執拗《しつよう》さにおいて、ただただ辟易《へきえき》する内容に満ちている。ちなみに、右の、上院議員ファーガスンの質問に端を発した議論は、クラッブの国務省退職理由について事前に彼との間に個人的会話はなかったというラティモアの回答を無視して、ラティモアとクラッブの関係をほじくり出すように続いた。ラティモアを頭目としたIPR内の共産主義者あるいは容共主義者が特定官僚と結託して国務省の政策を壟断《ろうだん》してきた。その背後に、ソ連エージェントであるラティモアから、IPRさらには国務省へとつながる帯状のつながりが読みとれる。ファーガスンらがあらかじめ仮想した陰謀のその「構図」を「暴露」するために、この場合、クラッブとの関係を執拗に暴き、クラッブが国務省を最近(五二年)辞任した真の理由を、ラティモアから聞きただそうというのが質問の意図であった。委員会の企図からすれば、彼らグループの政治的保身のためであったという類の言質《げんち》を、ラティモアから多少とも得たかったのであろう。長々とした質問の端々に込められたマッカラン委員会の毒々しい思惑は、さすがにラティモアを苛立《いらだ》たせずにはおかなかった。「関係(connection)とはどのような意味か」。ラティモアの木で鼻をくくったような一連の答弁も、そうした苛立ちのなかで発せられた言葉であった。

いわゆる国政調査権を基礎に立法府たる議会委員会が証人を呼び寄せ、政治上の問題に関して事実を聞きただす手続きは、議会制民主主義においてそれなりに承認された権力行使の一形態ではある。しかし、その権力行使は、ひとまず民主政を標榜する制度のもとであれば明確な法的規定のもとに、かつまた証人の人権に対する十分な配慮においてなされねばならない。後年、アメリカ連邦議会は、五〇年代前半の時期に議会がラティモアに対してとった態度には明らかな偏向があった事実を認め、彼の人権を侵害した点について、議会に招くことで一応の謝罪を行った[59]。歴史的にみて五二年初春、マッカラン委員会がラティモアに浴びせた大半の質問、さらにはラティモアとIPRに対して行った非合法すれすれの調査が、国政調査権の異常な行使であったことは、連邦議会自身がすでに承認している事実である。したがって今日同委員会の一幕を改めて取り上げるのは、マッカラン委員会の異常さを重ねてあげつらうためではない。むしろそのこととは別に、国家が権力体であるかぎり、国家機関が異様な権力行使を行う可能性、端的にいえば権力の不当行使という危険は、民主主義の旗を掲げていても時代を超えてたえず存在するという事実の確認こそが、マッカラン委員会を繰り返し取り上げる意味として重要なのである。

しかも、歴史を論じるものの立場からいえば、事はそれだけにとどまらない事実もさらに記すべきであろう。国家は過去になした不当な行為について謝罪を行うことができる。しかし、その謝罪とは別に、とくに国家の場合、一旦なされた異常な権力行使は、少なくともそれが完全に是正されるまでの間(仮に是正されることがあるとしてではあるが)、歴史を大きな力で動かし続けていく。ラティモアらに及んだ五〇年代アメリカ政治の異常な思想抑圧の動向も、そうした視野で語られなければならない。つまりその動きはいわば消し去ることのできない一連の継起的事実を以後に生み出したのであり、その後の歴史展開に決定的な影響を与えた歴史的事象そのものであった。

ラティモアとIPRを指弾したマッカラン委員会は、最終的に五二年七月、一年にわたった公聴会の報告書を議会に提出した。ラティモアの証言は少なくとも五つの点で重大な虚偽部分をもち、彼が過去においてソ連のスパイであった疑惑は濃い。報告書は、ラティモアに対してそのように語ったうえで、IPRについても第二次大戦前から同調査会には共産主義者が浸透し、大戦後のアメリカ・アジア政策を共産主義の有利な方向にねじ曲げた疑いが高いと断罪した。そのうえで、報告書は結論としてラティモアに対して偽証罪のかどでの告発を政府に求めた。司法省がその報告を受けて議会証言法違反のかどで彼を起訴し、その結果合衆国政府を原告とし、ラティモアが被告となる連邦裁判が始まったのは、五二年一二月であった。

結局、場を移した法廷でも、合衆国政府側はラティモアの有罪を獲得しえなかった。しかし、裁判が始まった五三年以後のラティモアは、もはや大学での講義もちえないという状況に陥り、研究者としてさらには社会人としてもアメリカ社会においてあたかも葬られたかのごとき人物となっていたことは疑いなかった。ラティモアがイギリス・リード大学に新設されたアジア学教授への就任申し出を受け、アメリカを離れたのは六二年であった。

われわれは、このラティモアの運命に同時代のアメリカがたどった重要な政治的軌跡を重ね合わせることができるであろう。三年にわたる朝鮮戦争の惨めな結果に対してどのように不満が残っても戦争をあくまで反共のための聖戦であったと位置づけ、停戦後には、アジアでもかつてないかたくなな反共主義を叫び、ソ連・中国封じ込め政策を強め、結局この地域への権力的介入を強めた五〇年代半ばから六〇年代にかけてのアメリカ外交の姿である。その延長線上にヴェトナムへの介入の拡大、さらにはヴェトナム戦争が連なったことも想起すべきであろう。そうだとすれば五〇年代初め、ラティモアを中心としたアジア学者、また彼らとともに東アジアでの平和的改革を求めた人びとに対してなされた言論抑圧は、その後、七〇年代前半までアメリカが東アジアでたどった暴力的地域介入政策という二〇世紀後半の重要な世界史的事件と、切り離しがたい相関性をもった出来事であったといわざるをえない。あえていえば二〇世紀後半のアメリカ帝国は、そうしたラティモアらの意見を峻烈なかたちで退けた国内政治の再編をとおして築かれたといってよい。

結びに確認したい。第二次世界大戦は、人類が経験した最大規模の戦争として、戦後、アメリカ社会内においても平和への関心をそれなりに呼び覚ました。大戦から戦後の歴史をいたずらに直結させることはその意味で正確ではない。むしろ大戦直後から五〇年代初頭までに起こった冷戦へと舵を切るアメリカ政治の特異な変容、その過程にみられたとくに戦後平和への願いを押しつぶす動きが、暴力にまみれた六〇年代へとつながる新たな政治態様をつくりだしていった。アメリカ史の文脈では、第二次世界大戦から戦後アメリカへの連続性がしばしば強調されてきた。その主張は、巨大化するアメリカという歴史の基本的な潮流を捉えるという視点からすれば十分な正当性があり、筆者もその基本文脈を否定しない。が、こと平和の意味を問うアメリカ国内の複線的な政治思想とその多様性を許容する政治態様という点についていえば、五〇年前後の時期に深刻な変化があったことは、強調すべき点である。

註

1 Michael J. Bennett, *When Dream Came True: The GI Bill and the Making of Modern America* (Brassey's, 1996), p.4. 一九四〇年九月に成立した徴兵法のもと、第二次世界大戦中に動員されたアメリカの若者の総数（つまり四〇年から四五年までに軍籍に入った者）は、一六〇〇万人を数えた。四〇年の総人口が一億二〇〇〇万人であることから、およそ総人口の一〇人に一人が軍籍に入った勘定になり、一八歳から三六歳の年齢層の人口に対応させてみると、三人に一人が軍籍に入ったことになる。

2 史料として一例をあげておこう。"Atomic-Bomb Shudders," editorial, *New York Times*, August 11, 1945. 本史料の位置づけを含めて、本論の叙述に係わっては拙著『歴史としての核時代』（山川出版社、一九九八年）一三〜一六頁を参照。

3 大戦直後にみられたこの平和意識については、すでに幾人かの歴史家が注目している。第二次世界大戦後の平和運動を研究した先達ローレンス・ウィットナーも、その一人である。Lawrence S. Wittner, *Rebels against War: The American Peace Movement, 1941-1960* (Columbia University Press, 1969), pp.130-150.

4 拙著『歴史としての核時代』五七〜七二頁。

5 Hans J. Morgenthau, "Power Politics," Freda Kirchwey, ed., *The Atomic Era: Can It Bring Peace and Abundance?* (Medill McBride, 1950), pp.36-38.

6 Farewell Radio and Television Address to the American People, by Dwight D. Eisenhower, January 17, 1961, in *The Public Papers of the Presidents of the United States: Dwight D. Eisenhower, 1960-1961* (Western Standard Publishing Company, 1977), pp.1035-1050.

7 "The Atomic Conference," *The Nation*, Vol. 170, April 22, 1950, p.360. フォーラム形式の会議は、五〇年四月二九日、三〇日、ニューヨーク市で開催された。なお、フォーラムの記録は、『ネーション』誌主幹フレッダ・カーチウェイの編集をへて、秋、同名の書物として公刊された。Freda Kirchwey, ed., *The Atomic Era: Can It Bring Peace and Abundance?* (Medill McBride, 1950) である。同書は参加者のうち、八名の論説を収録しているが、四月会議のすべての報告を掲載しているわけではない。

8 Kirchwey, ed., *op.cit.*, pp.56,57.

9 American Friends Service Committee, *The United States and the Soviet Union : Some Quaker Proposals for Peace / a Report prepared for the American Friends Service Committee* (New Haven : Yale University Press, 1949).

10 Kirchwey, ed., *op.cit.*, pp.80-95.

11 *Ibid.*, pp.26-35.

12 五〇年六月から夏にかけてのアメリカ世論の動向が共産党系の政治グループを除いて，ほとんど朝鮮への介入支持で一色であったことは，とみに指摘される事実である。Bruce Cumings, *The Origins of the Korean Warm, Vol. 2, The Roaring of the Cataract, 1947-1950* (Princeton University Press, 1990), pp.637-643.

13 Kirchwey, ed., *op.cit.*, pp.47-49.

14 *Ibid.*, pp.11-25.

15 *Ibid.*, p.14.

16 Afred Friendly, "The Noble Crusade of Senator McCarthy," *Harper's*, Vol. 201, Aug. 1950, pp.34-42; David M. Oshinsky, *A Conspiracy So Immense: The World of Joe McCarthy* (The Free Press, 1983), pp.112-119, 136-138.

17 Peter H. Irons, "American Business and the Origins of McCarthyism: The Cold War Crusade of the United States Chambers of Commerce," in Robert Griffith and Theoharis, eds., *The Specter: Original Essays on the Cold War and the Origins of McCarthyism* (Franklin Watts, 1974), pp.78-82.

18 Richard M. Fried, *Nightmare in Red: The McCarthy Era in Perspective* (Oxford University Press, 1990), pp.63-69. Cf. Michael P. Rogin, *The Intellectuals and McCarthy: The Radical Specter* (The M.I.T. Press, 1967), ch.8.

19 Richard M. Freeland, *The Truman and the Origins of McCarthyism: Foreign Policy, Domestic Politics, and Internal Security, 1946-1948* (New York University Press, 1985), pp.115-150.

20 Fried, *op.cit.*, pp.112, 113.

21 Vern Countryman, "Washington: The Canwell Committee", in Walter Gellhorn, ed., *The States and Subversion* (Cornell University Press, 1952), pp.282-285.

22 "The Factual Resume of the University of Washington Case," *The American Scholar*, Vol. 18, Summer 1949, pp.323, 324; The University of Washington, The Board of Regents, *Communism and Academic Freedom: The Record of the Tenure Cases at the University of Washington* (University of Washington Press, 1949), pp.23-41.

23 The University of Washington, *ibid.*, pp.83-108.

24 Eleen W. Schrecker, *No Ivory Tower: McCarthyism and the Universities* (Oxford Univ. Press, 1986), pp.94-106. バターワースは一九二九年以来，グンドラークはさらに古く二七年以来，そしてフィリップスも一九二〇年にはワシントン大学に教員として勤務していた。

25 *Ibid.*, pp.117-122.

26 *Ibid.*, pp.148,149.

27 *Ibid.*, pp.197-204.

28 *Ibid.*, p.111.

29 Sigmund Diamond, *Compromised Campus: The Collaboration of Universities with the Intelligence Community, 1945-1955* (Oxford University Press, 1992), pp.1-16, 24-49.

30 Paul F. Lazarsfeld and Wagner Thielens, Jr., *The Academic Mind: Social Scientists in a Time of Crisis* (Arno Press, 1977, originally published in 1958), pp.35-71, 251-265.

31 V. R. Cardozier, *Colleges and Universities in World War 2* (Prager, 1993), pp.211-229.

32 Stuart W. Leslie, *The Cold War and American Science: The Military-Industrial-Academic Complexes at MIT and Stanford* (Columbia University Press, 1993), pp.21-34.

33 Vannevar Bush, *Science—The Endless Frontier* (Arno Press, 1980; originally published in July 1945), pp.10-12; The President's Commission on Higher Education for Democracy, *Higher Education for American Democracy: A report of the President's Commission on Higher Education, Vol. 5, Financing Higher Education* (Harper, 1947), pp.51-63; Daniel J. Kevles, "The National Science Foundation and the Debate over Postwar Research Policy, 1942-1945: A Political Interpretation of Science—The Endless Frontier," *Isis*, 68 (1977), pp.5-26; idem, "Hot Science / Cold War: The National Science Foundation After World War 2," *Radical History Review*, 63 (Fall, 1995).

34 Clark Kerr, *The Uses of the University* (Harvard University Press, 1963), pp.52-53.

35 Schrecker, *op.cit.*, p.313.

36 この講演は「ある歴史家の信念」と題されたものであった。Samuel Eliot Morison, "Faith of a Historian," *The American Historical Review*, vol. 61, No.2, Jan. 1951, pp.261-275.

37 モリソンの講演に対して、E・H・カーは、歴史学者としてのあるべき立場からのちに次のような批判を加えていた。「一九五〇年代の声を少し聞いてみよう。……〔この時代は保守主義の時代でした。〕アメリカの歴史家や政治学者は、保守主義への忠誠を公然と表明する点にかけては、イギリスの同僚諸君のような気おくれを見せておりませんでした。〔とくにその中でも〕アメリカの最も卓越した、また最も控えめな保守主義の歴史家である……モリソン教授は、……一九五〇年一二月、アメリカ歴史学会の会長演説において、「健全な保守主義の見地で書いた」合衆国史のために弁じたのです」『歴史とは何か』一三〇〜一三一頁。

38 Donald B. Johnson, comp., *National Party Platforms*, Vol. 1, 1840-1956 (University of Illinois Press, 1978), pp.454-460.

39 *Ibid.*, pp.436-447.

40 こうした立場を代表する人物として例えば、すでに注記した『ネーション』誌主幹のフレッダ・カーチウェイ、さらにはウォーレス退任後の『ニューリパブリック』誌に集まる人々をあげることができる。われわれはこれまで、四七年以降、リベラルが共産主義の問題をめぐって分裂した事実を強調するあまり、反共の姿勢を明示したグループがいかにも一枚岩であったかのように捉えすぎていたように思う。Norman D. Markowitz, *The Rise and Fall of the People's Century: Henry A. Wallace and American Liberalism, 1941-1948* (The Free Press, 1973), pp.266-284; E. Timothy Smith, *Opposition Beyond the Water's Edge; Liberal Internationalists, Pacifists and Containment, 1945-1953* (Greenwood Press, 1999), pp.5-26,72-75.

41 Smith, *ibid.*, pp.77,78.

42 Melvyn P. Leffler, *A Preponderance of Power: National Security, the Truman Administration, and the Cold War* (Stanford University Press, 1992), pp.323-355.

43 NSC 68: United States Objectives and Programs for National Security, April 14, 1950, in Thomas H. Etzold and John L. Gaddis, eds., *Containment: Documents on American Policy and Strategy, 1945-1950* (Columbia University Press, 1978), pp.385-442.

44 John Lewis Gaddis, *Strategies of Containment: A Critical Appraisal of Postwar American National Security Policy* (Oxford University Press, 1982), p.109.

45 Kirchwey, ed., *op.cit.*, p.14.

46 Friendly, *op.cit.*, pp.34-42; Oshinsky, *op.cit.*, pp.112-119.

47 Bruce Cumings, *op.cit.*, pp.1-78, 379-407.

48 *Ibid.*, p.180.

49 NSC 48/1: The Position of the United States with respect to Asia, Dec. 30, 1949, in Etzold and Gaddis, eds., *op.cit.*, p.262.

50 NSC四八／一の作成過程はきわめて複雑であったことが今日明らかになっている。ブルース・カミングズは、四九年六月から検討が始まった本文書の初期の起草過程が、四九年から頭をもたげた、東アジアにおけるアメリカのより強硬な反共・反中国封じ込め政策、さらには巻き返し政策を主張する議論を含んでいた事実を明らかにしている(Cumings, *op.cit.*, pp.158-167)。しかし、四九年一二月、ひとまず起草された四八／一は、そうした強硬な反中国封じ込め姿勢を抑え、本文に記した文章などを含めることで、アジアのナショナリズムに配慮するという、この時点での国務省のアチソンに近いグループの認識を表現していた。Cf. Gaddis, *op.cit.*, pp.70, 71.

51 Owen Lattimore, *A Solution in Asia* (Little Brown, 1945), pp.176, 177.

52 "British Imperial Policy in Asia," *Amerasia*, Vol. 9, Jan. 12, 1945, p.3.

53 "The Challenge of the Peace," *Amerasia*, Vol. 9, Feb. 9, 1945, p.46.

54 James T. Patterson, *Grand Expectations: the United States, 1945-1974* (Oxford University Press, 1996), p.232.

55 U.S. Congress, Senate, Committee on the Judiciary, Subcommittee on Internal Security, *Hearings on the Institute of Pacific Relations*, 81st Cong., 2nd sess. (GPO, 1952), pp.3003-3012. 以下、同史料を *Hearings* と略記。

56 朝鮮半島および中国に対するラティモアのとくに四九年頃からの論評は、多くの保守主義者の反感を買った。Robert P. Newman, *Owen Lattimore and the "Loss" of China* (University of California Press, 1992), pp.207-211. なお、この時期のラティモアを論じた研究としてすでにわが国においても優れた研究があることを特記すべきであろう。長尾龍一『アメリカ知識人と極東――ラティモアとその時代』(東京大学出版会、一九八五年)。

57 *Hearings*, pp.2947, 2955-56, 2999-3000.

58 *Hearings*, pp.2927-32, 2940-45.

59 Newman, *op.cit.*, p.554.

第II部 帝国の構造

第二章

海外介入の論理と実態

アルベンス政権打倒にみるアメリカの行動

山澄　亨

はじめに

　第二次世界大戦後のアメリカは、内政だけでなく外交においても市民的自由に関わる問題で矛盾に直面していた。アメリカは、ソ連との冷戦を遂行するうえで自由と民主主義の擁護者であることを強調したが、それは同時に国際秩序における自国の優位を確立するためのものであった。アメリカの行動には普遍的理念の実現と自国の影響力の拡大という二つの側面が共存していた。そして、後者が脅威を受け、この二つの側面が両立しえなくなったとき、さまざまな矛盾が表面化したのである。米ソ対立が続く一九五四年に中米の小国であるグアテマラのアルベンス政権の転覆をはかったアメリカの行動は、まさしくその実例といえるだろう。二〇世紀初頭よりアメリカの「裏庭」として軍事介入が行われ、経済権益の拡大が進められてきた中米・カリブ海地域は、全世界規模でソ連と対立するアメリカにとって、世界戦略のうえからも自国の影響力を確固としたものにしておかなければならない地域であった。したがって、グアテマラがアメリカの政策に従わない態度を示すと、自由と民主主義を守るという大義をかざしながら、現実には基本的人権の尊重や内政不介入といった理念に大きく抵触し、アメリカ自身の主張する大義と矛盾した行動をとったのである。その結果、長い独裁政治から脱却したグアテマラにおいて民主主義が根づく可能性を奪い取り、再度、グアテマラを独裁政治のもとにおくことになったが、これはアメリカ政府の強い意向の産物であった。本章では、アメリカ政府がどのような経緯でグアテマラへの介入を決定したかをあとづけることで、他国の市民生活に大きく関与するようになった冷戦期のアメリカ外交がもつ世界的影響についての一側面を示していきたい。

五四年六月一八日、カルロス・カスティーヨ・アルマス(Carlos Castillo Armas)率いる武装集団が四つの部隊に分かれ、ホンジュラスからグアテマラに侵入した。その数は総勢四八〇名。本来ならば、一時的な反乱として鎮圧されうるような規模のものであった。しかし、九日後の六月二七日、この混乱のなかでグアテマラ大統領のハコボ・アルベンス(Jacobo Arbenz)は、大統領の職を辞し、約二カ月後の九月一日には、反乱軍のカスティーヨ・アルマスが大統領の地位に就いたのである。こうした展開に導いた最大の要因は、カスティーヨ・アルマスの背後で反乱を計画し、直接首都の空爆を行うなど実行にも深く関わったアメリカの情報機関である中央情報局(Central Intelligence Agency: CIA)の存在であった。反政府勢力を陸上から送りこみ、それを空爆で支援するというかたちで「成功」を収めたことは、キューバ進攻事件(結局失敗に終わったが)までを視野に入れて考えれば、大きな意味をもっているといえるだろう。

PBサクセス(PBSUCCESS)と呼ばれたアルベンス政権転覆計画は、五三年秋からCIAによって計画が進められていた。その一環であるグアテマラへのラジオによる宣伝工作のなかで、カスティーヨ・アルマスの軍事行動は次のように評価されていた。

……われわれは、グアテマラの解放運動が抑えられない段階に入ったと考えている。そこで、これから共産主義者の犯罪を明確に示していきたい。……邪悪な長い夜は終りを迎え、新たな輝ける光がわれわれに降り注ごうとしている。……全グアテマラ国民よ、共産主義との戦いのシンボルは神と祖国と自由であり、正義と真実こそがわれわれの望みである。……共産主義と対決し、過去の悪と戦い、真の民主主義を勝ち取ろう。

さらに、共産主義は悪であり、法の支配に基づかず、人びとの自由を奪い、奴隷の状態に落とし込むものという主張が何度も強調された[1]。このように、CIAの手によってトルーマン・ドクトリン以来のアメリカの冷戦レトリックが、反政府運動への支持を得るためにグアテマラ国民に向かって繰り返し述べられていたのである。

一方、カスティーヨ・アルマスの軍事行動と時を同じくしてアメリカ国内では、カスティーヨ・アルマスは共産主義打倒をめざす人物であり、アメリカとしては彼を支持すると明言された。ただし、グアテマラの状況はあくまでグアテマラの国内問題であるという主張が展開されていた。例えば、国務長官のジョン・フォスター・ダレス(John Foster Dulles)は、カスティーヨ・アルマスがグアテマラに侵入した日の会見で、「グアテマラ国民は、自力で政府を転覆したいと考えている」と述べ、アルベンス政権が崩壊するとただちに、「[アメリカは、]共産主義の圧政に立ち向かった愛国者カスティーヨ・アルマスならびに、海外の影響力を排除した今後のグアテマラを支持する」という声明を発表した[2]。また、ヘンリー・カボット・ロッジ・ジュニア(Henry Cabot Lodge, Jr.)国連大使は、グアテマラに国際共産主義が浸透した結果、グアテマラ国民が危機にさらされていた、と訴え、「[カスティーヨ・アルマス侵入後の]グアテマラの状況は、外部からの影響を受けていない内戦であり、……アメリカがこれに関与していることは一切ない」とまでいいきったのである[3]。

しかし、本章で以下に述べるように、アメリカがアルベンス政権転覆に深く関わっていたことは明白であり、ロッジの主張は明らかに虚偽である。国連を舞台にこうした偽りの声明を出すことは、アメリカ国民だけでなく全世界の人を欺《あざむ》こうとしたものと批判されてもやむをえないだろう。アルベンス政権打倒にみられるように、秘密工作を重視するCIAを外交の中心に据えたアメリカ政府は、自由と民主主義の防衛という大義を唱えながら、秘密裏に進めてきた作戦を成功させるために、国家ぐるみで事実を隠蔽するという態度をとったのである。本章では、こうした問題についても触れていきたいと考えている。

1 グアテマラの状況

「一九四四年一〇月の革命」とアレバロ政権

まず、アメリカが共産主義による圧政が行われていると一貫して非難し続けたグアテマラの状況をみていくことにしたい。アメリカが打倒をめざしたアルベンス政権の起源は、CIAによる介入のおよそ一〇年前に起こった「一九四四年一〇月の革命」にさかのぼる。

四四年六月、首都グアテマラシティでの教員や学生が中心となった反政府抗議デモをきっかけに、独裁者のホルへ・ウビコ(Jorge Ubico)が失脚し、同年一〇月、アルゼンチンに亡命していた大学教授ホセ・アレバロ(José Arevalo)が政権の座に就いた。アメリカのニューディール政策や大西洋憲章の影響を受けた「一九四四年一〇月の革命」と呼ばれるこの政権交代は、以後グアテマラの民主化の象徴となるものであった。アレバロは、四四年一二月の国民投票で正式に大統領として承認され、「革命」の精神に基づいた憲法を発布した。この憲法では、三権分立、基本的人権の尊重、主権在民が定められていた。具体的には、国会議員は四年の任期を二回までとし、大統領は六年の任期で再選は禁止された。また、軍に対するシビリアンコントロールや報道機関の自由の確立、団結権の保障、投票権の拡大(読み書きのできない女性以外の普通選挙権の付与)、地方自治体首長の選挙、雇用をはじめとする法のもとでの男女の平等、民族差別の禁止、独占企業の禁止、大学の自治の確立、強制労働の禁止、週四〇時間労働、といった近代民主主義国家の成果を取り入れたものであった。[4]

こうしてアレバロ政権のもとで政党政治が行われ、労働組合も結成された。また、社会保障や教育もしだいに普及した。しかし、順調に社会改革を進めていったアレバロ政権の前途に二つの要因が暗雲を投げかけていた。一つは、アメリカの大企業であるユナイテッド・フルーツ社(United Fruit Company: UFCO)であり、いま一つがニカラグアやドミニカといった近隣の独裁国家であった。

UFCOは、当時世界最大のフルーツ企業の一つであり、中米各国に大規模な農園を所有していた。グアテマラにおいても、五〇万エーカー以上の土地と一万五〇〇〇人の労働者を抱える同国最大の企業であった。また、UFCOは、農園と港湾を結ぶグアテマラ唯一のアメリカ系鉄道会社と提携し、特別料金で運行していた。さらに、ウビコ政権期以来、税金の支払いを大幅に軽減されていた。「一九四四年一〇月の革命」以降もこうした特別待遇を保有し続けるUFCOに対して、ナショナリズムに目覚め始めたグアテマラ国民は決して快く思っていなかったのである。

四七年五月、アレバロ政権は労働規約を制定した。この規約によりスト権が認められ、不当労働行為が禁止された。ただし、その対象は、一〇〇〇人以上の従業員を抱える企業に限定されたため、グアテマラにおいてはUFCOをはじめとするアメリカ系企業が該当した。UFCOの労働者の待遇は、他のグアテマラ企業と比べて悪いわけではなかったが、労働規約は従業員がさらなる条件の改善を求めるきっかけとなった。これに対しUFCOは「労働規約はアメリカ系企業であるUFCOだけを対象にしたものである」とアレバロ政権を批判し、本国の国務省に対応を要請した。国務省はこの要請に対してグアテマラ政府に公式に抗議することはなかったものの、非公式にアレバロに接触して労働規約の修正を求めた。しかし、アレバロはアメリカの要請を拒否した。その結果、国務省はグアテマラが反米的に進むことを警戒し始めるようになったのである。[5]

いま一つの要因である近隣独裁国家であるが、アレバロは外交面でも積極的な態度をとり、民主的な中米・カリブ地域の形成をめざし、独裁的国家からの亡命者を保護した。そして、四八年にはコスタリカでグアテマラの援助を受けたホセ・フィゲレス(José Figueres)が政権奪取に成功した。しかし、前年の四七年にはドミニカの反政府クーデタを援助したものの、失敗に終わり、ラファエル・トルヒーヨ(Rafael Trujillo)が独裁体制を強化しているドミニカと国交断絶状態に入っていた。一方、アナスタシオ・ソモサ(Anastasio Somoza)がやはり独裁政治を強いていたニカラグアは、隣国コスタリカの民主化を恐れ、フィゲレス政権打倒を試みるが、結局、アメリカの意向もあり米州機構(Organization of American States: OAS)の調停によりニカラグアは軍隊を撤退した。以後、ソモサは民主政治の実現をめざすコスタリカ、グアテマラへの危機感を強めた。その後もアレバロは、ドミニカやニカラグアの反政府運動を支援し、両国との関係は悪化していった。一方、アメリカ政府は、グアテマラがアメリカの合意なしに中米において影響力を拡大しようとしていることを懸念し、トルヒーヨやソモサの独裁体制を好ましいとは思わないながらも、彼らを支持する方向に進んでいった。[6]

憲法で定められたアレバロの任期が終わりに近づくと、次期大統領の最有力候補として浮上したのが軍人出身のアルベンスであった。それは、「一九四四年一〇月の革命」で知識人とともに重要な役割を演じたのがグアテマラ軍部であり、とくにフランシスコ・アラナ(Francisco Arana)とアルベンスの二人の若手将校がアレバロを支持したことが「革命」の成功を決定づけたからである。ところが、アルベンスの有力な対抗馬であり、軍部内の勢力を二分していたアラナが四九年七月にクーデタを画策した。直前にアレバロはアラナ逮捕を命じ、逮捕に向かったアルベンス派の兵士と銃撃戦となり、アラナは絶命した。アラナの死後、アルベンス以外に有力大統領候補はなく、五〇年一一月、民主的手続きのもとで行われた大統領選挙で圧倒的得票率を獲得したアルベンスが大統領に当選した。一方、何度もクーデタを試みたアラナ派の多くは亡命を余儀なくされた。そのうちの一人がカスティーヨ・アルマスであった。[7] 彼もまたクーデタに失敗し、五〇年にホンジュラスをへてニカラグアへと向かったのであった。

アルベンス政権と農地改革

大統領に就任したアルベンスは、「一九四四年一〇月の革命」の精神を引き継ぎ、グアテマラの生活水準の向上のためにさらなる改革を推進しようとした。五一年三月の大統領就任演説で彼は次のように述べた。

……グアテマラを経済的に半植民地化の状態から真の独立状態に、半封建的後進国から近代資本主義国に変える。そして、国民の大多数の生活水準を急速に上昇するような政策を追求していきたい。[8]

そして、この目的の実現のためには、農村の状況を放置しておくことはできなかった。そこでアルベンス政権は、五二年六月、農地改革法を制定し、グアテマラの農業政策の大胆な改革に乗り出したのであった。

農地改革法によると、六七〇エーカー以上の未使用の土地はすべて国が買い取ったあと国有化され、二二三から六七〇エーカーの未使用の土地は三分の二が国有化の対象となり、二二三エーカー未満の土地については対象外とされた。国有化された土地は農民に分配され、多くの自作農を生み出すことになった。のちにアメリカはこの農地改革法がソ連で実施されている集団化をめざしたものと批判したが、アルベンス政権がめざした農地改革は、第二次世界大戦後の日本の農地改革と比べても穏健なものといえた。農地改革法に基づき行政命令九〇〇が発令され、五三年一月から実際に土地の収用が開始された。大土地を所有しているアルベンス大統領自身の家族も法の対象となり、大統領は自らの関係する土地の収用は当然受け入れたものの、多くの大土地所有者は反発した。しかも、以前の土地所有者に対する国の買取価格は、五二年五月の課税を基準に定められたこともあり、グアテマラ最大の土地所有者で税制面でも優遇されていたUFCOがもっとも強く反発したことは当然であった。しかし、グアテマラ政府はUFCOの所有地のうち五三年三月にティキサテの二三万四〇〇〇エーカーの土地を、五四年二月にはバナネラの一七万三〇〇〇エーカーを収用し、その補償額として六二万七五七二ドルを提示した。一方UFCOは税額から補償金額を定めることに不満を示し、実質的な損失を自ら計算した結果、一五八五万四八四九ドルを要求した。二桁の差のある両者の要求を縮め、妥結に持ち込むことはきわめて困難であった。[9]

ＵＦＣＯなどの大土地所有者の反対を受けながらも農地改革は進められた。その結果、新たに土地を分配された農民たちの穀物栽培も順調に進み、また、グアテマラの主産物であるコーヒーの国際価格の上昇という要因も加わって、五三年から五四年にかけての農業生産と売却利益は、グアテマラ史上まれにみる高水準を確保して、経済的には農地改革は好スタートを切ったのである。[10]

農地改革とともにアルベンス政権が積極的に取り組んだのは、公共事業によるインフラの整備であった。とくに重視したのは、サントトーマス湾に新たに港を建設し、同港を中心に高速道路網を建設しようとするものであった。この計画は、農産物の出荷のためにＵＦＣＯが建設し実質的に管理しているプエルトバリオス港を中心に張りめぐらされているグアテマラ唯一の鉄道網に対抗する意味合いがあった。そうすることで、グアテマラ経済におけるＵＦＣＯの影響力を弱めようとしたのである。ただしこの一連の政策は、反米を強調したものではなかった。港湾や道路の建設にはアメリカの技術が不可欠であり、実際のところ、同時期に計画されていた水力発電所建設は、アメリカの企業が請け負うことに決定していた。[11]

政治状況については、「一九四四年一〇月の革命」により成立した政党政治が行われ、政党内の分裂や腐敗がないわけではなかったが、各党とも「革命」の精神の遵守を掲げていた。軍部も、アラナ派の排除以降、アルベンス政権を支持していた。アメリカが批判した共産党の影響であるが、四七年九月に誕生し、国内での活動が合法化されていた共産党は、農地改革において「未使用」の土地かどうかを判断するための地方組織である「地方農業委員会」(ＣＡＬ)を通じて徐々に勢力を拡大しつつあった。しかし、軍部や教会の根強い反共主義もあり、総人口三〇〇万人のグアテマラ国内で四〇〇〇人程度の党員数、また、国会議員も定数五一のうち四人でしかなかった。五三年の議会選挙ではマニュエル・フォートニー(Manuel Fortuny)書記長が落選する憂き目に遭っている。この数字自体は、政権獲得後のカスティーヨ・アルマス自身ですら認めていた[12]。確かに、アメリカの支援を受けたカスティーヨ・アルマスの侵入が切迫しているという情報を受けて、アルベンス政権が戒厳令を発布し反政府主義者の不当逮捕や拷問を行ったという事実はあるが、それはすでにアメリカがアルベンス政権打倒を決定したあとのことであり、介入を決定した時点では「共産党支配による圧政」というアメリカの主張とはかけ離れた状況であった[13]。

2　善隣外交と国務省

アメリカ-グアテマラ関係の悪化

次に、アメリカのグアテマラ政策が、ラテンアメリカ全体への政策のなかでどのように位置づけられていたかを考察していきたい。アルベンス政権への対応は、アメリカのラテンアメリカ政策の転換を迫るほど重要な意味をもっていた。二〇世紀初頭までのアメリカは、中米・カリブ海各国に軍隊を投入し、時の政権に圧力をかけていた。このようなアメリカの一方的な内政介入に対してラテンアメリカ各国の不信は増大し、一九二八年にハバナで開かれた米州会議ではその不満が噴出したのである。しかし、三〇年代になるとアメリカは方針を転換し、主権尊重・内政不介入を宣言して、「善隣外交」と呼ばれるラテンアメリカとの友好関係の樹立をめざした外交を展開した。とはいうものの、アメリカがラテンアメリカへの政治的関与を完全に放棄したわけではなかった。三〇年代後半にはファシズム勢力の西半球への進出という危機感もあり、アメリカは西半球の一体性を強調することで、一国への脅威は西半球全体の脅威とみなすような地域的集団安全保障体制の確立をめざした。これは、第二次世界大戦後の四七年のリオ条約とそれに基づき翌年に設立されたＯＡＳによって実現した。その結果アメリカは、独断による一方的介入という批判をかわしながら、加盟各国の合意による共同介入というかたちで政治的影響力を行使していく枠組みを構築したのである。以後、善隣外交を維持しつつ、OASを通じての地域的集団安全保障体制のなかで西半球の問題を解決していくことがアメリカのラテンアメリカ外交の基本とされた[14]。アメリカの正規の外交機関である国務省は、グアテマラとの間で生じた問題を従来の枠組みのなかで解決すべく行動したのである。

グアテマラとアメリカの関係が悪化したのはアレバロ政権期からであった。ただし政権成立直後は、グアテマラの民主化と生活水準の向上を実現するだろうという期待が国務省のなかには存在していた。ところが、四七年になると労働規約をめぐって両国が対立した。ただし、批判されたのはグアテマラの反米的態度であり、ソ連や共産主義への接近については、ほとんど問題とされていなかった。国務省はUFCOの主張を支持し、労働規約が実質的にUFCOをはじめとするアメリカ系企業だけを対象とした不公平なものだということを強調したうえで、アメリカ系企業の権益保護と今後の投資拡大の保証を要求したのである[15]。労働規約に関するアメリカの要請が受け入れられないまま、国務省は四九年には両国の関係が悪化していることを公然と認めるにいたった[16]。すでに冷戦は始まっており、世界各地でソ連との対立が深まっていた。この頃になると、国務省は、グアテマラとの関係悪化の原因の一つとして同国での共産主義的傾向の拡大を指摘し始めた。しかし、アレバロ政権の態度に不満を強めながらも、依然として内政介入と批判されるような政策に訴えないという従来の立場を継続していた[17]。それは、この時期の国務省がグアテマラの状況を次のように理解していたからであった。

まず、UFCOとの問題の根本は、「一九四四年一〇月の革命」以来高揚したナショナリズムにあると考えていた。さらには、グアテマラにおける労働運動は、経営の民主化を求めるアメリカの労働運動の影響を受けていると唱えるものもいた。実際国務省は、アメリカ系企業を不当に扱うことを批判したが、アレバロ政権自体が共産主義化していると考えてはいなかった[18]。むしろ、アメリカ政府の介入によりナショナリズムを刺激することで、共産主義者がこれを利用して影響力を拡大することを強く警戒していた。したがって、「〔グアテマラに対して〕公式に外交的抗議を行えば、国家の尊厳に関わるものとみなされて、共産主義に傾く勢力が増大する」と判断された。さらにグアテマラへの対応を誤れば、「最終的には善隣外交そのものに損害を与えることになり、それは西半球全体でアメリカにとって次々と困難をもたらす『死の罠』(デストラップ)である」と報告されていた。こうして国務省は、グアテマラの現状は好ましくないものの、内政介入と受け取られるような手段は逆効果であるとして、技術援助の停止や経済援助の見直しにとどめるかたちでグアテマラへの圧力行使を検討したのであった[19]。ただしそうした内政不介入の論理は、右の通り遵守すべき理念として存在しているのではなく、あくまで政策遂行上の功利的判断に基づいていた。それは、「現在のところは〔内政不介入という〕方針を継続するが、状況次第では必要かつ望ましい方向に政策を転換することもありうる」と結論づけた五〇年五月の覚書に端的に示されている[20]。

他方、労働規約の制定以降、UFCOは頻発する労働争議の原因がアレバロ政権の後押しにあると主張し、グアテマラ政府との対立は深まるばかりであった。UFCOはアレバロ政権と共産主義者の関係を強調し、アメリカの政府・議会で活発なロビー活動を展開することで本国によるアレバロ政権へのより強い圧力行使を要請した。国務省は、アメリカ政府がUFCOの主張を代弁していると受け取られるような態度を慎むべきであるとする一方で、アメリカ企業の合法的権益を保護することはアメリカ政府の仕事であると考えていた。したがって、UFCOの主張を否定するのではなく、むしろ共感する立場であった。五〇年五月のUFCOの顧問弁護士との会談で国務省中米問題担当のトーマス・マン(Thomas Mann)は、「グアテマラへの内政介入は他のアメリカ大陸諸国に悪影響を与えるので得策ではないものの、グアテマラが共産主義の手に落ちるような事態になれば、どのような政策が行われるかはわからない」と語った。その際にマンが問題としたのは、「誰を選んだとしてもアメリカの指示のもとで働いたという秘密を保持できる保証がない」ことであり、内政介入そのものを決して非難していたのではなかった。マンは、この会談が非常に友好的なものであったと報告し、UFCO側も「今後何らかの行動を起こすときには、必ず国務省に相談する」と約束することで今後の支援を期待したのであった[21]。

さらなる関係悪化――アルベンス政権

国務省はアルベンスが大統領に当選する以前から彼との接触を保っていた。その結果として得た彼に対する印象は決して悪いものではなく、むしろアメリカ系企業に対する偏見のない現実的判断のできる人物と考えられていた。さらに、アルベンスの大統領当選後も、彼が軍出身であり、イデオロギーにとらわれない現実主義者として共産主義者の影響力を弱めるだろうと期待されていたのであった[22]。

アルベンスの大統領就任直後の五一年五月に定められた対グアテマラ政策は、⑴共産主義者の影響力排除、⑵双方に利益をもたらすようなアメリカ系企業にとって好条件な待遇、⑶アメリカの西半球、および世界政策に対するグアテマラ側の理解、ならびに必要な場合にはグアテマラ内における空軍基地の使用、⑷グアテマラ国民の経済と生活水準向上のための相互協力、などであった。この時点での国務省は依然として、グアテマラとの対立の原因が過度のナショナリズムの高揚であり、また、アルベンス政権が共産党に支配されているわけではないと認識していた。そして、アメリカの介入によりナショナリズムを刺激して共産主義者を有利にするという認識も変化がなかった。ただし、共産主義者の影響排除の成果がみえなければ、経済援助の停止などを検討せざるをえないと考えていた[23]。

約一カ月後の五一年六月、国務省はグアテマラの共産主義的傾向への「反撃」としてより強硬な方向に一歩踏み出した。その理由は、「[アルベンスが大統領就任した]三月以降、グアテマラにおける共産主義者の影響力が減少するどころか、逆に拡大し続けている」からであった。もはや問題は、労働規約やUFCOに関わるものだけではなく、アルベンス政権がアメリカの冷戦政策に従わないことこそが重視されるようになっていた。とくにアルベンス政権が共産主義諸国への出入国の自由を認めたことにあからさまな不快感を示し、ヴィクトル・マニュエル・グティエレス(V.M.Gutiérrez)やフォートニーといったグアテマラ共産党の指導者がソ連に向かったことに警戒心を抱いた[24]。それは、「具体的な証拠がなくとも、単に共産主義国に入国しただけで国際共産主義のエージェントであるという十分な証拠とみなすことができる、というのがアメリカの立場である」と主張し、OAS諸国に共産党を非合法化することを要求した覚書を作成したことでも明らかである[25]。アメリカにとって、共産党が自由に活動できるグアテマラの状況は認めがたいものであった。さらに、フォートニーがアルベンスとの信頼関係を深めると、グアテマラ共産党の影響力が急速に増大しつつあると考えるようになった。

グアテマラの状況に懸念を深めた国務省は、六月、次のような政策を提案した。(1)ポイント・フォー計画に基づくグアテマラへの援助を実行しない、(2)農業技術援助については現状を維持する、(3)輸出入銀行による融資を停止する、(4)インターアメリカンハイウェイへの資金融資を停止する、などであった(これらの諸政策はただちに実行に移される)。ただし、グアテマラ軍部が共産主義勢力の排除に役立つと考えた結果、軍事援助については継続して行い、両国軍部の関係強化をめざすとされていた。国務省は、このようにより具体的な形でグアテマラへの圧力を行使したものの、不介入政策が善隣外交の「鍵」であり、アメリカの介入がラテンアメリカ諸国との関係悪化につながるという懸念から、アメリカの二〇世紀初頭の内政介入政策復活を思わせるような政策には反対するという点では、従来と同様であった[26]。一方、グアテマラ側は共産主義の影響を否定し、アメリカとの関係改善と経済援助の再開を求めた。国務省はグアテマラの要請を退けたが、トルーマンからアイゼンハワーへの政権交代のなかで、現在の政策を大きく変更させる必要はないと判断していたのである[27]。

アイゼンハワー政権の発足とほぼ同時期に始まったグアテマラでの農地収用は、さらに両国の関係を悪化させた。国務省はUFCOの主張を全面的に支持するかたちでグアテマラ政府に抗議したのである[28]。政権が交代しても、国務省の方針に大きな変更はなかった。新政権下にあっても、グアテマラにおける共産主義勢力の拡大とUFCOの農地収用に強く反対すると同時に、従来のラテンアメリカ政策の基本である内政不介入を継続すべきであると考えていた点で前政権の考えを引き継いでいた。しかし、新政権における国務省の対グアテマラ観の特徴は、グアテマラとの関係悪化が長期化するにつれて、UFCOの問題はより副次的な問題と認識され、グアテマラの状況がアメリカあるいは西半球の安全保障への脅威となるという主張が前面に現れるようになったことである。

五三年八月に国家安全保障会議に提出された国務省のグアテマラ政策案では、次のように述べられていた。まず、グアテマラ政府が完全に共産主義者の支配下にあるわけではないが、その影響力が拡大していることは、西半球に対するソ連の侵攻からの防衛を危うくしており、アメリカのカリブ海とパナマ運河の戦略的安全保障を危険にさらすことになる。さらに、共産主義者の目的は西半球を分断してアメリカの弱体化をはかることにあり、グアテマラを失うことは長期的にはアメリカそのものの安全保障に関わる問題である。そこでグアテマラの共産主義勢力の排除が必要であるが、アメリカの一方的介入は他のラテンアメリカ諸国の批判を招くので得策ではない。また、秘密工作も現実に秘密を保持することは非常に困難なため、同じく善隣外交を損なうことになる。したがって、他のラテンアメリカ諸国が納得するかたちでグアテマラ問題を解決するために、緊急に相互軍事援助条約に基づきホンジュラス、ニカラグア、エルサルバドルとの関係強化をはかると同時に、OASによる共同行動を通じて共産主義を排除する。つまり、国務省は、「グアテマラは善隣外交を維持しながら共産主義を排除するテストケース」と考えていたのであった[29]。

こうしてアメリカは、一九五三年夏から秋にかけて、グアテマラの共産主義者を排除するために、より強力な方法で臨まなければならないと認識するようになっていた。そしてその方法は二つであった。一つは国務省が考えていたOASを通じての共同介入をめざす道であり、もう一つはやはり同じ頃に始まったCIA主導の秘密工作であった。

ＯＡＳによる共同行動——カラカス会議

アメリカは、第二次世界大戦後ＯＡＳを設立して西半球への政治的影響力の拡大をはかったが、関心の中心はヨーロッパやアジアの復興であり、ラテンアメリカ諸国への経済援助は抑えられることになった。その結果ラテンアメリカの国々の不満はしだいに高まっていった。このように対立の兆しが強まるなか、アメリカは「反共主義」という側面で西半球の国々をまとめていこうと考えた。しかし、ドミニカ、ニカラグア、ベネズエラといった独裁的国家とウルグアイやコスタリカなどの民主的国家、さらには伝統的にアメリカへの反発が強いメキシコやアルゼンチンといった多様性を抱えていたこの地域をアメリカの主導権で一つにまとめようということ自体に、大きな矛盾があった。ただし、五〇年代前半のグアテマラをとりまく状況は、「反共主義」というスローガンのもとでグアテマラへの共同介入を実現するというアメリカ政府の主張が、あながち非現実的なものともいえなかったことを示していた。

当時のグアテマラはアメリカとの二国間関係だけでなく、中米・カリブ海地域全体において大きな危機に直面していた。アレバロ政権期以降、グアテマラはドミニカ、ニカラグア、ベネズエラといった軍事独裁が樹立されていた国々との国交を断絶していた。また、国境を接するメキシコ、ホンジュラス、エルサルバドルの三国は、アルベンス政権下で社会改革がさらに進むと、自国への影響の波及を警戒し、グアテマラとの距離をおき始めた。とくに、ホンジュラスはグアテマラと同じくＵＦＣＯが大農園を所有し、大きな影響力を行使していた国であった[30]。さらに、グアテマラの支援のもとで政権を獲得したコスタリカのフィゲレスは、民主主義の実現を唱えてニカラグアのソモサの独裁政を激しく批判しながらも、同時に共産主義を敵視し、四八年以来共産党を非合法化していた。したがって、アルベンス政権下でしだいに共産主義勢力が拡大するのを危険視していた。

これらの国々は、アメリカの支持のもとでのグアテマラへの介入を画策した。五二年の夏にはニカラグアのソモサが中心となり、ドミニカ、コロンビア、ベネズエラを巻き込んで、アルベンス政権打倒計画が練られた（後述するようにこの計画にはＣＩＡが関与していた)。ニカラグアからはアメリカの内諾に基づく後方支援と実質的な武器援助の要請があったが、最終的に国務省は善隣外交の精神に反するとしてこれを拒否した。[31] また、五三年の春にはコスタリカのフィゲレスが、ローズヴェルト政権期以来のリベラルなラテンアメリカ専門家であったアドルフ・バーリ(Adolf Berle)と会談した際に、グアテマラへの軍事介入を提案した。ただし、フィゲレスとソモサが激しく対立している以上、両国の協力を同時に取り付けることは現実には不可能に近く、やはり構想の段階を出るものではなかった。[32]

アメリカは、自らの冷戦政策に同調するコスタリカの対応を「中米における民主主義のモデル」として歓迎する一方、極度の独裁体制を好ましく思っていないものの、ニカラグアやドミニカとの関係も経済援助や軍事協力を通じて強化していった。[33] 中米・カリブ海で反グアテマラ包囲網が進行していると判断した国務省は、グアテマラへの共同行動の実現に向けて、多くのラテンアメリカの国々から合意を取り付けることが可能であると考えるようになったのである。

五四年三月一日からベネズエラの首都カラカスで第一〇回米州会議が開かれることになっていた。当初の目的はアメリカの経済援助をめぐるものであったが、この問題に関しては、アメリカ政府としては民間からの投資を重視し、政府援助には消極的であるという姿勢をとり続けていた。[34] しかし、開催の約一カ月前にはＯＡＳによる共同行動というかたちでより強硬なグアテマラへの政策が議題として検討されることになった。国務省はカラカス会議に向けて、「共産主義に関するアメリカのカラカスにおける最小限の目的は、今後のＯＡＳによる反グアテマラ行動が可能となるような決議を採択することであり、最大限の目的は、ただちに多国間による反グアテマラ行動を可能とするような方法を採択することである」という目標を設定した覚書を作成したのである。[35]

会議が始まると、アメリカの主席代表としてカラカスに乗り込んだダレス国務長官は、「国際共産主義活動がアメリカ大陸諸国の政治支配をめざすことは、それがどのような国であれ、アメリカ大陸全体への脅威とみなし、アメリカ大陸の平和を守るために、適切な行動を起こすことができる」と述べ、反共産主義決議の採択に向けて行動した。[36] 一方アメリカの援助のもとで侵攻計画が進められていることをすでに察知していたグアテマラ代表のギエルモ・トレイヨ(Guillermo Toreillo)は、むしろアメリカの意図のほうが共産主義より脅威であると反論したのであった。[37]

会議の開催国であるベネズエラをはじめ、ニカラグア、ドミニカ、キューバといったとうてい民主主義や国民の自由が保証されているとはいえないような独裁的国家が、ダレスの工作を受けてアメリカの提案を積極的に支持した。しかし、「カラカス宣言」は、(1)国際共産主義が反民主主義的、かつ介入主義であると規定し、アメリカ大陸の自由の概念と相いれないとし、(2)アメリカ大陸の国民は、民主主義こそ社会の発展における最良の手段であると信じており、(3)自国の社会文化や政治経済体制を自由に選択する権利をもつ、と謳っていた。[38] このように「カラカス宣言」は大きな矛盾を示しており、ダレス自身がこのことに気づいていた。[39] そして、ウルグアイ、チリ、メキシコ、アルゼンチンといった国々は、独裁的国家が支持を表明していることに不快感を示し、反共主義という名のもとでアメリカの介入が復活するのではないかという懸念を抱いた(ベネズエラが独裁的であるとしてカラカス会議に参加していなかったコスタリカは、「反共産主義宣言」については合意していた)。結局、「カラカス宣言」は修正案が提出され、修正にダレスが合意した結果、グアテマラの反対とメキシコとアルゼンチンの棄権を除き、一七票の賛成多数で可決された(その修正とは、「既存の条約に基づき適切な行動を要求する」という語句が、「既存の条約に基づき適切な行動を『検討するためのＯＡＳ外相会議の開催』を要求する」とされたことである)。アメリカによる一方的介入への不安が存在しながらも、結果的にカラカス宣言が採択された理由として、多くの国が「反共産主義」そのものには異存がなかったうえに、アメリカからの経済援助を期待していたことが指摘できる。例えばチリは、アメリカの要求もあって共産主義国への銅や硝酸などの鉱物資源の輸出を禁止していたが、そのために生産が過剰となっていた。アメリカは、まさしくカラカス会議と前後してチリから高価格で銅を買い上げる交渉を進めていた。[40] ウルグアイは、アメリカとの通商交渉を実現させたいと考えているうえに、アルゼンチンとの対抗上、アメリカからの軍事援助も要求していた。[41]

こうしてアメリカは当初の「最小限」の目的を達成することができた。しかしながら、国務省の思惑通りにグアテマラへの共同介入についての合意ができていたわけではなかった。メキシコ、エルサルバドルといった国々は、何をもって共産主義の浸透とするのか、あるいは適切な行動とは何を意味するのかについての明確な規定がないことから、アメリカの一方的介入の復活という疑惑を深めることになった。実際のところ、その疑惑は現実のものとなりつつあった。ダレスはカラカス会議において「共産主義こそが内政介入をめざしている」と批判し、アメリカは内政不介入の原則を遵守すると表明していたにもかかわらず、この時点でダレスの了解のもとでCIAによるアルベンス政権打倒の準備は密かに進められていたのである。[42] そして、カラカス会議で生じたラテンアメリカ各国のアメリカへのこのような不信感は、二カ月後に起こったアルフヘム号事件において国務省がOASでの多数工作をめざす際に少なからず影響を与えたのであった。

共同介入の放棄——アルフヘム号事件

五四年四月、アルフヘム号というスウェーデン籍の船が、チェコスロヴァキア製の武器を積んでポーランドのシュテッチェンから出港し、グアテマラに向かった。国務省は、アルベンス政権が共産圏からの武器購入を通して軍事力を強化しつつあると判断し、このようなグアテマラの行動が近隣諸国に大きな脅威を与えており、「カラカス宣言」に基づき反グアテマラの共同行動を起こすべきだと考えた。その結果、五月一〇日の国務省内の会議で、ブラジルなどの西半球の有力国から非公式に承認を得たうえで、一〇日以内にグアテマラに対してアメリカがさらに強硬な制裁を決定することが求められた。さらに、六月一五日までにOASの会合を招集し、その際にグアテマラへの共同行動に関して三分の二以上の賛成を確保するための交渉に入ることが定められた。その四日後に作成された覚書では、グアテマラ問題が西半球全体の安全保障に関する脅威であると捉えていた。国務省は、ソ連が朝鮮半島やインドシナと同じく、世界支配の一環としてグアテマラに侵入しており、それを許すことは他地域にも大きな影響を与えるのは必至であるとの認識にいたった。したがって、今こそOASの集団安全保障機能が試されるときだという結論に達したのである。以上のような判断をもとに、国務省は次のような主張を展開した。⑴アメリカは現在のような単なる警告だけでは不十分と判断している。⑵それに代わる方針として、アメリカが一方的にソ連の陰謀を粉砕するという選択肢も考えられるが、それは、二〇年以上続いた西半球政策の精神に反するものである。⑶そのような事態を回避するためには、OASが早急にグアテマラの共産主義排除に向けて行動を起こすことを要求する、というものであった。[43]

五月一五日、アルフヘム号がグアテマラに到着した。ダレス国務長官は、再度このような事態が起こることを阻止するために、必要な場合にはアメリカ海軍による公海上での検閲の実行をアイゼンハワー大統領に進言した。大統領は、強制停船に対してOAS各国が反発することを懸念したが、ダレスがこれは「カラカス宣言」に基づくものだとして他国から支持されると説明した結果、アメリカ海軍によるグアテマラ行の船舶を強制停止させることを承認した。[44] 五月二四日以降、のちのキューバ危機を思わせるような、アメリカ海軍による海上封鎖が展開されたのであった。

国務省の判断によれば、今回の出来事はグアテマラが共産主義支配に基づく拡大政策をめざす証拠であり、グアテマラが獲得した武器はホンジュラスとニカラグアに向けて使われるためのものだとされていた。また、五月初旬よりホンジュラスのUFCOの農園で起こっていたストライキの背後にはグアテマラの共産主義者が存在しており、社会不安を煽っているという認識をもっていた。[45] アルフヘム号事件により新たな展開をみせたアメリカ-グアテマラ関係に際して国務省は、グアテマラが西半球の脅威であり、「カラカス宣言」に基づく共同介入を通して解決をはかるべきだと考えた。国務省はOASにおける三分の二の賛成を確保するために、中米担当次官補のヘンリー・ホランド(Henry Holland)をメキシコに緊急に派遣するなど、OASの枠内での解決に向けて努力を試みた。[46] しかし、票読みとしてはブラジルの賛成は得られると考えられたが、メキシコとウルグアイの支持は非常に困難であるとの判断にいたった。[47] 五月二八日の覚書によると、準備の時間がなく、OASで三分の二の賛成を得られるかどうかが疑問視されると判断した結果、ついに共同介入は不可能という結論を出し、さらには、共同介入が実現しない場合にはアメリカの一方的介入もありうると示唆したのである[48]。しかし、それでもなおロバート・マーフィー(Robert Murphy)国務長官代理は、三分の二の賛成が得られるのならOASによる共同介入が最善であるとの個人的考えを示していた[49]。

このように国務省は最後まで共同介入を模索し、「善隣外交」の枠組みを可能なかぎり維持しようとしていた。しかし、すでに長官のダレスが現場の国務省官僚の意向を超えて、CIAによるアルベンス政権転覆計画をアメリカの方針として承認しており、国務省は最終的にOASによる解決を放棄するにいたった。そして、CIAが主導する政権転覆実行の期日が迫っていた。

3 CIAの秘密工作

CIAの重要性の増大

合法政権を武力で転覆するという重大な主権侵害の実行にあたり、中心的な役割を演じたのはCIAであった。そこで本節では、CIAの行動をみていくことにする。グアテマラ政策をはじめとして、正規の外交機関である国務省の方針を抑えるほどアメリカ外交に深く関わり、しかも一国の合法政権を秘密裏に倒すまでの規模をもつCIAはどのような経緯で影響力を拡大したのであろうか。また、グアテマラにみられるように、冷戦の遂行という状況のなかで秘密工作を通じて問題解決をはかるというCIAの態度は、どのような経緯で生じたのであろうか。これらのことを説明するために、CIAが設立されたトルーマン政権まで時代をさかのぼってその過程を概観したい。

CIAは四七年七月に制定された国家安全保障法に基づき国家安全保障会議に直属する情報機関として設立された。

時はまさにトルーマン・ドクトリンからマーシャルプランの発表と続く冷戦の開始が明確になった時期である。当時のアメリカにおける情報機関は、連邦捜査局(FBI)や第二次世界大戦中の戦略情報局(Office of Strategic Services: OSS)をはじめとして、陸海軍、国務省にそれぞれ分かれて存在していた。その効率化のためにも情報部門の統合化が唱えられた結果、四六年にOSSを解散して中央情報部(Central Intelligent Group)が行政命令で設置された。さらに法的根拠をもたせるためにCIAとして国家安全保障法によりその存在が明記された。しかし、FBI、国務省、軍部の情報部門はそのまま残され、これらの組織は設立当初のCIAとの協力に消極的であった。その結果、本来の情報収集、分析、評価といったCIAの機能は充実せず、この不備を補うべく組織の存在意義を示すために、海外での秘密工作にその中心を移し始めた[50]。

CIAは中央情報局という名が示すように情報収集とその総合評価が任務の中心とされていた。しかし、現場においては情報収集と秘密工作との境界は容易に越えることができるうえに、設立直後からCIAによる秘密工作が期待されていた。四七年一二月の第一回目の国家安全保障会議において国防長官のジェームズ・フォレスタル(James Forrestal)は、緊迫するイタリアの総選挙情勢にCIAを通じての宣伝活動を行うべきと主張した。この会議でNSC四Aが作成されイタリアへの介入が承認されると、CIA内に特別作戦室(Office of Special Operation: OSO)が設置され、以後の秘密工作の端緒となった。CIAの海外での活動の根拠とされたのは、「……国家安全保障会議が関心をもつような懸念について特別な行動を実行するとともに、国家安全保障会議の指示のもとで、国家の安全保障に関わる情報活動に必要な義務や機能を果たすべく行動する」という国家安全保障法の曖昧な内容の条文である。この条文をもとにCIAは瞬くまにドイツ、中国、バルカンといった世界のさまざまな地域で活動を展開し、武器や資金の提供、物資や人員の輸送、買収工作、諜報活動、その他合法・非合法を問わず、さまざまなかたちで冷戦の最前線で行動することになった[51]。

NSC四Aにより海外での活動を開始してまもなく、四八年五月にはソ連との対決を明確に意図したNSC一〇/二が作成され、国家安全保障会議は必要であればＣＩＡの海外でのあらゆる秘密工作の実行を承認したのである。これを受けて、ＣＩＡ内に秘密工作を担当する戦略調整室(Office of Policy Coordination: ＯＰＣ)が設置された。

任務の中心といえる情報分析については、初期のＣＩＡには問題が多かった。例えば、ソ連の原爆開発は早くとも五〇年、おそらくは五三年頃であるとした報告書を作成し、さらに四八年にボゴタで開かれた米州会議での暴動も予測できなかった。このようなＣＩＡを改革するために四八年に大統領諮問委員に任命されたのが、のちに長官となるアレン・ダレス(Allen Dulles)である。ダレスはＣＩＡの権限強化に努め、それは四九年六月にＣＩＡ法の制定というかたちで結実した[52]。その結果、ＣＩＡは議会の承認なしに莫大な予算の執行が可能となった。また、初代ＣＩＡ長官のロスコー・ヒレンコッター(Roscoe Hillenkoetter)が本来の情報収集を重視していたうえに、海外での秘密工作の正当性を疑問視していたのとは対照的に、ＯＳＳ以来情報機関と関わってきたダレスは、設立当初からＣＩＡを秘密工作に従事させるべきだと考えていた。さらに、北側からの攻撃を想定していなかった朝鮮戦争の経験は、多くのＣＩＡ関係者の間に、より精密な情報分析よりも海外工作による「不意打ちの防止」を重視する傾向を生み出した。

五〇年、朝鮮戦争勃発を予知できなかったとしてヒレンコッターが辞任すると、後任にはアイゼンハワーの幕僚をへて駐ソ大使を経験していたウォルター・ベデル・スミス(Walter Bedell Smith)が任命された。大使として対ソ強硬論を唱えていたスミスは、ソ連との対決に向けて積極的にＣＩＡ改革に乗り出した。その一環として、ＯＳＯをＯＰＣに統合して海外での秘密工作を担当する部局を一本化し、その責任者にフランク・ワイズナー(Frank Wisner)を任命した。ＯＳＳ時代からアレン・ダレスのもとで働いていたワイズナーは、一方でアイヴィーリーグ出身のインテリをＣＩＡに勧誘して部下として配属し、他方で、ＯＳＳ以来の現場で叩き上げた人物を効果的に使っていた[53]。また、ヒレンコッター期からＣＩＡに大きな影響力を行使してきたダレスを長官代理として迎え入れた。さらに、当時マッカーシーの批判にさらされていた国務省が、組織防衛に精一杯で影響力を低下させていたこともあり、ＣＩＡは精力的に自らの影響力拡大をはかった。実際のところ、ダレスはマッカーシーの批判には強く反撃する意向を示し、共和党人脈を通じてCIA批判を封じ込めた[54]。

政権がトルーマンからアイゼンハワーに代わると、国務長官にはジョン・フォスター・ダレス、CIA長官にはアレン・ダレスという兄弟が任命された。しかも、スミスは国務次官として引き続き政権にとどまった。国務省とCIAの長官が兄弟であるうえに、CIAの前長官が国務次官となることで、正規の外交機関である国務省にCIAの影響力が及び、以後、在外公館にCIAの関係者が含まれることが常態となった。このように、単なる情報収集、分析から海外での工作活動をしだいに重視し始めたCIAがアメリカ外交において重要な役割を担うようになっていた。アイゼンハワー政権は、政権成立後、直ちにCIAの主導によるAJAXと呼ばれるイランでの秘密工作に着手し、イギリスと共同でモサデグ政権を倒した。そして、CIAの次の関心は、グアテマラのアルベンス政権であった。

PBフォーチュンからPBサクセスへ

CIAはすでにアレバロ政権期からグアテマラに関心をもっていた[55]。それがアルベンス政権の成立する頃には共産主義の脅威というかたちで確固としたものとなり、共産主義者とそのシンパの活動を調査し始めた[56]。五二年三月に国家安全保障会議に提出された報告によると、CIAは、共産主義者の影響力拡大に強く反対し、UFCOの立場を理解する一方で、アルベンス政権が完全に共産主義勢力の支配下にあるのではないと考えていた。また、グアテマラ軍部は共産主義を嫌悪しているものの、アルベンスに対する忠誠心は強固であり、アルベンス政権が「一九四四年一〇月の革命」の後継者であるという主張があるかぎり、グアテマラ国内の反政府運動が成功することは困難であると述べていた。そして、アメリカ政府やUFCOの行動を「帝国主義的」と非難する共産主義者の宣伝は一定の効果を上げており、さらなる圧力の行使は共産主義者にとって有利となるというジレンマを強調していた[57]。以上の点では、同時期の国務省の認識とほぼ同様であった。しかし、国務省が経済的圧力の行使がグアテマラの態度を変更させるのに有効だと考えていたのとは対照的に、早くもCIAは、アルベンス政権が自ら態度を改めることはなく、政権を打倒すべきだと認識していた[58]。事実、アルベンス政権打倒の動きが始まろうとしていた。

五二年四月、ニカラグア大統領のソモサが首都ワシントンを訪問した。その際ソモサはスミスCIA長官と会談し、カスティーヨ・アルマスを指導者としてグアテマラに侵攻する計画を持ちかけていた。さらにそのための資金と武器の調達ならびに空からの爆撃援助をCIAに依頼したのである。CIAのJ・C・キング(J.C.King)中米担当はダレス長官代理と協議の結果、これを承認し、さらには国務省のマン中米担当の内諾も得た。こうしてPBフォーチュンと名づけられた計画が五二年八月に始まった。キングはUFCOの協力を得て極秘に武器、弾薬、資金を用意し、一〇月には実行可能な状況となった。あとはトルーマン大統領の承認を取り付けるだけであった。一方、この計画はディーン・アチソン(Dean Acheson)国務長官をはじめとする国務省中枢にはほとんど知らされていなかった。実施直前になって計画を知ったアチソンは、これが善隣外交の精神を損ない二〇年の外交の蓄積を崩壊させるとして猛然と反発し、大統領を説得して計画を中止させた。CIAの工作員は、「この中止決定はこれまで計画に関わった人に申し訳が立たないだけでなく、カリブ海の危機を高めるだろう」と悔しがった。スミス長官も、「CIAはあくまで行政機構の一つであり、国務省が反対する以上、中止せざるをえなかった。しかし、国務省の立場が近い将来のカリブ海の状況次第では変化することも考えられる」と述べた。PBフォーチュンは取り止めになったものの、CIA内にはカスティーヨ・アルマスを使ってアルベンス政権を打倒するという考えが引き続き残ったのである[59]。

PBフォーチュン中止の約二カ月後の五二年一二月、CIAは次のような報告書を作成した。それによると、グアテマラの共産主義勢力の拡大は続き、現状を放置すれば、共産主義者が完全にグアテマラ政府を支配するにいたると思われる。しかも、ホンジュラスやエルサルバドルへの影響力の拡大をめざしている。したがって、五三年三月までにアルベンス政権を打倒すべきである、と結論づけられていた[60]。さらに五三年五月には、アルベンス政権がアメリカの利益に反するとした報告書が作成された。その理由として、グアテマラを通じてラテンアメリカに共産主義が浸透する危険性を強調していた。CIAの分析によると、グアテマラ国内の反政府勢力は弱体であり、グアテマラ軍も反政府化することはない状況で、アルベンス政権はホンジュラスやエルサルバドルへの影響力拡大をはかる一方、中米での孤立を打開するために、国連を通じて内政不介入を訴えている。今後、OASでも同様の主張を繰り返すことで、アメリカの内政介入を懸念しているラテンアメリカ諸国の支持を得ようと考えるだろう。その結果、グアテマラへの一定の理解が示されることになれば、アルベンス政権は、近隣諸国の共産主義勢力の支援を強化するだろう、とされていた[61]。

CIAがグアテマラの共産主義の脅威を強調する状況のなかで、五三年八月、アイゼンハワー大統領、ダレス兄弟らごく少数の人びとの協議でCIAによるアルベンス政権打倒が決定された[62]。同時期に展開されていたイランにおけるCIAによるモサデグ政権打倒の「成功」がこの決定に影響を与えたことは、十分に推測できる。こうして政権上層部は、当面のところ、国務省の共同介入路線と、CIAの秘密工作を同時並行で進めることで合意に達した。上層部の決定を受けて、九月一一日、キングがPBサクセスと呼ばれる全体計画を作成した[63]。

計画書の冒頭で、グアテマラがソ連の前線基地となっており、中米におけるアメリカの脅威だと規定され、さらなるソ連の影響力拡大を認めることができない以上、CIAはグアテマラ問題を最優先事項とし、秘密工作に基づく共産主義者の排除をめざすべきだと主張した。その手段として、「心理戦争」と呼ばれる宣伝工作、グアテマラ軍人の転向工作などのさまざまな角度から現政権に圧力をかける一方で、亡命グアテマラ軍人による首都への軍事侵攻の画策がもっとも重要視されていた。さらに、秘密工作によるアルベンス政権の転覆とその後に親米政権を樹立するまでの経緯を六段階に分け、それぞれの段階における詳細な計画を練っていた。そのなかには海上封鎖や経済制裁、国交断絶など国務省や国防省の支援を必要とするものもあり、アメリカ政府をあげて取り組むべきものと述べられていたが、軍事侵攻に関してはＣＩＡの専権事項と考えられていた。それは、過去にＰＢフォーチュン計画を妨害した国務省へのＣＩＡの強い不信感が存在しており、アメリカ政府内部に対しても機密性の強化を重視していたからであった。ＰＢサクセスの計画はただちに承認され、三〇〇万ドルの予算がついた。また、ＰＢサクセスはＣＩＡの最優先事項とされ、キングの上司であるＯＰＣ室長のワイズナーが自ら陣頭指揮をとることになった。しかもＰＢサクセスは、このように大規模な予算と物資が必要であると想定されていたにもかかわらず、議会や国民へ知らされなかったことはもとより、国務省をはじめとする政府諸機関だけでなくＣＩＡ内部でもＯＰＣ以外の部署には何も知らされないまま計画が進められた。

カスティーヨ・アルマスとPBサクセス

計画の実行にあたって重要な問題の一つが、誰を指導者に担ぎ上げるかであった。ＣＩＡは、ソモサからＰＢフォーチュンにつながる話を持ちかけられる以前から、カスティーヨ・アルマスを反政府勢力のもっとも有力な指導者として認識していた[64]。アラナ派の幹部として反アルベンスの感情が強いカスティーヨ・アルマスは、もう一人の有力候補者であるミゲル・イディゴラス・フエンテス(Miguel Ydígoras Fuentes)がウビコ政権下の軍人であったのとは対照的に、「一九四四年一〇月の革命」の後継者の一人と位置づけることもできた。しかも、イディゴラス・フエンテスが亡命していたのはトルヒーヨのドミニカであったが、地政学的な点から考えてグアテマラへの侵攻における重要な拠点となるニカラグアのソモサとの関係が深いこともカスティーヨ・アルマスにとって有利であった。ＣＩＡは、ＰＢフォーチュン以来のつながりをもつカスティーヨ・アルマスをただちにＰＢサクセスにおける指導者に選んだのである。

五三年一二月、カスティーヨ・アルマスは、アメリカの意向にそったかたちで、グアテマラのソ連化を批判し、反政府勢力の指導者として「財産と外国の資本を守り、人権を尊重するような政府を形成する」と述べた[65]。しかし、ＣＩＡはアルベンス政権打倒後の政権構想を詳細に検討しておらず、初期の段階において現場ではまずアルベンス政権を打倒することが先決であった。[66] むしろ、「グアテマラにとって民主主義は『非現実的な』選択肢であり、家父長的な支配に慣らされている国民にとって、民主主義のもつ権利と責任をいたずらに拡大することは、かえって害悪である」と考える局員すらいたのである。[67] さらには、五四年四月までには、アルベンス政権を倒すことは「一九四四年一〇月の革命」の精神を葬り去ることだという認識にいたっていた。したがって、新たにできるはずの政権は、穏健な独裁的指導者のもとでアメリカの経済・軍事援助に依存するものとなるであろうと判断していたのである。[68] ＣＩＡにとってアルベンス政権を倒す目的は、グアテマラに自立と民主主義をもたらすことではなかった。

ＰＢサクセスにおいてＣＩＡが具体的に準備・実行したのは、主に次の三つである。一つ目が、反アルベンスの宣伝活動、二つ目が、グアテマラ軍部要人の転向の画策、そして、三つ目が、軍事侵攻の計画とそれに基づく訓練、物資調達であった。宣伝活動で強調されたのが、アルベンスはソ連の手先であるということであった。ＣＩＡは、共産主義が独裁制につながると主張することで介入を正当化しようとしていた。したがって、事実に基づいているかは問題とせず、外部からグアテマラに潜入したソ連のエージェントが活動しているという情報をしきりに流したのである。また、カラカス会議でこれらの情報を使うことで、グアテマラに不利な状況をつくりだそうと考えていた。もちろん、すでに秘密工作によるアルベンス政権打倒を決めていたＣＩＡにとって、カラカス会議は問題解決の場ではなく、単なる宣伝の舞台でしかなかった。[69] 五四年五月一日からは「シャーウッド」(ＳＨＥＲＷＯＯＤ)と呼ばれるラジオを通じたグアテマラ国民への直接の宣伝活動が展開された。やはりアルベンスが裏切り者であり、ソ連と共産主義は自由と民主主義の敵であることを強調する放送が繰り返され、カスティーヨ・アルマスこそが政府を倒し、祖国の自由を取り戻す人物として賞賛されたのである。しかし、ＣＩＡはＰＢサクセスを進めていくなかで、カスティーヨ・アルマスの指導力を疑問視し始めていた。ある局員は、「〔カスティーヨ・アルマスは〕大胆ではあるが無能な人間であり、威勢はいいが、計画を遂行する指導力に欠けている」と評していた。[70]

ＣＩＡは個人に対する攻撃も検討、実施した。その最たるものが要人暗殺計画である。五四年四月には具体的な対象が検討され、実行に向けての訓練も行われた[71]。また、「神経衰弱戦術」と呼ばれる個人攻撃も政府要人や労組関係者、軍人に対して行われた。具体的には、対象人物の過去の言動の暴露、「裏切り者」という噂の流布、早朝の無言電話、中傷の手紙、家族への嫌がらせ、等々、卑劣な行為がＣＩＡの予算で組織的に展開された[72]。

軍事侵攻の準備も着々と進められており、五四年三月、ニカラグアでの第一段階の訓練が終了していた。一方、アメリカの関与による侵攻計画をすでに察知して警戒を強めてグアテマラは、カラカス会議においてラテンアメリカ諸国への積極的な宣伝活動を開始していた。こうした状況でＣＩＡは、「ここまで来た以上、すばやく行動を起こすべき」との見解を示していた[73]。四月一〇日、ようやくワイズナーは国務省のホランド中米担当国務次官補にＰＢサクセスが進行中であると告げた。ホランドは、アメリカの一方的介入の復活であるとして強く反対したが、それはＯＡＳ諸国の反発を受けるからであり、アルベンス政権を打倒することそのものへの不満ではなかった[74]。その後、国務省は上述のように共同介入を模索するものの、軍事訓練の第二段階が終了する四月下旬頃には、ダレス兄弟をはじめとする政権中枢は、秘密工作を通じての「問題解決」の方向に傾いていた[75]。

4　アルベンス政権の崩壊とその後のグアテマラ

軍事侵攻

五四年も六月に入る頃には、アルベンス政権も反政府派の弾圧を本格化させ、拷問による死者も出た。現地のＣＩＡ工作員は、グアテマラ国内の組織が大きな打撃を受けており、また、アルベンス政権の弾圧を目のあたりにしているグアテマラ国民から反政府派への支持も確保できるとの報告を送った。アルフヘム号事件以降、グアテマラの軍事力強化が進むことを考慮すれば、これ以上の延期は好ましくない、というのがCIAの判断であった。いよいよ、軍事侵攻作戦の期日の決定が下されようとしていた[76]。

CIAの計画によれば反政府軍はホンジュラスとエルサルバドルから侵入することになっていた。CIAの指示を受けた駐グアテマラ大使のジョン・ピュリホイ(John Peurifoy)は、アメリカによる両国への経済援助の拡大を示唆する一方で、もし協力しない場合にはアメリカ海兵隊を上陸させてでもカスティーヨ・アルマスの侵入を保護するとほのめかすことで、カスティーヨ・アルマスへの協力を求めた。ホンジュラスは、アルフヘム号事件以降のCIAの宣伝活動によりグアテマラによる侵攻の危機感を抱き、また同国内のUFCO農園でのストライキの拡大を懸念していたためアメリカの要求に従った[77]。一方、エルサルバドルからは六〇人という少数で侵入する予定であったが、直前に逮捕されるという失態を演じたのであった[78]。

五四年六月一八日にカスティーヨ・アルマス軍は国境を越えた。しかし、「シャーウッド」による宣伝工作をはじめとするCIAの努力にもかかわらず、反政府軍に協力する勢力はほとんど登場せず、カスティーヨ・アルマスは孤立し、二〇日になってようやく国境から三マイルしか離れていない小さな町、エスキプラスを占領しただけであった。それどころか、カスティーヨ・アルマス自らが率いる軍勢も、プエルトバリオス付近で警察と武装した労働者によって敗北を喫していた。彼はCIAに向かって「もし戦線に重爆撃を加えてくれないなら、すべてを放棄せざるをえない」と訴えた[79]。

カスティーヨ・アルマスの要請もあり、CIAはアイゼンハワーの承認を得て、首都グアテマラシティとカスティーヨ・アルマスのとどまる地域に数度にわたる空からの攻撃を展開した。アメリカ人パイロットを使うことでCIAの介入がさらに深まった。その際、イギリス船を誤爆するというエピソードもあった。ただし、空爆は橋や鉄道の一部を破壊しただけで、決定的な損害を与えたとはいえなかった[80]。

カスティーヨ・アルマスの軍事行動が思い通りに進まない状況で、PBサクセスは、CIAだけでなく、アメリカ政府全体を巻き込み始めた。国務省のホランド中米担当次官補は、カスティーヨ・アルマスの侵入に続き、CIAによる首都空爆にまで拡大したアメリカの介入が他のラテンアメリカ諸国の反発を招くことを懸念しながらも、PBサクセスの失敗はアメリカの威信を大きく傷つけることからCIAとの協力を進めた[81]。六月二一日にグアテマラが国連への提訴の動きを示すと、国務省は、本章の冒頭で示したロッジの声明にみられるように、反米的な国際世論を封じ込めることに努めた。同省は、グアテマラが国連を舞台にアメリカへの批判を行うことで事態の打開をはかろうとすることを阻止するために、地域的集団安全保障を定めた国連憲章第五一条を持ち出すことで、問題解決の場をOASに移そうとした。さらに、それまで国連安全保障理事会での拒否権行使についてソ連を批判してきたが、状況次第ではグアテマラ問題でアメリカがはじめて拒否権を行使することも検討されていた。ダレス国務長官は、アンソニー・イーデン(Anthony Eden)英首相と非公式に交渉し、安全保障理事会での多数を確保した。六月二五日、国連は、OASによる解決を正式に承認したのである[82]。しかし、OASの関与を待つことなく、六月二七日、アルベンスは自ら政権の座から降りることを決心したのであった。

アルベンスを退陣に追い込んだのは、カスティーヨ・アルマスの軍事行動ではなく、PBサクセスの当初から重視されていたグアテマラ軍部の転向であった。軍部はカスティーヨ・アルマスを打ち負かすことには自信をもっていたが、それがアメリカ軍の直接介入を招くのではないかと懸念していた。事実、アメリカ海兵隊がホンジュラスに上陸したという噂が流れていたのである[83]。空爆と「シャーウッド」により動揺していた軍部は、アルベンスが武器を共産主義者に渡すことで民兵を重視する方針に転換したのではないかという疑惑が重なり、ついに政府を見限った[84]。国連が手を差し伸べず、自らの出身組織である軍部からも見放されたアルベンスにとって、政権を維持することは困難であった。

アルベンスが政権を手放した翌日、カルロス・エンリケ・ディアス(Carlos Enrique Diaz)、ホセ・アンヘル・サンチェス(José Angel Sánchez)、エルフェゴ・モンソン(Elfego Monzon)の三人の軍事臨時政権が成立したが、彼らはカスティーヨ・アルマスとの交渉を拒絶した。これに対してアメリカのピュリホイ駐グアテマラ大使は、これまでグアテマラ軍部がアルベンス政権に忠実であったこともあり、臨時政権に反発した。アメリカは、どうしてもカスティーヨ・アルマスを政権の座につけようと考えていた。そこでCIAはさらに首都に空爆を加えることになった。このときの空爆による被害は多くの人命を含め、非常に大きなものであったと報告されている。その結果、六月二九日にモンソンがカスティーヨ・アルマスとの交渉に応じ、ようやく戦火が収まることになった。[85]

カスティーヨ・アルマス政権とアメリカ

アルベンス政権崩壊後もアメリカは、グアテマラ問題に積極的に関与した。ピュリホイ大使は、「反共産主義のカスティーヨ・アルマス派を含むあらゆる政治勢力の参加のもとで、民主主義を実践する必要性を強く感じている」と臨時政権に圧力をかけ、さらに自らが調停役となりエルサルバドルでのモンソンとカスティーヨ・アルマスとの直接交渉に立ち会った。[86] こうしてCIAのなかにはその指導力に対する疑問が存在しながらも、当初の予定通りアメリカの強い意向のもとでカスティーヨ・アルマス政権樹立が進められた。九月一日、カスティーヨ・アルマスは大統領に就任した。新政権成立後、アメリカはただちにこれを承認し、しかも五〇〇万ドルもの経済援助を提示したうえに、軍事援助条約も締結した。また、カスティーヨ・アルマスが「共産主義者の排除」という名目で労働組合を弾圧することを承認したのである。[87]

アルベンス政権崩壊後、CIAと国務省は、アルベンスがソ連の手先であったことを示そうとした。アメリカ政府関係者だけでなく、それまでアルベンス政権に対して批判的な言動であったAFLのS・ロムアルディ(S.Romuardi)や『ニューヨーク・タイムズ』の記者のP・ケネディ(P.Kennedy)らがグアテマラ入りし、現状を視察した。しかし、結局アルベンス政権がソ連の指令で行動していたという証拠を示すことができなかった[88]。それにもかかわらず、五四年九月末、連邦議会で公聴会を開くことで、グアテマラの共産主義化が事実であったことを示そうとした。下院外交委員会内に特別に設置された小委員会において、パトリック・ヒリングス(Patrick Hillings)委員長は冒頭で、「アメリカがグアテマラの民主勢力をどのように援助するかを、全ラテンアメリカ諸国が注目している」と述べ、それに続き事前にグアテマラで行われたカスティーヨ・アルマスへの質疑応答が読みあげられた[89]。そのなかで彼は、ソ連で訓練を受けた共産主義者がグアテマラに浸透したことと、アルベンスがグアテマラ国民の意志に基づく自由選挙ではなく、アラナ暗殺により非合法に政権の座に就いたことを強調した。そして、最後に、「グアテマラが民主的な方法で全国民の福祉を向上させることを世界中に示していきたい」と締めくくったのであった[90]。

すでに駐タイ大使に転任していたピュリホイも証言台に立った。彼は、アルベンス政権打倒にアメリカが関与しておらず、グアテマラ国民の民主的勢力によってアルベンス政権が打倒されたと述べた。そして、アルベンス政権は共産主義者によって完全に支配されており、アルベンス自身も共産主義的態度であったと証言した。さらに、共産主義化したグアテマラは、アメリカと西半球の安全保障にとって重大な脅威であることを強調したのである。また、政府による拷問が日常的に行われていたと発言し、このまま放置すれば在グアテマラのアメリカ国民にも同様の処置がとられる可能性が高かったとも主張した[91]。国務省のレイモンド・レディ(Raymond Leddy)の証言でも、グアテマラの状況がアメリカと西半球の脅威であったことが述べられた。さらに、今後のグアテマラに対する多額の経済援助の要請とグアテマラ農地改革の撤廃が主張されたのである[92]。しかし、彼らの証言は、第1節で述べたように、大半が事実に反するものか、過度に誇張したものであった。

カスティーヨ・アルマス政権が実際に行ったことは、「一九四四年一〇月の革命」からアルベンス政権までに確立した成果を破壊することであった。メキシコに向かったアルベンスをはじめ、アレバロや有力共産党指導者はただちに亡命していたが、早くも七月一日、UFCOの七人の労組指導者が謎の死をとげた。その後、労働規約は破棄され労働組合が次々と解散させられた。次の対象は政党であり、八月一〇日にすべての政党が解散した。また、「反共産主義法」を制定し、数千人にものぼる不当逮捕が繰り広げられた。「焚書《ふんしょ》」も行われ、対象のなかにはドストエフスキーの著作やユゴーの『レ・ミゼラブル』も含まれるなど滑稽ともいえる大規模なものであった。さらにカスティーヨ・アルマスは予定されていた選挙を停止し、行政・立法の全権を手に入れた。そのうえ、アメリカのマフィアと手を結びカジノ経営を始めた。こうしてグアテマラ政界の腐敗が急速に進み、ついに五七年七月二六日、カスティーヨ・アルマスは何者かに暗殺された。一方、反政府ゲリラとなり地下に潜った勢力は活動を続け、六三年以降、グアテマラは長い内戦状態に突入したのであった[93]。

UFCOは、農地改革のための行政命令九〇〇がカスティーヨ・アルマスによって無効とされたため土地を取り戻すことができた。その際、土地を手放すことを拒否した数多くの農民は逮捕された。また、CIA長官から国務次官となったスミスを経営陣の一人に招き入れた。ただし、PBサクセスの進行中から国務省は、グアテマラのナショナリズムを考慮してUFCOがウビコ時代に獲得した税制面での特権などを見直すべきだと考えていた[94]。さらにアメリカ司法省が同社に反トラスト法の適用を検討した結果、UFCOはグアテマラでの権益の多くを地元企業に引き渡した。その後、UFCOの経営は急速に悪化した。アレバロ、アルベンスの両政権期においてアメリカ・グアテマラ間の対立の焦点の一つであったUFCOは、最終的に七二年にグアテマラから完全に撤退した。同社の衰退の原因の一つが、カスティーヨ・アルマス政権以降長期化したグアテマラ国内の政治・経済の混乱であったことは、皮肉な結果と呼ぶだけではすまないであろう[95]。

おわりに

グアテマラの内戦が泥沼化し、ＵＦＣＯが撤退した頃、ＣＩＡをとりまく環境も変わりつつあった。ＣＩＡの秘密工作に対する批判が高まり、ようやく史料公開が行われるようになったのである。こうしてグアテマラへの介入について の本格的研究が進められた。アメリカの介入の原因について従来の研究は、ＵＦＣＯの権益の保護を重視していたと考えるものもあれば、冷戦期の共産主義の脅威に対する過剰反応と唱えるものや、伝統的な「棍棒外交《こんぼう》」の復活と主張する研究がある。そして、九〇年代になりさらなる史料公開が進むと、ＣＩＡの極秘史料に基づきＰＢサクセスのグアテマラ軍関係者への工作などの細部を記した研究が登場した。また、九七年には「シャーウッド」の全容に関するものをはじめとして、現場からワイズナーへの報告やＰＢサクセスの詳細な計画と進行状況を示す史料が公開された。本章もこれらの史料に拠るところが大きい。ただし、一連のＣＩＡの史料は多くの部分で文書が白塗りされ非公開となっており、ＣＩＡはいまなおさまざまな問題を「秘密のヴェール」に包んでいる。今後、いっそうの史料の公開を期待したい。[96]

史料の公開にともない、ＣＩＡがさまざまな「秘密工作」に従事してきたことが明らかにされつつある。それはまさしく、アメリカの矛盾を隠蔽するためであった。東欧諸国への介入を繰り返すソ連を批判し、主権尊重と内政不介入を基本とした二〇世紀後半の国際秩序を維持することは、確かに冷戦を遂行する際の正当性を確保するうえで、アメリカにとって好ましい側面をもっていた。しかし、グアテマラにみられるように、ＣＩＡの秘密工作はもちろんのこと国務省の共同介入とて内政不介入の論理を絶対に遵守すべきものと考えておらず、政策遂行上の功利的判断に基づいていた。アメリカにとって都合の悪い場合には内政不介入の論理は容易に踏みにじられたのである。しかし、冷戦がイデオロギーの対立でもある以上、自らの正当性を確保し続けることが要求されており、アメリカのこのような自国本位的な態度は国際社会から批判されることは明らかであった。このような批判をかわすためにも、アメリカは、カスティーヨ・アルマスの反政府運動の正当性を強調する一方で、さまざまな秘密工作を行い、事実を隠蔽しようとした。その意味でグアテマラへの対応は、冷戦期固有の性格をもっているといえるだろう。

　これまでみてきたように、アメリカは自由と民主主義を守るという大義を掲げつつも、実際のところはアルベンス政権打倒を最優先に考えていた。その結果、グアテマラに圧政を生み出すことになった。「一九四四年一〇月の革命」の成果が無となり、再び独裁者の手で市民的自由を奪われることとなったグアテマラの事例において、アメリカの責任は重大である。そして、第二次世界大戦後、主権尊重と内政不介入を謳いながら、アメリカの外交政策が他国の人びとの生活を直接脅かすという状況は、現在も続いている。さらには、一国の政府を打倒するという重大問題をアメリカ国民に知らせることなく、ＣＩＡが極秘に実行していたことは、アメリカ国民の権利をも侵害していたといえるのではないだろうか。また、国民だけでなく政府の他組織や議会にも情報を与えないまま、このような計画を遂行できるＣＩＡの存在が、その後もアメリカの外交に影響していくこと自体、やはり冷戦期以降のアメリカの国家のあり方の問題として問われなければならないと思われる。

註

1 Records of the Central Intelligence Agency RG 263, Studies and Other Records Relating to the Activities of the Central Intelligence Agency in Guatemala 1952-1954（以下，RG 263 とする）, Box 2, Folder 8, PBSUCCESS: The SHERWOOD Tapes, Folder 1 of 3, Sign on 2, Refrain 2.

2 *The Department of State Bulletin*（以下，*Bulletin* とする）, 30 (June 28, 1954), p.981; *Bulletin*, 31 (July 12, 1954), pp.43-45.

3 *Bulletin*, 31 (July 5, 1954), pp.26-31.

4 Stephen Schlesinger and Stephen Kinzer, *Bitter Fruit: The Story of the American Coup in Guatemala* (Garden City, New York: Doubleday, 1982; Cambridge, Mass: Harvard University David Rockefeller Center for Latin American Studies, 1999),

pp. 33-34.

5 *Foreign Relations of the United States* (以下 *FRUS* とする), 1947, 3, pp. 705-719.

6 Piero Gleijeses, *Shattered Hope: The Guatemalan Revolution and the United States, 1944-1954* (Princeton University Press, 1991), pp. 107-116.

7 *Ibid.*, pp. 50-71.

8 *Ibid.*, p. 149.

9 Schlesinger and Kinzer, *op.cit.*, pp. 54-55. ＵＦＣＯは実質的な土地の価値を主張したが、基準となる課税評価はウビコ期にきわめて低く見積もられていたためにこのような結果となった。

10 Gleijeses, *op. cit.*, pp. 158-159. とうもろこし、小麦、米の生産は、それぞれ一〇%、七四%、二一%の上昇を示した。

11 *Ibid.*, pp. 165-166.

12 *Ibid.*, pp. 151-152.

13 Nick Cullather, *Secret History: The CIA's Classified Account of Its Operation in Guatemala, 1952-1954* (Stanford University Press, 1999), p. 84.

14 Bryce Wood, *The Dismantling of the Good Neighbor Policy* (University of Texas Press, 1985), pp.ix-xiv.

15 *FRUS*, 1947, 3, pp. 705-719.

16 *FRUS*, 1949, 2, pp. 652-654.

17 *FRUS*, 1950, 2, pp. 884-886. アチソン国務長官からグアテマラ大使館への指令など。

18 *Ibid.*, pp. 879, 882, 892-893, 899, 929. おそらく国務省のなかでもっとも強硬路線を支持していたマン中米問題担当でさえ、アレバロ政権を共産主義と規定していなかった。

19 *FRUS*, 1949, 2, pp. 660, 664, 669; *FRUS*, 1950, 2, pp.871, 883, 884, 913, 917.

20 *FRUS*, 1950, 2, pp. 894-896, 897-901.

21 *Ibid.*, pp. 888-889.

22 *Ibid.*, pp. 870-871, 922-925.

23 *FRUS*, 1951, 2, pp. 1415-1436.

24 *Bulletin*, 30 (February 8, 1954), pp. 251-252.

25 *FRUS*, 1952-1954, 4, pp. 286-288.

26 *Ibid.*, pp. 1436-1440, 1440-1441.

27 *Ibid.*, pp. 1046-1049, 1050-1052.

28 *Bulletin*, 29 (September 14, 1953), pp. 357-360.
29 *FRUS*, 1952-1954, 4, pp. 1071-1073, 1074-1086. その後、国務省はUFCOとグアテマラ政府の問題は国際司法裁判所の判断に委ねるとの主張を展開した。ダレスはたとえUFCOの問題が解決してもアルベンスが共産主義者の活動を容認するかぎり、アメリカとの問題は解決しないと発言した。
30 Gleijeses, *op. cit.*, pp. 223-225.
31 *FRUS*, 1952-1954, 4, pp. 1041-1043.
32 Gleijeses, *op. cit.*, pp. 239-242.
33 竹村卓「コスタリカ・ニカラグア紛争（一九五五年）をめぐる国際環境とアイゼンハワー政権の対応」『国際政治』一一三（二〇〇〇年）一七八〜一八〇頁。
34 *Bulletin*, 30 (March 8, 1954), pp. 358-360.
35 *FRUS*, 1952-1954, 4, pp. 290-292.
36 *Bulletin*, 30 (March 22, 1954), pp. 419-423.
37 Gleijeses, *op. cit.*, p. 272. グアテマラ側に内通したデルガドによって一九五四年一月にはCIAの手でPBサクセスが進められていることがアルベンス政権の知るところとなった。Cullater, *op. cit.*, pp. 54-55.
38 *Bulletin*, 30 (March 22, 1954), p. 420.
39 Gleijeses, *op. cit.*, p. 274.
40 *FRUS*, 1952-1954, 4, pp. 308, 733-736, 744-746.
41 *Ibid.*, pp. 309, 1575-1579.
42 *Bulletin*, 30 (March 22, 1954), pp. 419-423.
43 *FRUS*, 1952-1954, 4, pp. 1102-1105, 1107-1110.
44 *Ibid.*, pp. 1122-1123. HARDROCK と呼ばれる海上封鎖計画は、早くからCIAが要求していた。
45 *FRUS*, 1952-1954, 4, pp. 1129-1131, 1131-1133; *Bulletin*, 30 (June 7, 1954), pp. 873-874.
46 *FRUS*, 1952-1954, 4, pp. 1131-1135, 1135-1136, 1137-1139.
47 *Ibid.*, pp. 1131-1135.
48 *Ibid.*, pp. 1139-1149.
49 *Ibid.*, pp. 1149-1151.
50 Amy B. Zegart, *Flawed by Design the Evolution of the CIA, JCS, and NSC* (Stanford University Press, 1999), pp. 174-184, 187-190.

51 William Blum, *Killing Hope U.S. Military and CIA Interventions since World War II* (Montreal: Black Rose Books, 1998), chapter 1, 2, 3.

52 John Ranelagh, *The Agency the Rise and Decline of the CIA* (New York: Simon and Schuster, 1986), 171.

53 Ranelagh, *op. cit.*, pp. 198-200.

54 Rhodri Jeffreys-Jones, *The CIA and American Democracy* (New Haven, Connecticut: Yale University Press, 1989), pp. 74-77.

55 Cullather, *op. cit.*, p. 17.

56 RG263, Box 1, Folder 5, Documents Used in Complying CIA and Guatemala Assassination Proposal 1952-1954, 3: "Security Information," 29 Jan. 1952.

57 *FRUS*, 1952-1954, 4, pp. 1031-1037.

58 Cullather, *op. cit.*, p. 25.

59 RG263, Box 1, Folder 5, Documents Used in Complying CIA and Guatemala Assassination Proposal 1952-1954, 3: "Memorandum for the Record," 9 October 1952.

60 *Ibid.*, "Report No. 20," 1 December 1952.

61 *FRUS*, 1952-1954, 4, pp. 1061-1071.

62 Cullather, *op. cit.*, pp. 38-39.

63 RG263, Box 1, Folder 6, Documents Used in Complying CIA and Guatemala Assassination Proposal 1952-1954, 4: "Memorandum for Director of Central Intelligence," 11 September 1953.

64 RG263, Box 1, Folder 5, Documents Used in Complying CIA and Guatemala Assassination Proposal 1952-1954, 3: "Memorandum for Rear Admiral Robert L. Dennison," 14 January 1952.

65 Cullather, *op. cit.*, 50.

66 RG263, Box 1, Folder 8, Operation Documents from No. 79-01025A, Box 1: 2 January 1954, 26 January 1954.

67 Cullather, *op. cit.*, p. 62.

68 *Ibid.*, p. 60.

69 RG263, Box 1, Folder 9, Operation Documents from No. 79-01025A, Box 2: 22 February 1954, 6 March 1954.

70 Cullather, *op. cit.*, p. 73. カラサーの研究によれば、「シャーウッド」の電波が届く範囲は限られており、一般民衆の耳に届くことは少なかったと述べられている。しかし、ＣＩＡがどのような宣伝活動をめざしていたかを知るには重要史料であると思われる。

71 RG263, Box 1, Folder 3, Documents Used in Complying CIA and Guatemala Assassination Proposal 1952-1954, 1: 29 March

1954.

72 RG263, Box 1, Folder 6, Documents Used in Complying CIA and Guatemala Assassination Proposal 1952-1954, 4: "Instruction: Nerve War against Individuals," 9 June 1954.

73 RG263, Box 1, Folder 9, Operation Documents from No. 79-01025A, Box 2: 8 March 1954.

74 *FRUS*, 1952-1954, 4, pp. 1168-1169.

75 Cullather, *op. cit.*, p. 131.

76 RG263, Box 1, Folder 3, Documents Used in Complying CIA and Guatemala Assassination Proposal 1952-1954, 1: 10 June 1954, 13 June 1954.

77 Gleijeses, *op. cit.*, p. 301.

78 Cullather, *op. cit.*, pp. 87-88.

79 *Ibid.*, pp. 89-90.

80 Gleijeses, *op. cit.*, pp.339-340.

81 *FRUS*, 1952-1954, 4, pp. 1186-1189.

82 *Bulletin*, 31 (July 5, 1954): 26-31, 31-32. 国連大使のロッジは、憲章第五一条に基づいてＯＡＳによる解決を強く主張した。Richard H. Immerman, *The CIA in Guatemala: The Foreign Policy of Intervention* (University of Texas Press, 1982), pp. 168-172.

83 *FRUS*, 1952-1954, 4, p. 1181.

84 Cullather, *op. cit.*, pp. 97-101.

85 *Ibid.*, pp. 101-102.

86 *FRUS*, 1952-1954, 4, pp. 1189-1191, 1202-1208.

87 *Ibid.*, pp. 1225-1226, 1228-1235.

88 Cullather, *op. cit.*, p. 107.

89 U.S. Congress, House Select Committee on Communist Aggression, *Communist Aggression in Latin America: Hearings before Subcommittee on Latin America, 83rd congress, 2nd session* (Washingon, D.C.: GPO, 1954), 2.

90 *Ibid.*, pp. 3-9. カスティーヨ・アルマスへは出張質問が行われた。

91 *Ibid.*, pp. 114-115, 124, 129-130. ピュリホイはグアテマラ大使の前にはギリシア大使であり、そこでも共産主義勢力打倒に努めた。質問のなかでもグアテマラとギリシアの対比がなされている。ちなみにピュリホイは証言直後、タイで交通事故死する。

92 *Ibid.*, pp. 194-199, 214. レディは、ＣＩＡから国務省に移り、中米・パナマ問題を担当していた。証言時にはカラカス大使館勤務。

93 Schlesinger and Kinzer, *op. cit.*, pp. 219-221.

94 *FRUS*, 1952-1954, 4, p. 1226.

95 Schlesinger and Kinzer, *op. cit.*, p. 229; Cullather, *op. cit.*, p. 118.

96 シュレジンガーとキンツァーの共著はＵＦＣＯとアメリカ政府の緊密性を強調し、イマーマンの研究はグアテマラナショナリズムを共産主義の浸透と誤解した過剰反応であると説明している。グレイヘシスは、共産主義者とアルベンスは緊密な関係をもっていることを示すと同時に、アメリカの介入は「棍棒外交」への復帰と主張する。カラサーは、最近公開されたＣＩＡの史料に基づきＰＢサクセスの実態をより詳しく述べている。とくに、グアテマラ軍部への転向工作が重視されていたことを述べている。また、ウッドはトルーマン政権とアイゼンハワー政権の断絶を強調した。

第三章

核時代における国家と国民

原爆医療情報と民間防衛

高橋博子

はじめに

核時代の幕開けにおいて、アメリカ政府と国民との関係はどのようなものとして始まったのであろうか。原爆開発計画、原爆投下決定、そして放射能人体実験は、国民に対して極秘に行われ、それに関する情報は国家安全保障上の理由から機密扱いを受け、核の歴史は秘密のうちに築かれていった。つまり、国民の側には、核兵器について十分な情報のもとに自由に議論してその運命を決める、民主主義社会における「市民的自由」はなく、この「市民的自由」は「国家安全保障」という、とりわけ冷戦時代において強化された制約のもとにおかれていたといえる。

しかし長年にわたる関係者の努力によって、近年この関係は変わりつつある。一九六六年に議会を通過し、七四年に強化された情報公開法(The Freedom of Information Act: ＦＯＩＡ)の成立以来、ジャーナリストや学者らは、国家安全保障上の理由から機密扱いを受けていた政府資料に対して公開要求を行ってきた。その結果獲得した資料を集中して管理するための非政府・非営利団体であるナショナル・セキュリティ・アーカイヴス(The National Security Archives)が八五年、ワシントンDCに発足した。ナショナル・セキュリティ・アーカイヴスは現在もワシントンDCのジョージ・ワシントン大学ゲルマン(Gelman)図書館におかれ、非政府文書館としては世界で最大量の機密解除文書を保有し、それらを利用者に公開し続けている。[1] また、八六年一〇月にはアメリカ下院エネルギー・商務委員会エネルギー保全および電力小委員会にて「アメリカの核モルモット――三〇年にわたるアメリカ市民に対する放射能実験」という報告がなされ、報告書は一八名にプルトニウムの実験を行ったことを確言した。[2]『アルバカーキ・トリビューン』(*Albuquerque Tribune*)のアイリーン・ウェルサム(Eileen Welsome)記者は翌年の八七年から、匿名《とくめい》であったその一八名のうちの一七名まで、一人一人の名前と経歴、そしてどのように人体実験の対象にされたのかを明らかにしていき、九三年以降そのレポートを『アルバカーキ・トリビューン』に連載した。同報道は九四年度ピューリッツァー賞を受賞し、一八名の存在が広く世界に知れ渡ることとなったのである。[3] それ以降、核実験に参加して被ばくした元兵士やその妻たちや、当時アメリカの信託統治領であったマーシャル諸島の住民として核実験で犠牲になった人たち、その他あらゆる場面での被ばく者たちによる情報公開請求は勢いを増した。[4]

一方、クリントン政権も放射能人体実験諮問委員会(Advisory Committee on Human Radiation Experiments: ACHRE)を設置し、同委員会は九五年に報告書をまとめた。[5] さらに九三年からは政府の側で人体実験に関する資料のデータベースをつくり始め、現在ウェブ・サイトで公開している。[6] 八六年に独立したマーシャル諸島共和国側に対して、アメリカ・エネルギー省は九四年、「偶発的被ばく者」の研究に関する史料を公開し始めた。[7] アメリカ政府は現在もなお、放射線による影響を軽視した守勢的な見解を保ち続けているとはいえ、核時代の始まりにおいては脇役であったアメリカ国民、あるいはその政府の核政策の被害者は、自らの立場を取り戻しつつあるといえよう。

本章では、これらの近年になって明らかになった事実に基づきつつ、アメリカの核戦略にとって、被ばく者の存在とはどのようなものであったのか、また、アメリカ国民の存在はいかなるものであったのかを考察したい。具体的な方法としては、広島・長崎における原爆投下結果情報、とりわけ人体への影響に関する情報が、政府によってどのように管理され国民に提供されたのかを明らかにし、その限定された情報のなかでの五〇年代の民間防衛(Civil Defense)計画における核兵器対策の展開に焦点を当てる。

1　残留放射能の否定

1

一九四五年九月四日、『朝日新聞大阪本社版』では被爆者の写真が大きく載った。[8] 翌五日、広島を取材したロンドンの『デイリー・エクスプレス』の特派員、ウィルフレッド・バーチェット(Wilfred Burchett)によって、被爆者は不可解な死を遂げていることが同紙に報道された。また『ニューヨーク・タイムズ』の二人のウィリアム・ローレンス記者のうちの一人、ウィリアム・H・ローレンス(William H. Laurence)も同日、原爆に起因する死者がいまだに日に一〇〇人以上の割合で出ている事実を報道した。九月六日、マンハッタン計画副責任者トーマス・ファーレル(Thomas Farrell)准将はこうした報道を危惧《きぐ》して「広島・長崎では、死ぬべきものは死んでしまい、九月上旬現在において、原爆放射能のため苦しんでいるものは皆無だ」という声明を発した。[9] ファーレル准将はこののち、広島・長崎を軍医とともに訪問し、九月八日と九日は広島で、一三日と一四日は長崎で調査を行っているが、先述の発言を覆すことはなかった。

現地調査直後の四五年九月二七日、ファーレルは次のような見解をマンハッタン計画責任者のレスリー・グローヴズ(Leslie R. Groves)少将宛てに送っている。「日本の公式筋と新聞は、放射能の残留効果に関して誤った発言をした。ある指導的な日本の科学者は、爆発のときに有毒ガス類が発せられたのではないかと思うと述べた。私はガスが放出されたという件については公式に否定しておいた。日本とアメリカで報道された話に、疎開を応援するため地域に入った人々が死傷したというのがある。真相は、爆発以前に発せられていた疎開命令を実行するために広島に入っていた疎開要員が爆弾の爆発に巻き込まれて多くの死傷者がでたということである」。さらに広島でも長崎でも放射能は検出されなかったと、残留放射能の影響について、ファーレルは繰り返し否定し、そのうえで、マンハッタン計画の医療部門の責任者であったスタッフォード・ウォーレン(Stafford Leak Warren)大佐の調査について次のように報告している。「ウォーレン大佐は、広島の死傷者の最大多数は、おそらく爆風、飛散物、および火によって生じたものと結論した」。「ウォーレン大佐によれば、遥かに高いところで爆発したことが、地上に多くの放射能が沈殿することを妨げ、同時に兵器としての爆風効果を増大させたと信じられた」[10]。

右の報告が事実といかに異なっていたかはいうまでもない。調査団員の一人が、のちに、「原子爆弾の放射能が残っていないよう証明するよう」ファーレル准将からいいつかっていたと述べているように、四五年九月の彼らの調査は、マンハッタン計画の副責任者として原爆投下の結果についての公表を行ったファーレル側と彼につき従った調査医師団がいかにも形式的な現地調査を行っただけであったのではないか。事実四四年には、原爆の爆発とともに火の玉が成層圏へと上昇し、その結果核分裂生成物は広い範囲にばらまかれ薄まってしまい、残留放射能の危険性はなくなるという考え方が生まれていた[11]。この理屈からいくと、広島・長崎に投下された原爆は、まさしく上空で爆発しているがゆえに、残留放射能はない、ということになっていた。ウォーレンをはじめとしてその他の調査に加わった軍医も、放射能を検出し、放射能で苦しむ人びとを目の前にしながら、「公式声明」を覆すことはなかったのである[12]。

翌四六年五月二四日、陸軍省防護建築委員会でグローヴズ少将は次のように発言した。

日本では防空壕にいた人々は全く安全であった。彼らは全くけがしなかった。ほとんどの「放射能」死傷者は放射能被害の射程内におり、何らかの理由で爆発によって傷つかなかった者である。彼らは爆発を見て防空壕か家の陰に飛び込んだため、爆発には影響されなかった。爆発は一瞬のことなので、もし彼らが射程内にいれば、彼らはけがするか亡くなる。

したがって、人々が放射能によって亡くなったり大けがをするのは偶然であった。比較的少数がそのようにして負傷したと思われる。おそらく約二〇万人の全死傷者のうち、多分五％がそうであったろう。それが何人であったかはわからない。探し出す術がないのである。

もちろん放射能の影響は、三つの理由から、合衆国で起こりうるよりも被害が拡大された。第一に、日本人は適度な量の食料が不足していたため身体的に衰弱していた。第二に、彼らは本当の医療を受けていなかったし、医療は全滅していたといえる。第三に、彼らは大惨事の際に組織的に対処する能力をもっていないのである[13]。

このようにグローヴズは、原子爆弾の爆発後、たまたま防空壕や家の陰に隠れたため爆発による被害こそなかったが、爆心地から非常に近かったために直接放射能を浴びた被害者を、放射能被爆者として説明した。そしてその人数が爆発による死傷者にまぎれてしまうほど少数であることを強調し、残留放射能による二次被爆者の存在を否定した。さらにこの証言からは、組織的に対処する能力があり、食料があり、医療が万全なアメリカなら大丈夫であったろうが、被害が広がったのは日本人の責任であるとするグローヴズの見解が読みとれる。原爆投下直後、日本政府は国民に対して「対策を立てれば恐ろしくはない」兵器として原爆（当時は「新型爆弾」という表現を使っていた）を説明していた。その対策とは、防空壕に入る、机の下に入る、衣服で身を包む、白布で遮蔽するなど、のちのアメリカにおける民間防衛計画での原爆対策を彷彿《ほうふつ》とさせるものではあるが、グローヴズの四六年五月の発言は、ファーレルを通して知った、日本政府の国民に対する説明を受け継いだものでもあった[14]。問題なのはこの証言がその場の一時しのぎのものではなく、以降一貫して堅持されることになる、アメリカ政府の原爆対策そのものになっていくことである。この点については第3節で考察したい。

2

残留放射能の否定の動きは資料の秘匿《ひとく》、非公開の動きをも呼び起こした。戦後初の核実験、クロスロード作戦の実施(四六年七月)[15]を控えた四六年六月の時点で、グローヴズは三つの報告書を、原爆に対する世論の関心がピークに達している間に出版するのが望ましいと語っていた。一つは『マンハッタン工兵管区報告書』(Manhattan Engineer District Report)、その他に『合衆国戦略爆撃調査団報告書』(U. S. Strategic Bombing Survey Report)と『英国日本調査団報告書』(Report by the British Mission to Japan)の二つである。

しかし、その一方、グローヴズは、「戦略爆撃調査団と英国の報告は原爆からのガンマ線の影響、とりわけ性機能への傷害について、強調をおきすぎている。……合衆国軍合同医療調査団による有効なデータの分析が完了するまで、放射能とその影響についての公式声明はだれも出せない」として、原爆症についての公式声明の発言を禁じていた[16]。原爆の威力を強調する情報を前もって国民に提供しようとしながら、原爆医療データは極秘のまま彼は実験を実行した。このことがクロスロード作戦をはじめとする核実験において新たな被ばく者を生み出すことにつながった。

翌四七年一月一日、ＡＥＣ(合衆国原子力委員会、Atomic Energy Commission)が前年の原子力法の成立を受けて発足した。原子力開発と核の管理はこれ以降形式としては軍主導ではなく、文官であるデイヴィッド・リリエンソール(David E. Lilienthal)を長とするＡＥＣに委譲され、一定の情報が公開されることになっていた。またトルーマン大統領は四六年一一月二六日、全米科学アカデミー・学術会議に対してＡＢＣＣ(原爆傷害調査委員会、Atomic Bomb Casualty Commission)の設置を命じた。同機関は四七年一月に発足し、日本における原爆の影響に関する研究を継続することとなった。したがって軍による調査から学術的な調査に移管するかのようにみえた。事実、四七年三月五日、マンハッタン工兵管区からＳＣＡＰ(連合軍最高司令官、Supreme Commander of Allied Powers in Japan)の公衆衛生福祉局宛て機密書簡は次のように述べている。「ＡＥＣと陸軍省広報担当局は、日本のＡＢＣＣについての活動と勧告を扱っているＡ・Ｍ・ブルース(A. M. Brues)博士とポール・ヘンショウ(Paul S. Henshaw)博士の報告書を、都築《つづき》正男を長とする文部省学術研究会議原子爆弾災害調査研究特別委員会による原爆研究の医学報告書を含めて、公表許可を出した」とし、それは国民の関心に応えるためであることを述べている。[17]

ところが四月になると、一旦決まった公開の方針が一転する。四七年四月一七日、ＡＥＣ本部から、ＡＥＣテネシー州オークリッジ支局員の医師であるハロルド・フィドラー(Harold Fidler)博士宛ての手紙によると、人間への医療実験について「人体実験に言及し世論に不利な影響のあるような、もしくは訴訟に帰結するような資料は、一切公表しないのが望ましい」とされ、一旦公表していた論文も再び「秘密」扱いされるべきであるとされている。不利な情報は公表しないという一貫した方針は、ＡＥＣにおいても引き継がれたのである。ちなみにこの四七年四月の書簡は九四年二月になってようやく機密解除されたものである。つまり資料面でＡＥＣの情報工作の断片が明らかにされるのは、ようやく九〇年代になってからのことであった。[18]

第二次大戦末からアーキヴィストとしてアメリカ国立公文書館に勤め、四七年に移管されたときから戦略爆撃調査団の資料を担当していたジョン・Ｅ・テイラー(John E. Taylor)の証言によると、戦略爆撃調査団の資料も同じような運命にあったことがわかる。四七年、戦略爆撃調査団の資料そのものが、アメリカ国立公文書館に移管され、公開に向けて準備された。ところがその夏、陸軍将校が二人派遣され、ひと夏かけて戦略爆撃調査団の資料を公開すべきか否かが検討された。アメリカ国立公文書館の軍事資料室には、彼らがそれぞれの資料について検討し、赤鉛筆で書き込みを入れた戦略爆撃調査団資料のインデックスが残っているが、当初はそのイントロダクションにおいて述べられているように、公開すべき資料と公開すべきでない資料とが検討される予定であった。ところが、四七年夏の検討の結果、時期尚早として全体の公開が延期された。[19]

四六年は、政府側が原爆医療情報を極秘扱いする一方で、広島の被爆者を取材したジョン・ハーシー(John Hersey)の『ヒロシマ』が同年八月三一日発行の週刊誌『ニューヨーカー』に登場し、その後全米一〇〇を超える新聞に再録され、「ヒロシマ」における被爆者へのアメリカ人の関心が広がった年であった。[20]

これに対して四七年という年は、政府側が国民側に提供する情報と、秘密にする情報との使い分けがより明確となる年であった。スティムソンのいわゆる「一〇〇万人神話」が登場するきっかけとなる論文が掲載されたのも『ハーパーズ・マガジン』の四七年二月号であり、[21]彼が「文化を守るため原爆目標から京都をはずした」という「逸話」をつくったのもこのときである。[22]また、劇映画『始めか終わりか』(*The Beginning Or The End*, 四六年、MGM製作)がアメリカ国内で公開されたのもその三月であった。この映画はマンハッタン計画を描いたもので、グローヴズを中心としたマンハッタン計画において、科学者が原爆製造に成功した「サクセス・ストーリー」であった。この映画でも、戦争終結が一年早まり、何十万人ものアメリカ兵の命が助かった、というセリフが繰り返し出てきた。同映画は、スティムソンの「一〇〇万人神話」の登場と相まって、ハーシーの『ヒロシマ』によって生じた道徳的ジレンマから国民を解放し、原爆に対する好印象を植えつけるのに一役かったとみることができる。[23]つまり四七年は、スティムソンの「一〇〇万人神話」やマンハッタン計画、さらには原爆の投下イメージが国民のポジティヴなイメージとして広く宣伝され、焼き付けられていった年であった。

ところが、四八年に、クロスロード作戦に放射能測定班として参加していた医師のデイヴィッド・ブラッドレー(David Bradley)が『もはや隠れる場所なし』(*No Place to Hide*)という著書を出版し、クロスロード作戦での体験を描いて残留放射能の恐ろしさを訴えた。[24]

カリフォルニア大学ロサンゼルス校の教授になったのちも、放射能医療研究の権威としてAECに影響力を持ち続けたスタッフォード・ウォーレンは、四八年末、ある大学の生命科学の教師に対して『医療用放射線写真術と写真』(*Me-*

dical Radiography and Photography, Eastman Kodak Company Rochester, N.Y., vol. 24, no. 2, 1948）という雑誌を送っている。この雑誌には後述の軍病理学研究所の保有していた、かなり生々しい被爆者のカラー写真が掲載されていた。しかし、ウォーレンはその雑誌の扉に次のように述べていた。「日本の二つの都市で起こったような、上空での原爆の爆発は、爆風によって破壊し、爆風やガンマ線・中性子線の放射によって殺傷する。危険な核分裂物質は亜成層圏にまで上昇し、そこに吹く風によって薄められ消散させられる。都市は危険な物質に汚染されるわけではなくすぐに再居住してもさしつかえない」。それに対してビキニの二回目の実験のように水中爆発した場合は汚染されるとしている[25]。つまり、ブラッドレーの放射能汚染の恐ろしさの訴えに対抗して、ウォーレンは、空中爆発した場合は問題ないが水中爆発した場合は汚染が深刻になる、というレトリックを提供したのである。

2　収集された医療情報の行方

塩月《しおつき》正雄医師は長崎原爆投下直後から、長崎市に近い大村海軍病院で医官として被爆者の治療にあたっていた。被爆者が不可解な症状をみせて死んでいくので「この症状の本体を追求」しないではいられなくなった彼は、遺体を病理解剖し、取り出した臓器などを保存した。ところが終戦とともに、当時の病院長は部下に命じて、被爆者の病理標本を裏山に廃棄させた。この措置に反対した塩月医師は一旦捨てられた病理標本を回収した。実際に破棄作業を行った部下は、病理標本を「ていねいに」捨てていたので、無事回収することができ、ホルマリン液のなかに漬けなおし、病院の外壁と内壁との間に隠した。一九四五年九月一四日、彼は除隊となったが、病理標本がまた破棄されることを恐れて、一部は持ち出すことにした。残りの大部分は整理をして棚にきちんと並べなおした。それは「私としては人間の良識に期待する道を選びたかった。標本が決して廃棄されたりすることなく、後日専門の学者によって研究されるであろうことを確信」したからであった。彼は、病理標本の一部をはるばる母校である東北大学(旧東北帝国大)に持ち帰り、無事保管することができた。七年後、彼は元大村海軍病院を再訪したが、病理標本はどこにも見つからず、その行方を知っている者もいなかった[26]。

以上が塩月正雄医師の体験であるが、この病理標本はどこへ消えてしまったのであろうか。

以下に引用するのは、四六年九月一二日、マンハッタン工兵管区のフレッド・B・ローズ(Fred B. Rhodes, Jr, Major, C. E.)少佐からシュラー(Shuler)大佐とジー(Gee)大佐宛ての書簡である。

一　ここに同封しているのは、デンマーク陸軍省のT・B・クリスチャンセン(T. B. Christiansen)博士が陸軍軍医評議員会出席のため当国への来訪計画を立てていることを示している、当部局によって受け取られた要請である。クリスチャンセンは当国にいる間、原爆の生物学的影響を研究することを希望している。

二　軍医総監局がかなりの生物学データを保有し、厳格に機密扱いにしていることはよく知られている。戦略爆撃調査団がそのうちの大部分を広島・長崎で獲得したため、マンハッタン工兵管区はそれらの情報に対していかなる管理も行わないというのが私の理解である。この問題についてのG2(参謀第二部)との議論において、われわれはいかなるマンハッタン工兵管区の機密情報をもこの人物に持たせるつもりはないと知らせた[27]。

この文書からは原子爆弾の生物学・医学情報が軍医総監局が独占的に厳重に管理していることは軍関係者ではよく知られた事実であることがわかる。また原爆の生物学的影響についての他国の調査や関心に対して、マンハッタン工兵管区の将校が情報を他国に漏れることがないよう取り計らっているさまが読みとれる。アメリカの、しかもかなり限られた範囲での原爆医療情報の独占体制の一端を、この書簡からみることができるのである。

広島・長崎で収集された医学情報は実はすべてアメリカ軍医総監局がその後管理し、ワシントンDCの中心部(7th Street and Independence Avenue, S.W., Washington D.C. アメリカ議会に近い位置)にある軍病理学研究所に保管していた。おそらくは塩月医師の収集した病理標本は、広島・長崎に赴き医療情報を収集したアメリカの調査団が持ち帰り、ＡＢＣＣなる機関をとおして、この軍病理学研究所に保管される道をたどったと推定しうる。

先述したように、かたちとしてはＡＢＣＣは全米科学アカデミー・学術会議の管轄となる。しかし、中川保雄『放射線被曝の歴史』はこの説明を「ＡＢＣＣが純粋に学術的な組織であると主張するために、都合のよい事実だけを述べたもので、あえていえば、歴史の改竄《かいざん》である」と批判し、ＡＢＣＣの設立にあたっては合衆国軍合同調査団を指揮した陸軍と海軍の両軍医総監が関与していたとしている。[28] 事実、一一月一八日付けの書簡において、ジェームズ・フォレスタル(James Forrestal)海軍長官は大統領に対して海軍医総監たちの意見を紹介し、全米科学アカデミー・学術会議に対して原爆の人体への影響に関する研究を継続する組織をつくることを命じるよう薦《すす》めていた。その直後である一一月二六日、トルーマン大統領は全米科学アカデミー・学術会議に対してＡＢＣＣの設置を命じた。フォレスタルの書簡の最後には「承認　ハリー・トルーマン　一九四六年一一月二六日」とサインが入っており、この日付けはいかに同書簡が大統領に対して決定的な効果をもったのかを物語っている。[29] その設立にあたっては軍医関係者が日本への調査に派遣され、設立後も全米科学アカデミー・学術会議、ＡＢＣＣ、ＡＥＣの生物学・医学部門、そして軍医総監局は密接な関係があり、文書を交わしかつ共有している。そしてＡＢＣＣから送られる病理標本などの原爆資料はすべて軍医総監局の管理する軍病理学研究所が保管し続けた。[30]

その後、軍病理学研究所は移転することが決まり、軍病理学研究所(Armed Forces Institute of Pathology: ＡＦＩＰ)として再編成して、ワシントンＤＣの北辺に位置するウォルター・リード陸軍病院の敷地に建つことになる。この場所は、メリーランド州ベセスダ(Bethesda)の海軍病院から約三マイルの距離にあり、原爆攻撃をどちらかが受けて破壊されても、いずれかは医学研究が続行できる仕組みになっていた。またホワイトハウスからは約五マイルの距離にあり、避難するのに適当な距離でもあった。この移転は五〇年に確定し、五四年に、原爆攻撃に耐えうる構造をもったワシントンＤＣではじめての核シェルター施設として、新たな軍病理学研究所が完成した[31]。この移転にともない、合同調査団やＡＢＣＣによって広島・長崎で収集された原爆医療情報もここに移った。六〇年代にその一部が、そして七三年に全面的に日本政府に返還されるまで、医学記録ホルダー八九九八件、ホルマリン固定臓器三七件、パラフィンブロック標本二七一件、顕微鏡スライド五六〇件、写真一二三二件は核シェルターのなかで厳重に保管されていた[32]。原爆が投下された場合、原爆医療情報そのものと研究者が、シェルターに守られる仕組みになっていた。

このように広島・長崎で得た原爆医療情報は、その保管場所が軍事施設であった事実が象徴しているように、学術的な目的よりも軍事目的に扱われていたのである。

3　民間防衛計画における原爆医療情報

一九四九年八月のソ連による原爆実験の成功によって、アメリカの原爆独占体制が崩れると、原爆攻撃を実際に受けたときの国家レベルの対策が問題として登場し、民間防衛の重要性が論じられていった。しかし、民間防衛は組織的にはまだ整備されてはおらず、四七年の国家安全保障法に基づいて発足した国家安全資源局(National Security Resources Board: ＮＳＲＢ)が当面それを引き受けることになった。その一方で原爆攻撃を受けた際の医療体制は早くから検討され、実際にセミナーが開催され、原爆対策医療体制の普及がはかられた。

五〇年四月、ハーヴァード大学のマーティン・コーガン(Martin Cogan)博士らがＡＥＣに、広島・長崎の生存者はすでに危篤状態を脱していると報告した。被爆者の赤血球細胞と白血球細胞の減少は健康に影響を与えるほどではなく、原爆による奇形児の「事実は見られない」として、原爆の影響に対する楽観的な見方を提供した[33]。同年、ＡＥＣ、国防総省、そしてロスアラモス科学研究所は、政府出版物として『原子兵器の効果』を出版し、民間防衛対策本として一ドル二五セントで販売した[34]。

同書の前書きによれば、『原子兵器の効果』は「原子戦争の防衛計画」のための基本的な資料として出版されたものであり、被爆者の写真は三組しか掲載されず、いずれも閃光被爆によって被害者となったもので、対策の立てようによっては避けられる被害として紹介されていた。また高空あるいはかなり高い空中で爆発するときは、残留放射能の危険は起こらないとして次のように述べられていた。「原子爆弾の爆発によって、放射性物質が体内に入る可能性は非常に少ないと考えられる。そのようなわけで、広島や長崎における高空での爆発の場合には、内部の放射能に由来する疾病や障害はまったく報告されていない[35]」。つまり空中爆発した日本の場合「残留放射能の危険が存在したという証拠はない」とする、スタッフォード・ウォーレンのレトリックはなお生きていた。さらに「ケロイド形成の度合いは火傷の治癒を面倒にした二次的な感染や、栄養不良によって明らかに影響されたが、しかしより重要なことは、人種的な特性として日本人に、ケロイド形成が起りやすいという周知の傾向である」と、ケロイドの原因を人種的特性に帰結した。そして、熱射や初期放射線は建物で遮ることができるとし、退避壕の重要性が強調されたのである[36]。

五〇年七月二〇日、AECは同書の出版に際して記者会見を行った。出版側として出席した陸軍特殊兵器計画医学部門長のG・M・マクドネル(G. M. McDonnel)少佐は、爆発後電離した放射能に対してどのように対処すればよいのかという質問に対して、「何もすることはないし何も問題はない」と答えた。記者の側が「あなたは放射能被害に対してなすすべがないといっているように聞こえるが」と追求すると、彼はそうではないとし、研究所では電離した放射能による通常の有害線量を防護するであろう多くの物質をあげることができるが、偶発的爆発の場合、放射能に身をさらす時間がどのくらいかを予報するのは難しいとしつつも、それは短い時間だと付け加えた[37]。

同書では残留放射能に対する防護や、放射能汚染の除去作業の方法について述べられているが、その場合、前例として紹介されたのは、水中爆発で汚染された四六年のビキニ環礁における実験例であり、広島・長崎の状況ではなかった。この時点でもアメリカ政府の広島・長崎に対する立場は、放射能によって「汚染されなかった」というかねてからのものであった。加えてこの書は原爆の実相を描くためではなく、あくまで原爆戦対策用に出版されていた。民間防衛における原爆対策とは、シェルターの設置、十分な医療とスタッフの配置、食料の準備、木造住宅を避けること、帽子や白い衣服の着用といった、放射能による被害をあまり意識していないものであった。民間防衛が始まったこの時点にいたっても、医療情報を政府・軍が一手に握った状態で、原爆対策情報を政府が国民に提供するという意味で、グローヴズの発言した時代と何も変わっていなかった。アメリカ政府・軍関係の医師は、豊富な医療資料を見ることができる状態にあったが、そのことは語られず、国民は知ることがなかったのである。

ソ連の原爆保有を契機として、上述のごとく民間防衛計画は始まったが、当面そのための専門の組織は不備であり、党派的政治も絡んで民主党は不十分な民間防衛計画を争点に取り上げ始めていた。四九年一〇月の時点からジョン・F・ケネディ(John F. Kennedy)上院議員が、民間防衛計画の遅れは合衆国を「アトミック・パール・ハーバー」にさらされやすくすると述べたことをきっかけに、上下両院原子力委員会の委員長であるブライアン・マクマホン(Brien McMahon)上院議員は民間防衛のための一連の公聴会を企画した。その背景には「中国の喪失」や朝鮮戦争などの国際状況があり、仮想敵国による攻撃に対処した民間防衛計画の策定が急務とされた。こうした状況のもとで五〇年末、民間防衛法が成立し、翌五一年一月一二日、トルーマン大統領は連邦民間防衛局(Federal Civil Defense Administration: FCDA)を発足させ、民間防衛への法律と組織がそれにより整備された。[38]

五〇年の民間防衛法では「議会の政策および目的は、攻撃からの合衆国の生命・財産の保護のために民間防衛計画を提供することである」とし、「攻撃」と「民間防衛」という言葉の定義を次のように行っている。

「攻撃」という言葉とは、破壊活動、もしくは爆弾や砲火、原子・放射能・化学・細菌・生物的手段、その他の兵器や手段の使用によって、一般人の財産や生命に実質的被害や傷害をもたらす、もしくはもたらすであろう、敵の行うすべての攻撃もしくは一連の攻撃をさす。

「民間防衛」という言葉は、以下のことを計画し、もしくは請け負うすべての活動また手段である。(1)合衆国への攻撃によって引き起こされた、もしくは引き起こされるであろう、民間人に対する影響を最小限にすること、(2)このような攻撃によってつくられるであろう、いかなる緊急事態にも即時に対応すること、また(3)すべてのこのような攻撃によって破壊され、損害を受けた公益事業体や設備の枢要部を緊急回復する、もしくは緊急修復すること[39]。

以上のようにFCDAは「敵からの攻撃」を想定して、それに対する被害を最小限にし、さらには復旧するための対策をとる機関として発足した。

実際のところFCDAは、核攻撃にあった場合にどのように振る舞えばよいのか、どのように行動したら生き残れるのかについて手ほどきする、国民の教育に力を入れた。というより、限られた資金しかなかったので、教育・宣伝が「民間防衛」のためのもっとも効率のよい方法であった[40]。FCDAは「ザ・シヴィル・ディフェンス・アラート」というニュースレターを発行し、民間防衛の知識の普及に努めた。初期の対策は「ダック・アンド・カバー」(Duck and Cover, かがんで身を隠せという意味)に代表されるような、原爆が落ちた際はすぐに物陰に隠れてしゃがむよう指導したものであった。FCDAは子供の教育用に「亀のバート」(Bert the Turtle)という愛らしいキャラクターを生み出した(図1参照)。ある日「亀のバート」がのんびり歩いていると、突然原爆攻撃が起こる。しかしバートはとっさに首を引っ込めて甲羅に隠れたので無事だったというストーリーの漫画やアニメーションがつくられ、学校教育などに使用されたのである[41]。それは、「空中爆発の際は残留放射能がない」という理屈のもとでは、爆風さえ避ければ生き残ることができるとされていたため、必要かつ十分な対策であった[42]。

さて、前記した「民間防衛」の定義の三番目では、攻撃を受けた場合に緊急復旧することが民間防衛の目的として定義されていたので、民間防衛の重要なテーマは、「いかに攻撃から効率的に防護するか」というものだけではなく、「いかに攻撃を受けたあと効率的に復旧するか」ということでもあった。このことに関して、広島・長崎の例がどのように活用されたのか。五一年一〇月二四日、国務省政策企画局長(Director of State Department Policy Planning Staff)ポール・ニッツェ(Paul Nitze)に送られた次の国務省政策企画局のカールトン・サヴェッジ(Carlton Savage)の書簡がその点について示唆的である[43]。

サヴェッジはこの書簡で、軍事戦略研究所であるランド・コーポレーション(Rand Corporation)のアーヴィン・ジャ

図1　新聞漫画　亀のバートが小学生向けに説く原爆対策
(*Civil Defense Alert*, vol., No.11, May 1952)

ニス(Irving L. Janis)の著作物『航空戦争と心理的ストレス』(*Air War and Emortional Stress*)を重要な資料として紹介した。戦略爆撃調査団の資料に基づいて、広島・長崎の人びとの反応を分析し、民間防衛への提言を行った同書は「爆心地からすぐ近くにいた多くの人びとは二重の心理的ショックを経験しているように見受けられる。第一は爆発の物理的衝撃からのものであり、第二は通りに出て、そこら中で人間の惨状を見た後である」と述べる。そのうえで「通常爆撃と原爆との大きな違いの一つは、原爆の爆発によって生じる強力な熱線が犠牲者を恐ろしく変わり果てた身体的外見にさせるということである。このことは救援労働者が一種の『無心状態』になることなしに仕事を行うことを困難にする」。第二次世界大戦における通常爆撃と比べて、原爆攻撃を受けた場合の最大の特徴は心理的ショックが大きいことであるというのである。しかし、「広島・長崎において、他の爆撃都市と比べて道徳的低下や敗北主義があったわけではない」として、ショックがあったとしても道徳的回復は早かったことを肯定的に描こうとする。その一方で、原爆攻撃が起こった場合、放射能汚染のため住民が長期にわたって帰還できないと、無気力感が増しかつ道徳的低下が起こり、回復が遅れる危険があると危惧する。つまりはそれゆえに民間防衛のシステムが重要だというのである。言い換えれば本書は、放射能汚染に躊躇《ちゅうちょ》することなく、また原爆の被害状況にショックを受けることなく、迅速《じんそく》に救助活動が行われることを民間防衛に期待していたのである。

サヴェッジは同書を評して次のように述べている。「この本が指摘しているもっとも衝撃的な点は、民間防衛の不足を改善しないかぎり、われわれの攻撃に対する防護の弱さは、ソ連が原爆戦を仕掛けてきた場合に報復するという事態を除いては、われわれ側が原爆戦闘能力を行使することを思いとどまらせるという、NSC一一四/二の初期の草稿にある声明を裏付けているところである」。このように彼は、実際にアメリカが先制攻撃しても犠牲を少なくするための民間防衛の必要性を強調している。[44] つまり、「原爆戦闘能力」の行使のために、民間防衛が重要なのであった。

日本占領が終わりに近づいた五一年一二月一〇日、ABCCによる原爆症の調査結果が第一次中間報告として初めて公表された。発表要旨では「放射能が白血病発生原因をなすことも認められる」とし、「現在までの記録でいえることは被爆当時の影響は永久的で、母体一代を通じ感度の差異はあっても出生児全部に影響を持つということがいえる」とするなど、被爆による白血病と遺伝への影響を認めていた[45]。日本の占領終了を目前にして行われたこの発表は、放射線の影響の深刻さを公表したものとして、従来のアメリカ政府の見解を覆す、重要な公表といえる。

日本占領終了後、原爆被害を特集した『アサヒグラフ』(五二年八月六日号)の発行をはじめとして、被爆者の写真集などが相ついで出版され、原爆投下後の情報が、もはやアメリカの完全なコントロール下ではなくなった。日本人全体が投下後は何が起こったのか、具体的な情報を得つつあった。その一方で、アメリカ国内での民間防衛は、残留放射能の危険性を政府が否定し続けていたがゆえに、何ら変化することはなかった。国民意識の側に変化が生じるのは、五四年三月一日のビキニ環礁の水爆実験以降のことである。

4　放射性降下物の危険性

一九五四年においては「原子力の平和利用」としての原子力発電の普及を意図して、技術的な資料については機密解除が進んだが、人体への影響など安全に関する文書に対する機密扱いは続いた[46]。

しかしその年三月一日、ビキニ環礁における水爆実験は第五福竜丸の被ばくという、日本人の国民意識を刺激する事態を誘発した。被ばくマグロの存在、放射能をおびたコメへの危機意識、さらには第五福竜丸の久保山愛吉無線長が同年九月に亡くなったことが、日本の世論の怒りを誘発した。このときは戦争中でも占領下でもなく、アメリカ政府に対して水爆実験の責任を追求できる時代となったのである。水爆実験による放射性降下物(Fallout)によって被ばくした第五福竜丸の船員の存在自体が、水爆実験の危険性を証明し、その危険性をアピールすることになった。この実験によって生じた放射能雲が、アメリカ大陸に偏西風にのって到着をするのを恐れたアメリカ市民も、反核運動に着手し始めた。

五五年二月一五日、AECのルイス・ストローズ(Lewis Strauss)委員長はビキニの核実験に関して公式声明を発した。この実験によって被ばくしたものは「防御手段」は何もとっておらず「起こりうる最悪状態」であったと、あたかも第五福竜丸の船員やロンゲラップ島(マーシャル諸島)の住民の生活習慣に原因があるかのような言い回しであった。放射性降下物については「もしも放射性降下物が皮膚や髪または服に接触した場合、FCDAが概説してきたような迅速な汚染除去の予防措置が、危険を大いに減らすであろう。身体が剝き出しになっている部分を洗ったり服を着替えるといった簡単な方法も含む」と、民間防衛訓練通りのことを行えばあまり問題にならないことを告げていた[47]。

AECの公式声明では、放射性物質の降下地域では通常の骨組みの家の一階だと、屋外の半分のレベルであり、また煉瓦や石の家だとさらに防護の程度が高いとしている。そして普通の家の地下室のシェルターに入れば、放射能のレベルは屋外の一〇分の一である。さらに三フィートの厚さで地中に潜った伝統的なサイクロン(旋風)退避用地下室なら約五〇〇〇分の一の放射能レベルに減らすことができる。公式声明はかく説明することで、ひどい攻撃を受けた地域でも完全に放射性降下物から身を守ることができると説明していたのである[48]。

同年の五月五日に行われたネヴァダにおける核実験は、民間防衛のための実験でもあり、キュー作戦(Operation Cue)と呼ばれた。『アメリカン・ホーム』(*The American Home*)という雑誌はその年の八月号にこの実験の写真を使用した。核爆発によってごく普通のアメリカ人の家が破壊されていく様子をさして、「あなたは生き残れますか？」と質問、「イエス！」という答えとともに核シェルターの写真が掲載され、その下に核実験に参加した人物の次のような証言を掲げていた。「ページの一番上は、爆風に燃やされ、衝撃波を受け、そしてついには、その現場の瓦礫の山になる二階建ての煉瓦の家です。しかし、翌朝廃墟を通ったとき、私は地下の端にこのシェルターを見つけました。救助隊員は数日間

図２　1955年５月のネヴァダの核実験キュー作戦で，実験後倒壊した家屋で作業する実験参加者（米国国立公文書館所蔵）

あなたのところに到着しないかもしれませんが、シェルターは最低限の生存以上のための備えとなるでしょう。すべての家庭用シェルターは爆風に耐える試験済みです[49]」。

「アメリカ的生活様式」の多くは五〇年代に定着したものであった。郊外に地下室付きの一戸建ての家と車を保有し、郊外型ショッピング・センターに車で一週間分の食料をまとめ買いに行き、主に缶詰といった保存食をたくさん購入して、食生活も保存食に依存する。ソ連のような「大きな政府」によって保護を受けるよりも、自助の精神を大切にし、また地域コミュニティへのボランティア活動を志向する。よく整備された無料の高速道路を使って少々遠距離でも車を使って通勤する、といったものであった。高速道路網を整備する法律ができるのは五七年であるが、それ以外の「アメリカ的生活様式」は、先ほどの五五年のキュー作戦で核実験の俎上《そじょう》に載せられた。

この実験には大勢の民間人が参加し、本物の核爆発を見学したあと、救助活動の訓練を行った。救助隊が爆発後に崩壊した家に出動し、屋内にいたマネキンを救助し、担架に乗せているのであるが、彼らは作業着・ヘルメット・手袋こそ身に付けているが、いわゆる防護服は着用していないようにみえる（図２

参照)。一般の災害救助と何ら服装に違いはないが、服の背中にはＦＣＤＡとロゴだけは入っている。つまり、この実験でも残留放射能を無視した訓練が行われたのである。また、野外訓練も行われ、野外参加者は、爆心地から二マイルの地点の塹壕《ざんごう》にうずくまって核実験を待機し、実験中は爆風を逃れた。さまざまな材質やあらゆる色の布を使った服を着たマネキンと、それを張った板が、爆心に向かって一列に並べられ、どの服装が被害が大きいのかも実験された。食料貯蔵庫に収められた缶詰や瓶詰の食料も実験に供された。実験前の写真ではそれらは整然と棚に収まっているが、実験後の写真では大部分が床に転げ落ちている。ただし、瓶詰の食品も割れておらず、缶詰も破損がなさそうなので、この写真を見るかぎりにおいては、食料自体形態上問題はない(もちろん放射能を無視すればの話であるが)。実験後シェルターのなかにいたマネキンは被害に遭わなかったが、窓のそばでくつろぐマネキンは悲惨だった。つまりこれにはシェルターに避難すれば、アメリカ的生活は生き残れるというメッセージが込められていた。そして会場では「生き残りはあなたの仕事」というパネルがあり、核シェルターのミニチュアが展示された[50]。この市民参加型核実験の映像は、すでにこの時代、「典型的アメリカ人の家庭」に普及していたテレビで公開された[51]。

ＡＥＣは放射能の影響を公式には過小評価する一方、極秘に貴重な被ばくデータをとっていた。五四年三月一日のビキニ環礁の水爆実験では、二八人のアメリカ人と二三九人のマーシャル諸島の住人が放射性降下物にさらされたが、彼らは「プロジェクト四・一　著しい放射性降下物に偶発的にさらされた人間の反応に関する研究」と称する研究の対象となった。これは五四年一〇月に最終報告書として提出されるが、長期的影響を調査する必要から、研究は続行されることになった。研究には第五福竜丸の乗組員のデータも含まれていた[52]。

さらに五七年、政府は、食物の放射能レベルが合衆国市民にとっての許容量を超えていたにもかかわらず、ロンゲラップ島の住民をその故郷に戻した。理由は、ＡＥＣの科学者にとって、放射能に汚染された環境の人間への影響についてデータをとる貴重な機会だったからである。五六年、ＡＥＣの生物学・医学諮問委員会で、その住民帰還に賛成したある官僚が、ロンゲラップ島を「世界でもっとも汚染されている」とし、次のように発言した。「これらの人びとは、西洋人のような、つまり文明化された人びとがするような生活をしていないというのが事実である一方で、ネズミよりはわれわれに近いというのも事実である」。つまり、動物実験で得られたデータよりは貴重なデータが得られるであろうというのであった。[53]しかし、こうして収集された被ばく者情報も、民間防衛計画に反映されることはなく、政府は国民に対して楽観的な核戦争対策を説き続けたのである。

五七年四月四日第三一八回国家安全保障会議では、民間防衛のための連邦シェルター計画について論議されたが、年間三二〇億ドルもの予算を注ぎ込むことに対する批判の声が強かった。ダレス(John Foster Dulles)国務長官は、アメリカ大陸への核攻撃に対して現実的に効果的(受動的)防御はないと国民に正直に告げたほうがよいとし、「この現実はアメリカ人によって理解されるであろう」と、大規模な核シェルター計画に反対した。またアイゼンハワー大統領も「過去五年間述べてきたように、今日の戦争はもはや伝統的な意味での戦争ではなく、むしろ死と生存との間の競争の段階にきている」と述べている。[54]

一方国民の側でも、この時期には放射能の人体に対する恐るべき影響を認識した反核運動が高まりだし、政府の推進してきた民間防衛計画は気休めであることが語られ始めていた。五七年、SANE(National Committee for Sane Nuclear Policy, 正気の核政策を求める全米委員会)の組織を機に新しい段階に入ろうとしていた。[55]

このように五〇年代後半、とくに五七年に入ると、核兵器の脅威を認識する点では政府も国民も共通していた。放射能の危険性が国民に認識されるまでの五〇年代初めの民間防衛計画は、新たな被ばく者を生み出すというずさんな安全基準で行われた一方、「安全」の幻想を国民に抱かせるのにはそれなりに成功していた。しかし、やがて全面核戦争が起これればそれは気休めにすぎないことが明らかになったとき、政府は「核シェルター」ではなく、「核の傘」に巨額の投資をすることで「安全」の確保を試みることになるのである。

おわりに

本章では、一般の国民に認識させようとした原爆医療情報と、実質的に政府・軍が保有していた原爆医療情報との格差が、いかに大きなものであったかを今日明らかになりつつある資料をとおして確認しようとしてきた。アメリカ政府にとって公にされるべき原爆医療情報は民間防衛計画のなかに組み込まれていき、他方で秘密にされるべき原爆医療情報は軍病理学研究所で保管され続け、さらにはＡＢＣＣから到着する新たな被爆者情報も機密のまま保管されていった。人体実験を使った情報や「偶発的被ばく者」調査情報は、民間防衛や被ばく者の救護のために十分使われることなく、軍事的情報として収集され続けた。一方の情報は、国民を安心させることで核保有への懐疑心を融和させ、他方の情報は、実戦においてアメリカ軍が核兵器投下後、どのような動きがとれるかを検討するために活用され、またより効果的に敵を殺戮《さつりく》させるための兵器である放射能兵器の可能性を探るために利用されたのである。

広島・長崎のデータは一見、原爆に対してどのように防護すればよいのかについて国民を指導するために活用されたようにみえる。しかし同時に国民に核兵器に対して恐怖心を抱かせず、パニックを誘発しないためにはどうした対策をとればよいかを考えるための例として活用された。政府が国民に提供した原爆イメージとは、日本人に被害が多かったのは、その医療・食料・住居に問題があったのであり、対策をとれば恐ろしい兵器ではないというものであった。郊外に地下室付きの家を保有し、缶詰を大量に保管し、いざとなれば大型自家用車で遠方まで逃げることのできる五〇年代の豊かなアメリカ人のライフ・スタイルは、原爆投下時点での日本人の生活スタイルと対極をなしており、被害を縮小できるはずであった。

核兵器を効果的な大量破壊兵器であると捉える一方で、防護可能な兵器であるとみる、この矛盾する両刀の使い分けは、実のところ最大の被爆者情報源である日本がアメリカの占領下にあったことによって成り立った。また放射能の影響に関する研究や情報を、政府・軍が独占することによって可能となった。バーチェット報告が原爆後遺症について報道すれば、「後遺症で苦しんでいる者は皆無だ」と公式表明を出し、ハーシーの『ヒロシマ』がベストセラーになれば、クロスロード作戦やスティムソンの原爆神話などで、原爆の威力の宣伝と原爆投下の正当化を積極的に行った。さらにデイヴィッド・ブラッドレーの著書がベストセラーになれば、「空中爆発すれば残留放射能の危険性はない」というレトリックを活用したのは、第1節でみてきたとおりである。こうしたアメリカ政府のプロパガンダが可能であったのは、第2節でみてきたように、情報源が政府・軍によって押さえられていたからに他ならなかった。

ハーヴァード大学の病理学者で、AEC発足後、生物学・医学部門の主任となったシールズ・ウォーレン(Shields Warren)は五〇年四月一〇日、下院歳出委員会の五〇年度AEC予算に関する非公開討議で、次のように証言していた。

原子力委員会は日本の原子爆弾被害者の研究費に一一八〇万ドルを費やしている。原子力の被害を受けた生存者は広島と長崎にしかいないわけだが、われわれはこれらの人々の病状の経過と原子病の種類を研究し、その治療法を発見することに非常な責任を感じており、終戦直後からこれら原子病患者に多大の援助を与えている。[56]

しかし実際のところこの莫大な資金は、シールズ・ウォーレンの指揮のもとで、被爆者への治療ではなく、放射能人体実験や放射能兵器の開発など、アメリカの核戦略に役立つ使い道に注がれたのが実態である。[57] 被ばく者の存在は、効率的に国民を納得させるレトリックを提供する材料として、さらには貴重なデータをとる対象として、利用する存在として位置づけられていた。そして、民間防衛に参加するアメリカ国民もまた、迅速な国家の再建のために、残留放射能の存在を気にせずに活動することが期待される存在であった。ここに市民的自由の危機的状況、すなわち国家による一方的な情報操作のもとに、広島・長崎以降も被ばく者を継続的に生み出す体制が成立していたとみることができる。[58] 核時代、国家と国民とはこのような関係で始まったが、今後この関係が変わるか変わらないかは、国民がどれほど強力に情報公開を求め、政府がそれにどのように応えていくかにかかっている。

註

1 The National Security Archives についてはウェブ・サイトを参考にされたい。The National Security Archives: The George Washington University, March 18, 2003 〈http://www.gwu.edu/~nsarchiv〉.

2 同報告書の原題は A Staff Report for the Subcommittee on energy conservation and power of the committee on energy and commerce U. S. House of Representatives "American Nuclear Pigs: Three Decades of Radiation Experiments on U. S. Citizens," Oct. 1986. 同報告書は、木本忠昭「マンハッタン計画における原爆技術体系と軍事技術的性格——放射能人体実験をめぐって」『社会文化研究』第一四巻(一九八七年)で分析されている。

3 アルバカーキ・トリビューン編、広瀬隆訳『マンハッタン計画 プルトニウム人体実験』(小学館、一九九四年)。

4 一般的に、広島・長崎の被ばく者は「被爆者」と表現され、原子力産業に従事して、あるいは人体実験で放射線を照射されて被ばくした人々は「被曝者」と表現される。しかし核実験による被ばく者は、実際には「被爆者」、「被曝者」、「被ばく者」とさまざまに表現されている。本章では、「被ばく」という言葉は「爆」と「曝」のどちらの漢字の可能性も含むことから、広島・長崎における被爆者以外は基本的に「被ばく者」と表現する。

5 Advisory Committee on Human Radiation Experiments, *The Final Report of the Advisory Committee on Human Radiation Experiments*(Washington, D. C.: USGPO, 1995).

6 HREX: Human Radiation Experiments Information Management System, March 18, 2003 〈http://hrex.dis.anl.gov〉.

7 『朝日新聞』一九九八年一月五日、六日、七日、一四日。

8 『朝日新聞大阪本社版』一九四五年九月四日。なお東京本社版には被爆者の写真は載っていない。

9 椎名麻紗枝『原爆犯罪——被爆者はなぜ放置されたか』(大月書店、一九八五年)六二～六八頁。

10 「L・R・グローブス少将に宛てた——T・F・ファーレル准将の——覚え書き、一九四五年九月二七日」奥住喜重・工藤洋三訳『米軍資料 原爆投下の経緯——ウェンドーヴァーから広島・長崎まで』(東方出版、一九九六年)一四二～一五二頁。本書ではこの書簡の全訳が掲載されている。

11 山崎正勝・日野川静枝編『原爆はこうして開発された〔増補〕』(青木書店、一九九七年)一四五～一五六頁。

12 中国新聞社編『ドキュメント核と人間——実験台にされた〝いのち〟』(中国新聞社、一九九五年)一三四～一三六頁。アイリーン・ウェルサム、渡辺正訳『プルトニウムファイル』上巻(翔泳社、二〇〇〇年)一一八～一二〇頁。

13 Talk by General Groves Before War Department Protective Construction Board, May 19, 1946, File: Miscellaneous

Correspondence Pertaining to Various Reports, Records of the Office of the Chief of Engineers, Records of the Office of the Commanding General, Manhattan Project, General Administrative Files, Box 90, Record Group 77, National Archives at College Park, College Park, MD..

14　From L. R. Groves to the Secretary of War, June 19, 1946, File: Miscellaneous Correspondence Pertaining to Various Reports, Records of the Office of the Chief of Engineers, Records of the Office of the Commanding General, Manhattan Project, General Administrative Files, Box 90, Record Group 77, National Archives at College Park, College Park, MD; 拙稿「占領期の原爆広報――『朝日新聞大阪版』を中心に」『ＧＨＱと広報――占領期の広報研究会報告書』(日本広報学会・占領期の広報研究会、二〇〇〇年)。

15　紀平英作『歴史としての核時代』(山川出版社、一九九八年)七四〜七八頁。

16　From L. R. Groves to the Secretary of War, June 19, 1946, File: Miscellaneous Correspondence Pertaining to Various Reports, Records of the Office of the Chief of Engineers, Records of the Office of the Commanding General, Manhattan Project, General Administrative Files, Box 90, Record Group 77, National Archives at College Park, College Park, MD..

17　From MEDDH to CINCFE, Tokyo Japan, attention Public Health and Welfare Section SCAP, March 5, 1947, File: Miscellaneous Correspondence Pertaining to Various Reports, Records of the Office of the Chief of Engineers, Records of the Office of the Commanding General, Manhattan Project, General Administrative Files, Box90, Record Group77, National Archives at College Park, College Park, MD..

18　Arjun Makhijani and Stephen I. Schwartz, "Victims of the Bomb," in Stephan I. Schwartz, ed., *Atomic Audit: The Costs and Consequences of U.S. Nuclear Weapons since 1940* (Washington, D. C.: Brookings Institution Press, 1998), p.432.

19　John E. Taylor, conversation with author, College Park, MD, Nov. 2. 2000; The United States Strategic Bombing Survey, *Index to Records of the United States Strategic Bombing Survey, June 1947*, Held by Military Record Room of National Archives at College Park, College Park, MD.. 一九七三年一一月一五日、『毎日新聞』は次のように報道した。「アメリカが多数の被爆資料保存　広島市、返還要求へ　広島、長崎が被爆した当時の学術調査団の報告書やメモがアメリカワシントンの国立公文書館に多数保存されていることが『東京空襲を記録する会』(東京都新宿区)の松浦総三事務局長」の調べでわかった。『毎日新聞』一九七三年一一月一五日。その後、広島・長崎から代表団が派遣され、二年間かけて戦略爆撃調査団資料の収集にあたった。この調査収集にあたっては、先述のジョン・テイラーが補助した。七六年一一月一三日には調査収集の終了を記念して広島市長と長崎市長が来館し、セレモニーが行われた。Media Advisory of National Archives at Washington D.C. Building, Nov. 23, 1976.

20　Hersey, John, *Hiroshima: A New edition with Final Chapter Written Forty Years After the Explosion* (New York: Random House, 1989)；水田八九二郎『原爆文献を読む――原爆関係書二一七六冊』(中公文庫、一九九七年)四二〜四五頁。

21 「一〇〇万人神話」の研究史および分析は、山田康博「ナンバーズ・ゲーム、日本本土上陸作戦はどのくらいの死傷者をだすと推定されたのか——原爆投下をめぐる最近の研究動向」(『アジア太平洋研究学論叢』第九号、一九九九年)に詳しい。

22 吉田守男『京都に原爆を投下せよ——ウォーナー伝説の真実』(角川書店、一九九五年)一五四～一六五頁。

23 谷川建司「ハリウッド映画から日米関係が見えてくる」(『外交フォーラム』二〇〇一年四月、一五三号)六六～六九頁。ウォルター・リップマンの指摘を受けた国務省とMGMとのこの映画の公開をめぐっての確執は、谷川建司「アメリカ合衆国による占領期対日映画政策の形成と遂行」(一橋大学大学院社会学研究科二〇〇〇年度提出博士論文)に詳しい。

24 Bradley, David, *No Place to Hide 1946/1984* (Hanover and London: University Press of New England, 1983) (Originally Published: 1948); Boyer, Paul, *By the Bomb's Early Light: American Thought and Culture at the Down of the Atomic Age* (Chapel Hill and London: The University of North Carolina Press, 1985), 91-92; Boyer, Paul, *Fallout: A Historian's Reflects on America's Half-Century Encounter with Nuclear Weapons* (Columbus: Ohio State University Press, 1998), pp.66-67.

25 School of Medicine-Administrative Files of Stafford Warren, Series 300, Atomic Bomb and Atomic Energy, 1945-1952, UCLA University Archives, Los Angels, CA..

26 塩月正雄『初仕事は〝安楽死〟だった』(光文社、一九七八年)七〇～一一八頁。

27 File: Miscellaneous Correspondence Pertaining to Various Reports, Records of the Office of the Chief of Engineers, Records of the Office of the Commanding General, Manhattan Project, General Administrative Files, Box 90, Record Group 77, National Archives at College Park, College Park, MD..

28 中川保雄『放射線被曝の歴史』(技術と人間、一九九一年)四五～四七頁。

29 From James Forrestal to The President, Nov. 18, 1946, AFIP Files: 1 Correspondence of AFIP: Concerning A-Bomb Materials, Dated 1940s and 1950s, Atomic Bomb Material, Box 20, Otis Historical Archives, National Museum of Health and Medicine, Armed Forces Institute of Pathology, Washington D.C..

30 中川、四五～五〇頁。

31 File: AFIP Building Bomb Proofing, Otis Historical Archives, National Museum of Health and Medicine, Armed Forces Institute of Pathology, Washington D.C..

32 広島大学原爆放射能医学研究所『原爆被災学術資料に関する報告——ＡＦＩＰからの返還資料について　第一次報告』(一九七三年)五～一〇頁。

33 『朝日新聞大阪本社版』一九五〇年四月一二日。

34 U.S. Department of Defense, U.S. Atomic Energy Commission and Los Alamos Scientific Laboratory, *The Effects of Atomic Weapons* (Washington D.C.: USGPO, 1950).

35 アメリカ合衆国原子力委員会・国防省・ロスアラモス科学研究所『原子兵器の効果』(科学新興社、一九五一年)四二〇頁。
36 同書、三九六頁。
37 U. S. Atomic Energy Commission, Press Conference on "The Effects of Atomic Weapons," July 20, 1950 in Paper of Eben A. Ayers, Harry S. Truman Library, Independence, MO., pp. 30-31.
38 Laura McEnaney, *Civil Defense Begins at Home: Militarization Meets Everyday Life in the Fifties* (Princeton: Princeton University Press, 2000), pp. 14-15.
39 United States Statutes At Large, 1950-1951, Volume 64 in three parts, Part 1 Public Laws and Reorganization Plans (Washington D.C.: USGPO, 1952), pp. 1245-1255.
40 アラン・M・ウィンクラー、麻田貞雄監訳 岡田良之助訳『アメリカ人の核意識――ヒロシマからスミソニアンまで』(ミネルヴァ書房、一九九九年)一四九頁。
41 *The Civil Defense ALERT*(June 1952).
42 *Ibid.*, pp. 143-153; G. Blair, John E. Pike, and Stephen I. Schwartz "Targeting and Controlling the Bomb," in Schwartz, *op. cit.*, pp. 308-313.
43 Memorandum from Mr. Savage to Mr. Nitze, Department of State, 10/24/51, Formerly classified as Top Secret, in *U.S. Nuclear History: Nuclear Arms and Politics in the Missile Age, 1955-1968* (The National Security Archives, William Burr, project director; Alexandria, VA : Chadwyck-Healey, Inc., 1997) microfiche, Fiche No.44.
44 Ibid..
45 『朝日新聞大阪本社版』一九五一年一二月一〇日。
46 Schwartz, *op. cit.*, pp.452-453.
47 Statement by Lewis L. Strauss, Chairman, United States Atomic Energy Commission, February 15, 1955: Press Releases Issued By AEC Headquarters, 1947-1975, File No.598; Records of Atomic Energy Commission, Record Group 326; National Archives at College Park, College Park, MD..
48 A Report by The United States Atomic Energy Commission on the effects of High-Yield Nuclear Explosion, February 15, 1955: Press Releases Issued By AEC Headquarters, 1947-1975, File No. 597, Records of Atomic Energy Commission, Record Group 326, National Archives at College Park, College Park, MD..
49 "Can You Survive This ? Yes !," *The American Home* (August 1955), pp. 8, 116.
50 Operation Tea Pot Work Files, Technical Reports, and Related Records, 1955, Box1-3, Records of Office of Emergency Preparedness, Record Group 396, National Archives at College Park, College Park, MD..

51 McEnaney, *op. cit.*, pp. 54-55.

52 Operation Castle-Final Report Project 4.1., "Study of Response of Human Beings Accidentally Exposed to Significant Fallout Radiation," Naval Radiological Defense Laboratory and Naval Medical Research Institute; Cohn, S. H. and others, Report to the Scientific Director, "Project 4.1-Addendum Report : Nature and Extent of Human Beings, Plants, and Animals Exposed to Fallout," Naval Radiological Defense Laboratory and Naval Medical Research Institute.

53 U. S. Atomic Energy Commission, Minutes of the Advisory Committee on Biology and Medicine meeting on January 13-14, 1956, Record Group 326, Division of Biology and Medicine, Box 3218, Folder : ACBM meeting, formerly Secret, p.232, Department of Energy Archives, in Arjun Makhijani and Stephen I. Schwartz, "Victims of the Bomb," in Schwartz, *op. cit.*, p. 417. このAECの生物学・医学部門の資料は一九九〇年代になってやっと公開され、アメリカ国立公文書館でも現在利用可能である。しかしこの部門の資料のなかでいまだに機密を解除されていない文書はたくさんあり、第五福竜丸に関する多くの資料もそうした扱いを受けている。筆者は情報公開法を使ってその資料の公開へのリクエストを一九九九年一一月に提出しているが、二〇〇三年一月現在で回答はまだない。

54 Memorandum, Subject: Discussion at the 318th Meeting of the National Security Council, Thursday, April 4, 1957, formerly classified as Top Secret, Declassified 8 / 27 / 96, Ann Whitman file, Eisenhower Papers, 1953-1961, Dwight D. Eisenhower Library, in The Declassified Documents Catalog: 1997, Microfiche No. 1649 (Woodbridge, Connecticut ; A Research Publications title of Primary Source Media, 1997).

55 SANEについては、Katz, Milton S., *Ban the Bomb: A History of SANE, the Committee for a Sane Nuclear Policy* (New York; Greenwood Press, 1986)を参照。

56 『朝日新聞大阪本社版』一九四九年四月一二日。

57 アイリーン・ウェルサム、渡辺正訳『プルトニウムファイル』上巻(翔泳社、二〇〇〇年)二三二〜二四六頁。

58 このような核時代における「市民的自由」の危機的状況は、総力戦時代の危機的状況として、第一次大戦下、両大戦間期、そして第二次大戦下における状況と、本質的には連続していると見たい。今津晃編著『第一次大戦下のアメリカ――市民的自由の危機』(柳原書店、一九八一年)、今津晃・横山良・紀平英作編『市民的自由の探求――両大戦間のアメリカ』(世界思想社、一九八五年)、上杉忍『第二次大戦下の「アメリカ民主主義」――総力戦の中の自由』(講談社、二〇〇〇年)を参照。

第III部 市民権改革の光と翳

第四章

市民権改革の始動

冷戦と人種問題

中野耕太郎

はじめに

第二次大戦後のトルーマン、アイゼンハワー両政権期における市民権改革の特色の一つは、それがほぼ一貫して連邦行政部の主導で行われた点であろう。トルーマン大統領は、一九四六年一二月の時点で、直属の諮問機関、「大統領市民権委員会」(President's Committee on Civil Rights)を発足させ、人種差別の実態調査と市民権政策の立案に着手している。四七年一〇月に公表された同委員会報告、『これらの権利を保障するために』(*To Secure These Rights*)は、「各州がこれまで、独力で人種差別を廃絶できなかったという事実そのものが連邦による市民権擁護の必要を明確にしている」と、人種問題に対する「連邦政府の責任」を宣言し、人種隔離制度撤廃や黒人の投票権保護などを勧告した。[1] この立場は、もっとも野蛮な人種的慣行たる「リンチ」の根絶をめざす連邦法案にすら、南部諸州の「主権」に配慮して明確な支持を与えられなかったフランクリン・ローズヴェルト政権までのアプローチと一線を画する。実際に、トルーマン政権は、南部民主党が上院の主要委員会を牛耳《ぎゅうじ》り、市民権立法の可能性が乏しい当時の状況下にあって、行政命令のかたちで、連邦軍の人種統合や連邦職員雇用における差別撤廃を推進したほか、係争中の市民権関連訴訟にもなかば当事者として関与していく。司法省は、四八年以降、居住区、州際鉄道、公教育などの人種隔離をめぐる連邦最高裁判所の審理過程に市民権擁護を求めるブリーフ(趣意書、amicus curiae brief)を提出するのを通例とし、多くの判決に直接間接の影響を与えたのである。政府の行政的イニシャティヴが市民権改革の原動力であることは、その後、連邦権力の拡大に消極的だとみられたアイゼンハワー共和党に政権が移っても基本的に変わらなかった。アイゼンハワー自身は幾分アナクロな「州の自治」論に拘泥する面をもったが、彼の政府が五七年市民権法の制定や同法に基づく市民権委員会の活動に果たした役割は小さくない。

興味深いのは、上記の市民権改革が歴史的にみるときマッカーシズムと呼ばれる、市民的自由に対する激しい抑圧の動きと同時に進行していた点である。国務省によるW・E・B・デュボイス(W. E. B. DuBois)らのパスポート剝奪にみられるように、市民権活動家が「赤狩り」の標的にされた事例は少なくない。トルーマンは、四七年六月、現職大統領として初めて全米有色人地位向上協会(National Association for the Advancement of Colored People: NAACP)の年次大会に出席し、次のようなスピーチを行っている。すなわち、「われわれはもはや政府の圧政から人民を保護する必要のみを強調するような市民的自由プログラムに満足することはできない」、「今や、市民権は……政府による人民の保護を意味するのである」[2]と。連邦行政権の拡大をもって市民権改革を推進する決意を語ったものであるが、実のところ、この拡大された政府権力がNAACP創設メンバーの一人の海外渡航の自由をも奪うことになったのである。

人種的マイノリティの市民権擁護と冷戦コンフォーミティに抗する者の市民的自由の制限が同時に追及される政治メカニズムをわれわれはどのように説明することができるだろうか。

ここで先行研究に触れておきたい。従来通説的地位を占めてきた八〇年代までの市民権改革に関わる研究の多くは、第二次大戦期を境に急増した黒人有権者の政治的重要性を強調する。ニューディール連合崩壊後、流動化した都市黒人票の帰趨と、北部共和党リベラル、南部民主党を巻き込んで展開する戦後政党政治再編に叙述のウェートがおかれてきた。それは基本的に市民権改革の原動力を国内政治に求める立場といってよい。[3] これに対して、近年新しい研究動向が顕著である。それは、冷戦下の国際関係の文脈から国内の市民権改革を再検討しようとするものである。すでにP・G・ローレンは八八年の著作で、「不幸にも合衆国の市民権史研究において、外圧のインパクトがしばしば完全に無視されてきた」と直截な問題提起を行っていたが、そうした関心は九〇年代以降の外交史と黒人史の新しい潮流ともリンクしてますます増幅しつつある。

権威ある外交史研究ジャーナル、『ディプロマティック・ヒストリー』(*Diplomatic History*)誌の九六年秋季号は、「アフリカ系アメリカ人と合衆国の対外関係」と題された誌上シンポジウムを特集している。コメンテーターの一人P・フォン・エシェンは、最近の黒人史研究の成果のなかで、とくにアメリカの市民権運動と国際的な反植民地主義との結合を考察した研究群に注目し、それが、「近視眼的なヨーロッパ中心主義」と「冷戦二極主義パラダイムに果敢に挑戦している」という意味で、「冷戦の終焉」後の外交史研究にとって非常に意義深いと評価した。また、いま一人のコメンテーター、B・G・プラマーは、従来の外交史が「他の史学領域が……ポスト・モダニストの影響を受けつつ発展してきたのとは対照的に」、「国家とオフィシャルな政策形成者を中心に叙述する」傾向が強すぎたと批判したうえで、「人種」と国際政治の相互関係こそが今後、解明されなくてはならない命題であると主張した。プラマーは、同年出版された自著において、NAACPなどの非政府市民権団体の国際的活動を詳細に分析し、いかにアメリカ黒人が戦後世界秩序の形成過程に関わり、その後の冷戦政治の枠組みのなかに自己の闘争を位置づけていったかを明らかにしている。[4]

こうした人種関係史と外交史の融合をめざす研究の蓄積は、トルーマン、アイゼンハワー両政権の市民権改革を対象とする研究分野にも新たな展望を与えた。二〇〇〇年には気鋭の研究者M・デュジアックとA・S・レイトンがいずれも洞察にとむ研究を著している。前者は、戦後、合衆国がアジア・アフリカ地域で展開した情報宣伝活動と国内の市民権改革が不可分の関係にあったことを示し、後者は、とくに国務省が、市民権政策の形成過程に果たした役割を分析した。なお、連邦政府が改革を推進した動機について、両研究は、ほぼ共通の見解を示している。すなわち、冷戦構造のなかで、政策策定者たちはアメリカ民主主義の理想的なイメージ(あるいは、全体主義に対する道徳的優越性)を国際社会で維持することが、グローバル・リーダーシップを追求し、第三世界を共産主義の脅威から確保するうえで欠かせないとの認識を広く共有したが、他方、第二次大戦中に相対的孤立を放棄して以来、南部の人種隔離やリンチ事件は不可避的に国際的関心にさらされており、それゆえ「市民権改革は合衆国外交にとってもきわめて重要な課題」とならざるをえなかった、と。現時点での市民権改革研究の到達点として確認しておきたい[5]。

以上のような研究史を踏まえたうえで、本章では、(1)内外の市民権運動を支えた黒人メディアの言説や、(2)司法省が最高裁に提出したブリーフ、さらに、(3)外交部局の人種問題認識を示す国務省文書などの史料を用いて、多様な政治ファクターの動向を可能なかぎり俯瞰的に捉えることに努めたい。そうすることで、「市民的自由の危機」の時代に、一定の人種関係の改善が実現されていく歴史ダイナミズムを明らかにし、同時にこの時期の市民権改革がもった本質的な限界をあぶり出していく。

1　ダブルVの夢

冷戦期の市民権改革を叙述するうえで、第二次大戦が世界とアメリカの人種関係に与えた衝撃は議論の出発点となるにふさわしい。一九四一年、合衆国がいわゆる「四つの自由」(言論の自由、信仰の自由、欠乏からの自由、恐怖からの自由)と大西洋憲章の八項目、わけても、「侵略の否定・領土保全」「自決主義」を連合国の戦争目的に掲げたこと、さらに、それらがユダヤ人虐殺に代表されるナチスの人種主義と対抗する普遍的人権の理念として、また戦後世界の平和を保障する公約として称揚されたことは、市民権問題にとって二つの点で重い意味をもった。[6] 一つは、国内の人種関係への影響であり、いま一つは市民権運動の国際的展開に関わるものであった。

まず前者についていうと、上記の展開は、国内の市民権改革を推進し、自らのアメリカ市民社会への十全な統合をめざそうとする黒人の立場に力を与えた。黒人市民権運動の主流は、連合国の戦争目的とアメリカ国内の市民権問題の密接な関係を認識していた。NAACPの機関紙『クライシス』(*The Crisis*)は、第二次大戦勃発以前から、「ドイツにおけるユダヤ人とアメリカにおける黒人の処遇」の類似性を強調するレトリックを駆使してきたが、[7] アメリカの参戦後は、戦時の愛国的言論のなかに自らの運動の正統性を見出そうとする傾向を強めていった。例えば、四二年一一月の社説では低南部に続発するリンチ事件とこれを放置する州および連邦政府をさして、「戦争努力のサボタージュであり、日本が極東の数百万の有色人種に影響力を拡大するのを容易にし、……わが同盟者たる中国人に、白人の民主主義への疑念を抱かせる」、すなわち、「ヒトラーと東条を支援するものである」とする主張を展開した。[8] こうした海外でのファシズムとの戦いと国内の人種差別との戦いを一体と捉える議論は、他の多くの黒人メディアの主張にも共有された。四二年初頭に、『ピッツバーグ・クーリエ』(*Pittsburgh Courier*)誌がこの立場を、「ダブルV」と表現するや、黒人大衆に「希望」を与える政治スローガンとして広く受け入れられていった。[9] 同年末に行われた『ニグロ・ダイジェスト』(*Negro Digest*)誌の世論調査によると、「海外での民主主義のための戦争は、国内の民主主義を求める黒人の闘争を助けるか?」という設問に対して、一般に国際問題への関心が低いとされた南部の黒人ですら六五%がイエスと答えていたのであった。[10]

実際、「四つの自由」と大西洋憲章は、こうした黒人の「希望」を裏づける広範な市民権擁護の世論を醸成していた。四一年一一月、小説家、パール・バック(Pearl Buck)が『ニューヨーク・タイムズ』紙に寄稿した人種主義批判は痛烈だった。「本来、われわれの民主主義のなかに支配人種である白人と隷属者たる有色人種の別があってはならない」、しかし、それが存在する以上、「われわれは民主主義ではなく全体主義の信奉者なのである。……私は敢えてこの事を公言すべきだと思う。そうすれば白人アメリカ人は偽善の必要から解放される」のだから。[11] スウェーデン人研究者、G・ミュルダール(Gunnar Myrdal)はこの「偽善」を『アメリカのジレンマ』と表現した。「人種主義のドグマに立脚」した「ファシズムおよびナチズムとの戦いにおいて、アメリカは人種間の寛容と協力、そして人種平等を支持する立場を全世界に向かって鮮明にしなくてはならない」と主張する彼の著書は、四四年の出版と同時に内外に大きな反響を呼んだ。[12] 実のところミュルダールの議論は、アメリカ社会を民主主義の理想に向かう漸進的近代化の過程にあるものと理解し、人種主義もいずれは解消される一時的な心理的態度であると楽観的に捉えるため、権力と社会構造の問題としての人種差別への批判力に乏しい。だが、同書がこれまで南部の地域問題として隠蔽されてきた「黒人問題」がすでにナショナルなあるいはインターナショナルな政治課題となっていることを明示した意義は大きい。

この「ジレンマ」は、司法長官フランシス・ビドル(Francis Biddle)が「国民の士気を低下させ、わが国民が守ろうとしている民主主義の理想を破壊する」と語ったように、戦時動員の大きな障害でもあった。[13] 政府は、総力戦遂行の観点からも黒人の市民権要求に対して一定の譲歩を余儀なくされた。具体的に、ローズヴェルト政権は、行政命令第八八〇二号により、公正雇用実施委員会(Fair Employment Practices Commission)を設立して、政府との契約下にある軍需産業で、人種に基づく雇用差別を禁止したほか、戦時情報局(Office of War Intelligence)や物価管理局(Office of Price Administration)などの戦時機関で黒人専門家層の任用を拡大するなどの施策を行った。[14] また、政権党としての民主党も南部派の抵抗を抑えて、市民権擁護の立場を公にする。四四年の選挙綱領には「人種差別禁止」の項目が初めて独立した節として掲載されたのだった。[15]

加えて、「四つの自由」と大西洋憲章はいま一つの大きな潮流を惹起した。すなわち、市民権運動における国際主義の台頭であった。ここでいう国際主義とは国内の市民権問題の解決と欧米植民地主義の打倒を不可分のものと考え、積極的に従属民族の独立を国際社会に働きかけていこうとする立場である。NAACPは四三年の年頭報告で次のように論じている。「戦争によって、人種問題は……世界史上前例をみないかたちで、ある特定の国や地域の問題から地球規模の問題となった」、それゆえ、「連合国は人種政策にドラスティックな再調整を行わないかぎりこの戦争に勝利することはない」と。同報告のプレス・リリースに際しては、ウォルター・ホワイト(Walter White)NAACP書記長が、「この戦争のおかげで、人種差別は、もはやアメリカだけの問題ではなく、国際的な重要性をもつ課題となったのだ」と強調した。[16]「主権と自らの政府を奪われた諸民族にそれらが返還されること」(第三条)を公約した大西洋憲章は、人種偏見と植民地主義を超えた新しい世界秩序を求めるアメリカ黒人の想像力をかき立てたのである。この頃、反ファシズム、反植民地主義、そして反ジムクロー(人種隔離)の名のもとに、思想的にも広範で多様な黒人組織のゆるい政治連合が形成され、インド独立運動の支援や国連でのロビー活動などで協同の歩調をとっていく。[17]

アメリカ黒人の国際的活動は多岐に及んだが、冷戦期以降の市民権問題を考えるうえでとりわけ重要だったのは、この頃創設の過程にあった国際連合への働きかけであろう。ローズヴェルト大統領の死後まもない、四五年四月二五日に開会したサンフランシスコ国連組織会議(United Nations Conference of International Organization)は国際連合の性格を決定する場として、黒人組織の注目を集めた。この場に黒人が発言力をもつことは党派を超えた共通の願望であった。『ニグロ・ダイジェスト』誌の世論調査では八九%のアメリカ黒人が国連創設会議における黒人の代表権を求めていた。結果的に、アメリカの国連代表に黒人が含まれることはなかったが、NAACPはホワイト、デュボイス、メアリー・ベシューン(Mary M. Bethune)の三名を国連代表のコンサルタントとして出席させることに成功した。[18]

会期中の四五年五月七日、NAACPコンサルタントは国務長官エドワード・ステティニアス(Edward R. Stettinius, Jr.)に宛てて、ダンバートン・オークス会議で作成された国連憲章案に関する意見書を提出している。ここに彼らの主張の概要をみることができる。この文書は、前月初めにNAACPが組織した植民地会議(インド、英領西インド諸島、インドネシアなどの植民地指導者が出席)の議論や、合計一五一に及ぶ黒人組織に対して実施した政策アンケートの結果を踏まえて、デュボイスが起草したものである。その骨子は、(1)国連憲章案に含まれた内政不干渉条項に対する異議、(2)植民地自治権の即時確立と速やかな植民地制度の廃絶、(3)信託統治における原住民の代表権確保、であった。同意見書はいう。国連憲章案では「人種、言語、宗教、性別による区別なく、すべての人間がもつ人権と基本的自由を尊重」することが謳われながら、「差別が発覚した場合でさえ、国際組織は各国の国内管轄権の内部に介入する権利をもたない。このことは国際組織が植民地問題に介入できないこと、そして、ある国の内部に存在するいかなる集団の権利を保護することもできないことを意味する」、また、「われわれは……すべての植民地民族が……彼らが望む自治へと推移できる」ことを願い、「最終的に植民地制度が消滅することが、もっともよく平和を保障するものである」と信じる、と。国境を越えた普遍的人権(human rights)の確立と国民国家内部の市民権(civil rights)の擁護、そして植民地主義の根絶が有機的に結合した一つの要求として語られ、内政不干渉原則はその実現をはばむ障害として厳しく批判された。[19]

周知のとおり四五年六月に成立した国連憲章は、おおむね原案を承認するものとなった。やはり、そこには人権擁護と内政不干渉の原則が奇妙に同居していた。大西洋憲章の公約以来の経緯からして、人権条項を削除することはできない、しかし同時に、国内の人種問題や経済的不平等の問題に他国が介入してくる事態は何としてでも避けなくてはならない、そうしたアメリカ代表団の総意が強く反映したものといえた。これに対し、NAACPを含むアメリカ黒人の三四の団体は、同憲章採択直後に合同の集会を開き、国連における内政不干渉論は国内の南部州権論と類似する論理を内包するとして強い反発を示した。国連が特定の加盟国内部の人種問題を管轄外としたように、アメリカ国内ではジムクローを州の自治権の管掌する問題として、連邦政府がこれに触れるのをためらっていたという現実があったからである。[20]

そうしたアメリカ黒人の失望にもかかわらず、歴史的観点からすると、国連憲章の採択は決して彼らの運動の敗北を意味しない。何よりも同憲章は人権条項を明記した国際法文書として重要であった。合衆国が戦後、世界の支配的権力として国際政治にコミットしていこうとするとき、同憲章の人権擁護条項に体現される道徳的権威を必要としたならば、あるいは、来るべき東西冷戦のイデオロギー闘争において人権擁護の立場からソ連の体制を批判しようとするのならば、南部のリンチやジムクローを放置し続けることは、アメリカの国際的地位を脅かす自己矛盾とならざるをえなかった。また、市民権運動にとっても、国内の差別を国際組織に提訴することは、それが人種問題を討議するフォーラムとして機能するかぎりにおいて有効な戦術となりえただろう。

2 戦後政治と市民権

第二次大戦の終結から一九四六年にかけて、同年三月のイギリス首相チャーチルの「鉄のカーテン」演説、六月のアメリカの原子力国際管理機構案をめぐる国連の紛糾、と続く政治過程は急速に東西対立が深まりつつあったことを示していた。ちょうどこの頃、アメリカ国内では人種関係における戦後反動ともいうべき状況が広がっていた。それを象徴するのが、戦時市民権改革の最大の成果の一つである公正雇用実施委員会が事実上の活動停止に追い込まれたことだった。四六年初頭、議会は同委員会を常設の機関とする法案を葬り去るとともに、それまで、主に大統領緊急基金から充当されてきた活動資金の供与を打ち切ってしまった。前出の市民権委員会報告は、この事態を「戦時の黒人……労働者が獲得した既得権は無批判な差別慣行の復活を通じて失われていった」と表現する。[21] もっとも、かかる後退もこの頃多発した白人暴徒による黒人への暴力の前には色あせてみえる。四六年二月一三日、アイザック・ウッダード(Isaac Woodard)という黒人が、サウスカロライナ州のエイケンという町で、バス運転手と口論になった際、駆けつけた白人警官に警棒で殴打され失明するという事件が起こった。ウッダードは三年間の軍務を終えて、故郷へ向かう途上の帰還兵だった。加害者の警官は起訴されたが正当防衛とみなされ無罪となった。この事件は、同年、南部に蔓延したリンチの特徴をよく示していた。多くの場合、ターゲットは黒人の復員兵で、加害者には地方の官憲が加担していた。司法省は、連邦によるリンチ事件の調査・告発を提唱したが、これを支える法的、制度的基盤は脆弱《ぜいじゃく》だった。総じて、連邦政府は州の「主権」の前に無力であった。[22] 黒人の間にはアメリカの政府と司法制度への強い不信から、国連をはじめとする国際社会に不正の是正を訴えようとする機運が高まっていった。

四六年六月六日、市民権運動の左派、全米黒人会議(National Negro Congress: NNC)は、「一三〇〇万人のアメリカ黒人を抑圧から救済」することを求める請願書を国連事務総長宛てに提出した。請願書は述べる。「われわれは、抑圧からの解放を合衆国憲政への訴えをとおして実現することができなかったこと、そして、奴隷解放以来、約一世紀にわたってわが国の国境の内部で解決しようと努めてきた重要問題を、この歴史的な機関の前に提示せざるをえなかったことを、黒人民衆の一員として大変残念に思う」。同請願書は具体的に、国連がアメリカ国内の「黒人に対する政治的・経済的・社会的差別の実態調査を行い」、その結果を踏まえて、「合衆国内に高水準の人権擁護を確立すべく……是正勧告」を行うことを求め、さらに、これらの案件が「国連経済社会理事会で討議されること」を要請した。[23] だが結局、NNCの請願は国連でまともに議論されることなく棚上げされてしまう。そもそも事務局は国連憲章の規定に従い、加盟国代表以外の非政府団体から請願を受理することに難色を示したし、アメリカ代表は内政不干渉原則を盾に、経済社会理事会が「国内」の人権問題を盛り込んだ同請願を議題として取り上げることに抵抗していた。

NNCの請願が国連で宙に浮いた状態になっていた頃、南部でまたしても残虐なリンチ事件が発生した。四六年七月二五日未明、ジョージア州モンローで四人の黒人が虐殺された。犠牲者は、五年間に及ぶ軍役を終えて帰郷の途上にあった黒人兵、ジョージ・ドルシー(George Dorsey)とその妻、そして友人夫妻であった。事件の直前、ドルシーの友人は白人住民とのトラブルから警察署に拘留されていた。彼は夜半に釈放され、妻とドルシー夫妻と合流したところ、夜陰に待ち伏せする白人暴徒の襲撃を受けた。彼らの遺体には六〇発以上の銃弾が撃ち込まれていた。故郷で息子の帰還を待つドルシーの母は、この日彼の除隊通知を受け取ったばかりだった。

このリンチは、主要新聞各紙に連日報道されるなど、この種の事件としては未曾有の関心を全米に惹起した。また、のちにみるようにソ連をはじめとする諸外国のメディアでも大きく報じられ、黒人組織の国連請願とも相まって、アメリカの市民権問題が国際的に注目される契機となった。司法長官トム・クラーク(Tom Clark)のもとには、司法省の徹底した調査を求める電報や手紙が殺到し、ベシューン率いる全米有色人婦人協会(National Association of Colored Women)がホワイトハウス前で行った抗議デモは、全国紙でも取り上げられた。クラークは、事態を収拾すべく異例の会見を開き、「この犯罪行為は……アメリカニズムを侮辱するものである」とする反リンチ声明を発さなくてはならなかった[24]。

これに対し、NAACPは、全米緊急群集暴力禁止委員会(National Emergency Committee Against Mob Violence)を設立して、リンチ事件へのトルーマン大統領の即時介入を求めるとともに、八月、デュボイスとホワイトの間の合意に基づいて、自ら国連への請願運動に踏み切る決定をした。NAACP請願書は大別して、(1)国内での黒人の人権侵害を告発する部分(第一~三章)と、(2)この問題に国連が介入する義務を主張する部分(第四章)からなった。いうまでもないことだが、この文書は本質的に国連の内政不干渉原則に挑戦する性格をもった。すでに知られるとおり、NAACP請願が正式に国連人権委員会に提出されるのは四七年一〇月のことである。しかし、同請願の草案はすでに四六年中に市民権運動幹部や国連関係者の間で広く回覧されており、この時期の人種差別に反対する国際世論の形成に少なからず貢献した[25]。

四六年後半には、こうした黒人団体の国連への働きかけに加えて、国際政治の新たな展開により、人種問題がアメリカ外交の「アキレス腱」であることが、ますます明らかになっていった。[26]

一つは、その年八月頃からソ連が南部の人種差別を題材にした反米宣伝を本格化したことである。モスクワ駐在アメリカ大使館の四六年八月二六日付けの報告によると、ソ連の『トルードゥ』(*Trud*)紙は、八月二三日、「合衆国における黒人の地位」と題した社説を掲載し、黒人は「経済的権利も社会的権利ももたず……その圧倒的多数は投票権さえも剝奪されていて」、「半奴隷状態の抑圧と搾取を受けている」と述べた。同社説はモンロー事件をはじめとして黒人帰還兵が標的にされたリンチ事件を大きく報じ、さらにNNCの国連請願にまで言及していた。また、駐ソ外交筋は外電タス通信の配信内容にも同様に監視の目を光らせ、逐一英訳をワシントンに報告している。国務省はソ連メディアの動向に神経質になっていく。[27]

国連総会を舞台にインドが行った南アフリカ攻撃もアメリカを国際的に追いつめる結果となった。四六年一一月、インド代表団は、南アフリカにおけるインド人労働者差別を国連総会に告発するとともに、加盟各国の国連憲章人権条項の遵守義務を明確化する総会決議を求めた。南アフリカ代表はすみやかに、インドの主張が国連の内政不干渉原則に抵触するとの見解を示し、アメリカにも支援を求めた。アメリカ代表はインドの提案が、棚上げしたはずのNNC請願を復活させ、自国の黒人問題に対する国連査察に直結する可能性に怯《おび》えた。一方、黒人のオピニオンリーダーの一つ、『シカゴ・ディフェンダー』(*Chicago Defender*)紙は、南アフリカ代表をさして、「わが国では『州権主義』として理解されているものと同じアプローチをとろうとしている」と痛烈に非難した。[28] それは、第二次大戦中からアメリカ市民権運動が育んできた、ネルー(Jawaharlal Nehru)をはじめとするインド・ナショナリストとの親密な交流を反映した主張でもあった。同紙は、七カ月前のイギリス首相チャーチルによる「鉄のカーテン」演説に際しては、反英米帝国主義(反アングロ・サクソン植民地主義)の立場から、これに反対するキャンペーンを張り、同時にインドの完全独立を支持した。これに応えるように、ネルーも市民権運動の国外の提携者として、国際社会でジムクロー批判を続け、また、NAAC

P国連請願問題では当初から一貫してアメリカ黒人の運動を支援していた[29]。

こうした国際政治の動向は、当時、ソ連との対立が深まるなか、国連人権委員会での世界人権宣言・同規約の具体的討議を間近に控えていた合衆国を深刻な政治的苦境に陥れた。この国際社会からの政治的圧力は、同年一一月の中間選挙で民主党が大敗したという国内政治の問題以上に、本格的な市民権改革が現実の政治日程にのぼっていくうえで大きな意味をもった。

3 大統領市民権委員会

一九四六年一二月五日、トルーマンは市民権委員会の設置を発表した。行政命令第九〇〇八号に基づく大統領直属の諮問機関であった。GE社のチャールズ・ウィルソン(Charles E. Wilson)やCIOのジェームズ・キャリー(James Carey)、NAACPのチャニング・トビアス(Channing Tobias)など、財界人、労働組合指導者、学識経験者、そして、市民権団体指導者など一五名が委員を構成した。また、同委員会は一二名の専門スタッフをもち、そのなかからダートマス大学のロバート・カー(Robert Carr)が事務局長として調査、報告書作成の実務を取り仕切った。委員の任免権は大統領にあったが、人選そのものはW・ホワイトを座長に、NAACP、アメリカ・キリスト教会会議連盟(Federal Council of Churches of Christ in America)、CIO、AFLの各代表者がホワイトハウスに参集した準備会議で行われたという[30]。全体会議は第一回の四七年一月一五日に始まり、計一〇回(うち六回は公聴会)を数え、同年一〇月二九日に報告書、『これらの権利を保障するために』を大統領に提出した[31]。

この一〇カ月は、対外関係においては冷戦がいよいよ本格化する頃、内政では市民的自由の危機の始まりの時期として記憶される。四七年三月一二日には、トルーマン・ドクトリンが発表され、二一日には連邦職員忠誠審査に関する行政命令が出された。五月にはギリシア・トルコ援助法が成立、六月にはマーシャル・プランが、七月にはいわゆる「封じ込め」政策が発表された。また、『これらの権利を……』が発表される九日前の一〇月二〇日には下院非米活動委員会のハリウッド聴聞会が始まっている。しかしながら、たとえ急激な社会の保守化とコンフォーミティの拡大が時代の趨勢であったとしても、市民権委員会が体現した人種政策だけは、この時期画期的な進展をみせたといって間違いではない。とくにトルーマンは、同委員会の徹底した調査・研究を支援する姿勢を貫いた。冒頭でも触れた、現職大統領として初めてのNAACP大会参加と急進的ともとれる市民権演説は、その証左の一つであった。

四七年六月二九日、第三八回NAACP大会でトルーマンが行った演説は、『ニューヨーク・タイムズ』に全文が掲載されるなど広く報道された。その要旨は、先にもみたとおり連邦政府権力の拡大を前提とした市民権概念の転換にあった。すなわち、「いまや市民権は……政府による人民の保護を意味し」、したがって、「連邦政府はすべてのアメリカ人の権利と平等を守る親切で用心深い番人とならなくてはならない」と。保護されるべき権利には、「見苦しくない住宅に住む権利、教育を受ける権利、適切な医療を受ける権利、価値ある仕事に就く権利、投票をとおして公的な意思決定に参加する権利、そして公正な裁判を受ける権利」が含まれた。これらの権利を「すべてのアメリカ人」に保障するには、「連邦の法と行政機構の改善および拡充が不可欠」で、目下活動中の「市民権委員会」は「そのための最初の一歩」であると位置づけられた。総じて、これらの主張は黒人の地位向上にも積極的に取り組もうとするリベラルの伝統的な立場の系譜のうえにあると考えてよいが、同時に、改革を急ぐ「切迫した理由」が冷戦下の国際戦略上の問題に求められた点は、この時期の市民権政策の性格を知るうえで興味深い。トルーマンは次のように訴えた。「あらゆる種類の欠乏に苛《さいな》まれている諸民族は……われわれが民主主義の優越を証明できなければ、全体主義体制がいかにも魅惑的に提示する誤った安全保障に屈してしまうだろう」、「もはやもっとも遅れた州のもっとも反動的なコミュニティが行動を起こす気になるのを待っている余裕はないのだ[32]」と。

上記の演説にもみられるトルーマン政権の決意を反映して、四七年一〇月二九日に提出された市民権委員会報告は、当時としてはかなり踏み込んだ内容となった。同報告は、合衆国が全国民に保障する基本的権利を確認した第一章、人種差別、市民権侵害の実態を報告した第二章、人種関係領域への連邦権力の介入を要請した第三章、委員会勧告として改革の具体的施策を列挙した第四章からなる。第一章でいう基本的権利とは、選挙権、思想の自由、言論の自由、平等の機会の四つの権利をさした。第二章では一〇カ月に及ぶ調査に基づき、ジムクローの慣行、横行するリンチ、投票権の侵害、不公正な裁判などの事例が確認された。とくに、軍隊と首都ワシントンDCの人種隔離の報告に多くの紙数がさかれ、結論として、「あるアメリカ市民のグループが普通の日常生活のなかで、他のグループと交流することを禁じる法律はマイノリティ・グループに対してカースト的ステイタスを押しつけることで、それ自体不平等を生む」と断定した。プレッシー対ファーガソン最高裁判決(一八九六年)以来の「分離すれども平等」原則を明確に否定するものであった。[33] 第三章では、先のトルーマン演説で強調された市民権改革に関する連邦の役割が明記され、第四章の委員会勧告では具体的に以下の行動が求められた。反リンチ法の制定、投票税廃止、連邦および州の予備選挙ならびに本選挙における投票登録者の保護、軍隊・州際運輸・公教育・ワシントンDCの公共施設における人種隔離を禁止する連邦法の制定、司法省市民権局の権限拡充、FBI市民権担当部局の設置、等々である。[34]

この最終章の冒頭には右にあげた政策リストに先だって、「改革の時は今」という節が設けられており、迅速な改革が強く要請された。なぜ今か、という問いに対しては、道徳的理由、経済的理由とならんで、「国際的理由」がとくに強調されていた。「われわれの市民権の実態が世界政治の問題となるという事実は避けようがなく」、「太平洋、ラテン・アメリカ、アフリカ、中近東、極東のいたるところで、アメリカ黒人の処遇がすべての有色民族に対するわれわれの態度の表れだととられている」、「世界がわれわれのことをどう思っているのか、われわれの履歴をどう思っているのか、を無視できるほど合衆国は強くないし、民主主義の理想の最終的勝利も確実ではないのだ[35]」、と。

あわせて興味深いのは、報告が上記の主張を補強するために、四六年五月に国務長官代理、ディーン・アチソン(Dean Acheson)が公正雇用実施委員会に宛てた書簡を添付していた点である。やや長くなるが重要であるので以下に抜粋する。

わが国におけるマイノリティ差別の存在は、他国との関係にマイナスの影響を与えている。……われわれが原則として掲げていることと特定の状況における諸事実との間のギャップは埋めることができないほどの隔たりがある。マイノリティの処遇に対する疑念と怒りの雰囲気は、二国間の相互理解と信頼を発展させるうえで大きな障害となっている。……マイノリティ差別の存在が他国との関係においてハンディキャップとなっていることは……自明なのである。それゆえ、国務省は今後ますます効果的に差別撤廃に向けて公的・私的努力がなされることを切望する。[36]

この文書にアチソン書簡が現れるのは、大統領市民権委員会が市民権問題の国際政治問題としての側面を考察する過程で、国務省と綿密な協議を行ってきた経緯を物語る。国立公文書館所蔵の国務省文書には、市民権委員会から送付された文書が数片含まれている。これによると、同委員会は、少なくとも四七年五月二三日には国務長官G・マーシャル(George C. Marshall)に書簡を送り、「合衆国内の市民権問題がもつ国際的含意」について同省の意見を質《ただ》していた。同書簡は市民権委員会の公聴会で、「わが国の人種関係の実態が、ソ連の中東、インド、中国における反米宣伝に利用されて」おり、また、「ラテン・アメリカでもアメリカ利益に被害を与えている」との証言があったと報告したうえで、国務省に対して「市民権領域における劣悪な国内の実態が、健全で望ましい外交政策の企画および実施にとってハンディキャップになっているか。もしそうなら、この〔市民権の〕状況のために、アメリカの安全保障が危険にさらされているといってよいのか」と問う。そして、「最終報告に添付できるような証拠やデータで……国内の市民権侵害によって国際的にわれわれが被っている損害を示す資料」を送るよう要請している。[37] アチソン書簡は国務省がこのリクエストに応えて、市民権委員会に提供した文書の一つであった。

市民権委員会は、報告書の初稿が完成した八月半ばにも、国務省に書簡を送っている。そこではこの問題に関して同委員会が到達した結論が報告されていた。これによると、市民権委員会は、東側からの批判がたとえ「誇張され、曲解された」ものであったとしても、「その動機や不正確さを非難する」のではなく、「率直にわれわれの限界を見定め、これを克服する努力をする」道を選んだという。「世界におけるわが国の地位と影響力は部分的には」、わが民主主義の「イメージに由来している」のであり、「国内の市民権改革はわれわれの国際的地位を強化する」というのであった[38]。

さて、市民権委員会報告の提出を受けたトルーマン大統領は、四八年二月二日、議会に特別教書を送り、その内容を全面的に受け入れる意思を表明した。このなかで大統領は同報告の勧告を実現するうえで、とくに、「議会が近代的かつ包括的な市民権諸法を成立させることが不可欠である」とし、具体的に、常設の市民権委員会と公正雇用実施委員会の設置、そして司法省市民権部の新設、連邦のリンチ防止策強化、投票権保護、州際運輸の差別禁止など、全一〇項目の立法措置を議会に求めた。また、同教書でもトルーマンは市民権改革の外交上の重要性を強調する。「今日の世界における合衆国の地位ゆえに、すべての国民にその本質的権利を保障すること……は、著しい緊急性をおびている」、「もし自由が危機に瀕している諸民族を鼓舞しようとするなら、もし市民的自由をすでに奪われてしまった人びとに、希望を取り戻させたいと願うなら、もしわれわれがした約束を果たしたいと思うなら、われわれ自身の民主主義の実践において残存する不備を正さねばならないのだ[39]」、と。

4　冷戦リベラリズムの勝利

『これらの権利を……』が発表される六日前の一九四七年一〇月二三日、NAACPの請願がついに国連人権委員会に正式受理された。先にみたように、この文書はすでに一年以上前から国際社会で取り沙汰されており、その取り扱いをめぐって複雑な曲折をへていた。国連人権部のJ・ハンフリー(John P. Humphrey)理事は四七年二月以降、デュボイスから度々請願案の提示を受け、受理の可能性を打診されている。ハンフリーの回答は、国連に請願書を提出できるのは原則として加盟国のみであること、また、たとえ非政府団体の請願がファイルされることがあっても、それは非公開の秘密文書として扱われるので、デュボイスが期待する宣伝効果は望めないことを繰り返すばかりだった[40]。

NAACP内部にも請願文の正式提出に否定的な意見が少なくなかった。起草段階から、アメリカ国内の黒人問題を国連管掌の人権問題と立証する困難を指摘する向きがあったが、四七年の夏以降は、市民権問題を国際組織に告発するという行為そのものが、いわゆる「忠誠」問題に抵触するのではないかと懸念する声も上がり始めている[41]。また、大統領市民権委員会の設置も、アメリカ黒人を国際的活動へと駆り立てる切迫した感情を和らげる働きをした。同委員会の活動を高く評価したW・ホワイトは、大統領府との関係強化こそが運動の発展にとってもっとも現実的な方向だと認識するようになっていた。一方、請願の提出を望むデュボイスは行き詰まりを感じていた。この状況を打破するために、彼はNAACP指導部にも国連関係者にも連絡のないまま、一〇月一二日付け『ニューヨーク・タイムズ』紙に、請願文の内容をリークしてしまう。二三日、国連人権部はやむなく同請願の受理を決定したのであった[42]。

デュボイスの独断専行は、彼のNAACP内での孤立化、ホワイトとの関係悪化を決定的にした。請願受理直後のNAACP定例執行部会議の報告(四七年一一月)では、請願問題の扱いは驚くほど小さい。同報告で第一に取り上げられているのは、同時期に発表された大統領市民権委員会報告のほうであった。NAACPが組織を挙げてこれを支持する旨が宣言されるとともに、ホワイト書記長が大統領と全委員に送った感謝状の全文が添付されている。市民権委員会報告は「市民権を保障するための実際的なプログラムを追求しようという、非常に率直な政府の意思表示」であったと「深い賞賛の念が表現」されていた。一方、請願については、それが国連に提出されたという事実が記されただけだった。

市民権委員会報告の作成が、NAACPの従来の路線の修正を迫るという、あるさざ波を呼び起こしていたのである。[43]

アメリカの国連関係者もNAACP請願に対して冷淡だった。「合衆国にとって深刻な脅威となっているのはロシアではなくミシシッピである。……同胞に対して行われる国内の不正は、外国による侵略よりはるかに危険だからだ」というデュボイスの扇動的な前文に始まるこの文書は、「ソ連の反米プロパガンダに武器を与える」ものとして警戒された。[44] 国連人権委員会のアメリカ代表エレノア・ローズヴェルト(Eleanor Roosevelt)がこれを議題とすることを断固として拒んだゆえんである。事実、ソ連はデュボイスの請願書に関心を示し、人権委員会の下部組織である「差別防止・少数者保護小委員会」(Sub-commission on the Prevention of Discrimination and Protection of Minorities)で、すみやかに同文書を検討するよう求める提案を行っている。[45] この提案自体は四七年一二月三日に反対四、賛成一(棄権七)の票差で退けられたが、ソ連によるNAACP請願のスポンサーシップは、第二次大戦期以来、黒人運動の一つの柱であった、国内の市民権と普遍的人権を結びつけ、ジムクローと欧米植民地主義の打倒を同時にめざそうとする政策が、否応なく冷戦の権力政治に巻き込まれていたことを示すものであった。この後、デュボイスは、ターゲットを国連総会に絞り、四八年の前半をとおして、インド、ハイチ、リベリア、そしてソ連などの支援を受けて請願が議題として取り上げられるよう各方面に働きかけている。しかし、七月一日付けのW・ホワイト宛ての書簡によると、前日の六月三〇日、E・ローズヴェルトと面会したデュボイスは、請願の事実上の棚上げを告げられたとある。国務省とアメリカ国連大使は、人権宣言の討議が予定される次期総会でNAACP請願を取り上げるのは賢明ではないと判断したこと、また、他国がこれを提案するという事態も、「ソ連……に合衆国を攻撃する口実を与える」という意味で厄介であり、その場合はローズヴェルト自身が委員を辞するであろうことが伝えられた。[46] 結局、NAACP請願が国連の議事日程にのぼることはなかった。

ここにみた一連の展開の先にあったものは、アメリカ市民権運動における国際主義の後退であった。[47] 多くの市民権活動家の目には、旧友たるインドだけでなく、反米宣伝の機会をねらうソ連との提携をも画索するデュボイスの行動は、人種関係の現状維持に異を唱える者すべてに「共産主義者」のレッテルを貼って社会から孤立させようとする保守勢力の戦術に利するものと映った[48]。デュボイスとは対照的に、この頃ホワイトをはじめとする市民権運動の主流は、市民権改革を反共国内戦線の一環と位置づける議論を行うようになる。人種統合は、外交・内政の両面における安全保障確保にとって不可欠なものとして主張された。それは反植民地主義と普遍的人権の理想から意図的に距離をおき、連邦政府との連携強化に活路を見出そうとする立場であった。四八年九月初旬、ホワイトがトルーマン大統領から要請のあった国連総会合衆国代表コンサルタントへの就任を受諾したことは、その具体的な行動の一つであった。これに対してデュボイスは、「現政権の反動的で、戦争挑発的な植民地帝国主義に加担」するものだと一喝する覚書をNAACP理事会に送付したが、この執行部批判は老活動家とNAACPの最終的な決別を結果することになる[49]。デュボイスが体現した政治的立場は、もはや冷戦リベラリズムの枠内に狭く制限されつつあった運動のなかには居場所を失っていた。九月一三日、ホワイトが指導するNAACP理事会はデュボイスの除名を議決するにいたった[50]。こうした動向の背景には、同年の大統領選挙で無党派戦術を確認したNAACPの決定を無視して、デュボイスが進歩党ヘンリー・ウォーレス候補支持を公言したことがあったが、この除名の意味は大きい[51]。四八年大統領選挙戦を機に、トルーマン政権の冷戦外交と反共政治を容認する代償として、「国内問題」としての市民権改革において最大限の譲歩を引き出そうとするホワイトの政策が、市民権運動のなかで決定的に大きな影響力をもつようになった。

一方、トルーマンにとっても四八年の選挙キャンペーンは既定の市民権改革路線の重要性を再確認する場となった。トルーマンを大統領候補に指名した七月一七日の民主党大会は、「人種および宗教的マイノリティは、生き、働き、そして投票する権利をもつとともに、憲法が全市民に保障する平等の原則に基づいた、完全かつ平等な法の保護を受けなくてはならない」と、市民権の擁護を明記した綱領を採択した[52]。このことは南部勢力の離党を招くことになったが、トルーマンはさらに九日後の七月二六日、連邦政府機関の雇用における人種差別撤廃を記した行政命令第九九八〇号、そして、連邦の「軍務に携わるすべての者に対する平等な処遇と機会」を定めた行政命令第九九八一号を発して、自己の政治的立場を鮮明にした[53]。また、トルーマンは、投票日の四日前にあたる一〇月二九日、現職大統領としては初めて、ニューヨークの黒人居住区ハーレムを訪れている。このとき行った演説では、ちょうど一年前のこの日に公表された市民権委員会報告を取り上げ、その内容に改めて賛辞を送るとともに、上記の二行政命令が出されるにいたった経緯が簡潔に述べられた。すなわち、大統領自身は、二月の議会教書において諸勧告の法制化を求めたにもかかわらず、議会がこれを無視、妨害したため行政部主導の改革を断行せざるをえなかったと。この時期、上院の主要委員会の委員長職は南部民主党が独占し、市民権立法はほとんど期待できない状況にあったのである。さらに演説は、この年はじめて最高裁の市民権訴訟の審理過程に司法省が介入したことに言及している。この司法省の活動についてはのちに詳述することとし、ここでは、それが右の行政命令とならぶトルーマン政権の市民権改革の実績として、黒人有権者に向かってアピールされたことを指摘するにとどめたい。最後に、ハーレムの演説は冷戦国際政治との関係に触れて結ばれる。「今日民主的生活様式は世界中で挑戦を受けている。全体主義の挑戦に対する民主主義の答えは、全人類に対して平等の権利と平等の機会を約束することである」[54]、と。一一月二日の投票の結果、劣勢を伝えられたトルーマンは再選を果たした。勝因には全黒人票の推定三分の二を確保したこと、そして、ニューディール連合の経済アクティヴィズムが衰退したあと、党派的帰属において浮遊状態にあった都市リベラル層を市民権綱領で取り込めたことがあげられる[55]。

5　安全保障としての市民権問題

トルーマン大統領再選の翌月一九四八年一二月、国際連合は二年に及ぶ討議をへて、ついに世界人権宣言の採択にこぎつけた。宣言は普遍的人権の至高性を称揚する歴史的国際文書となった。だが、批准国に対して法的拘束力をもつ規約はそこにはなかった。史家プラマーは、かかる二重性をさして「国際的な正義を求める声と、国家主権との間の緊張」と表現した。[56] この「緊張」は、アメリカの冷戦政策において重い意味をもたざるをえなかった。当時、いわゆる第三世界の民族主義運動が急成長をとげ、国連内にも一勢力を築きつつあったが、その多くはアメリカの市民権政策に不信を抱き、ソ連と接近する傾向があったからである。とくに国務省は、アジア、アフリカ、そしてラテン・アメリカ各地で、メディアがいかにアメリカの人種問題を伝え、現地の世論はそれをどう受け止めているかという問題を深刻に捉えていた。国務省文書には、各地の大使館、領事館などの外交出先機関から本省に送られたおびただしい数の人種・市民権関連の新聞、雑誌記事がファイルされている。

このなかで目を引くのは、非白人の各国要人が訪米した際、南部諸州やワシントンDCで人種隔離を強要された事例が怒りをもって本国で報じられるケースである。例えば、四七年末には、ミシシッピ州のビロクシーで国際会議に出席したハイチの農務大臣がホテルで通常の客室への宿泊を拒否され、黒人従業員の控え室に予約を変更されたという事件が起こったが、事件後、ポルトープランスのアメリカ大使館は、連日、ハイチ各紙の反米報道を収集し、日々国務省に世論の動向を報告している。[57] また、四八年の一二月には、大統領も同席したワシントンDCのコンスティテューション・ホールでの式典で、エチオピア公使が白人セクションから退席を命じられるという事件が起こっている。アメリカの外交筋はこの醜聞が遠くセイロンやインドでも広く報道されている事実に驚愕した。コロンボの日刊紙には、「米国務省が恐れていることは、首都の厳格な人種規則(colour rules)によって多くの黒い肌の外交官が尊厳を傷つけられることだ」とある。[58]

その他、第三世界の関心は軍の人種隔離問題や黒人被告に対する不当な裁判など多岐に及んだが、合衆国政府はとりわけその背後に拡大するソ連と共産党の影響力に怯えた。駐モスクワ大使館が国務省に送った四九年六月二七日付けのエアー・グラムは「ソ連の反米プロパガンダの柱の一つは『黒人問題』である」と明言し、また、同時期にジェームズ・フルブライト(James W. Fulbright)上院議員が国務長官補佐に送った書簡では、「ラテン・アメリカに広がる共産主義の効果的なプロパガンダ」に懸念が示されていた[59]。こうした危機意識は、ガーナをはじめとするアフリカに独立の機運が高まり、アジアでは中国と北ヴェトナムに共産党政権が誕生、さらに朝鮮戦争が勃発するという情勢のもと、ますます深刻化していった。

五一年五月二八日付けの仏領西インド諸島からの通信は当時の外交担当者の問題関心を如実に示す。マルティニクの副領事から国務省に送られた文書は、いわゆるマッギー事件の報道に注目している。マッギー事件とは、ウィリー・マッギー(Willie McGee)という黒人青年が白人女性に対する強姦罪で告訴され、死刑を宣告された事件であるが、裁判の手続きに問題が多く、アルバート・アインシュタイン(Albert Einstein)らが国際的な救援活動を展開していた。副領事報告によると、例えば、共産党系新聞『正義』(*Justice*)紙は、「無実の黒人マッギーの暗殺」は、「すべての黒人に対する、大規模なテロの開始を告げようとするものである」と扇動的だった。副領事は、その記事がアメリカ共産党から送られた資料に基づいて書かれたものだと報告で断定していたが、結局この文書自体が、安全保障上の観点から極秘扱いとされた[60]。

かくして、市民権問題を冷戦下の安全保障問題の一部だと捉える思考は、四〇年代末から五〇年代初めにかけて、改革の推進者が広く共有した問題関心であった。四九年と五〇年の議会に提出された市民権法案および公正雇用実施委員会常設化法案の議論においては、法案の主唱者は、それが効果的な反共戦略の形成を目的とすると強調した。こうした冷戦リベラリズムのレトリックは、四八年秋以降のNAACPの主張にとりわけ顕著であった。市民権委員会設置や投票権保護策を盛り込んだ一九四九年市民権法案の公聴会で、NAACP書記長代理、ロイ・ウィルキンス(Roy Wilkins)は、次のように証言して法案支持を訴えた。「〔今日〕われわれは……全体主義と競って、民主的生活様式に従うよう世界の諸民族を説得しているが……それは戦後世界のなかで彼らを指導してきた連邦政府の責務である。国内でも全体主義のテロリズムが常々明白になろうとするなか……この仕事は決して容易ではない」[61]と。

だが、これらの法案はいずれも上院の頑迷な抵抗にあって不成立に終わった。また行政命令九九八一号が命じた軍隊の人種分離廃止も、実態は遅々として進んでいなかった。例えば、R・ウィルキンスが朝鮮戦争勃発後の五〇年七月に陸軍長官に送った書簡は、東京に駐留するアメリカ軍が兵士の娯楽用の水泳プールについて、黒人兵の使用を意図的に制限したことに抗議するものであった。[62]五〇年夏に世界各地の視察旅行から帰国したNAACPのW・ホワイトは、こうした市民権改革の遅れゆえに「アジア、アフリカ、カリブ海諸国ではアメリカの威信が失墜」していると、有識者を集めた市民権会議で警鐘を鳴らした。[63]

市民権立法がほとんど期待できず、また、行政命令による改革も十分に履行されない状況に対策が急がれた。連邦政府は後述するとおり人種差別関連の訴訟に影響力を行使し、判例の積み重ねのうちに市民権の確立をめざす方針をとったが、その一方で、より緊急の対応として、とくに第三世界の各地域で情宣、広報活動を推進することでソ連に対してイデオロギー的優位を保持しようとした。

国務省文書に残る第三世界での広報活動を示す記録群のうち、最初期のものにビルマ(ミャンマー)の週刊誌に掲載された「合衆国の黒人問題」と題する論文がある。この文書は、国務省政治部員によって執筆され、ラングーン駐在アメリカ領事の承認を得て発表された。その内容は、過去においてアメリカに苛烈な人種差別が実在したこと、そして現在なお、人種偏見は根深いことを認めつつ、近年、専門職に就く黒人が増えるなど、目覚ましい状況の改善がみられると強調するものだった。「現在、黒人の地位向上のために不断の努力がなされており、……市民のなかに法的な区別を設けることを廃した憲法修正第一四条、第一五条をすべての州で実現するという目標」に邁進《まいしん》しているとされた。[64]合衆国の情宣活動は、こうしたプレス・リリースのほか、合衆国情宣局(United States Information Agency: USIA)による広報紙の配布、アメリカ黒人の「文化交流」渡航など多岐に及んだが、いずれの場合も民主主義社会の健全な発展にともなって人種主義も漸次解消されていくはずだという、ミュルダールの『アメリカのジレンマ』を逆手にとって再構成したような素朴なレトリックに依拠するものであった。五二年七月、かつてNNCの委員長として四六年の国連請願に指導的役割を果たしたマックス・ヤーガン(Max Yergan)が国務省の資金でナイジェリアを訪問したケースは、その典型例といえる。「去年もリンチ事件があったし今年も起こるかもしれない」。ラゴス駐在アメリカ領事館とUSIAが準備した講演会でヤーガンは述べた。「〔だが、〕アメリカの人種関係のトレンドは疑いなく、黒人に完全な市民権を付与する方向に向かっている」、それゆえ、「アメリカの同胞達は民主主義に自らの運命をかける選択をしたのだ」と。[65]

合衆国政府は、著名な黒人の海外渡航を支援し、彼らの口から民主政に固有な進歩と自己改革の力を語らせる一方で、アメリカ民主主義の欺瞞《ぎまん》を国際世論に暴露しようとする黒人については、その行動に徹底した干渉を加えた。それは、しばしば、活動家の市民的自由の剝奪すら辞さない強硬なものだった。五〇年には、デュボイスを未登録外国エージェントとして逮捕し、パスポートを没収するとともに、海外で合衆国が運営する図書館から彼の著作を撤去した。[66] 同じ年、人気俳優でこの時期、容共の市民権会議(Civil Rights Congress)の活動に加わっていたポール・ロブスン(Paul Robeson)もパスポートを奪われた。公然と朝鮮戦争を批判したことが直接の理由だった。彼の場合はパスポートを必要としないカナダへの渡航も禁じられた。その唯一の論拠は戦時の国家緊急事態においては国務省がアメリカ市民の海外渡航を規制できるという法規定にあった。アチソン長官をはじめとする国務省の見解によれば、第二次大戦はいまだ正式には終了していないとされた。[67]

この他にも、フランス在住の黒人女性舞踊家、ジョセフィン・ベイカー(Josephine Baker)が政府の干渉を受けた。遅くとも五一年一一月には身辺調査が始まっていたようで、NAACPが国務省にその噂の真偽を問い合わせた記録がある。[68] ベイカーは、デュボイスやロブスンとは異なり左翼と距離をとっていたが、彼女が世界各地の公演先で語るアメリカ人種差別批判は、政府による民主主義イメージの情宣広報活動を無力にするインパクトをもった。政府は冷戦リベラリズムの枠を逸脱した黒人の活動を決して許容しなかった。五二年夏から五三年春にかけて予定されたベイカーのラテンアメリカ縦断公演ツアーは、外交担当者の目には国家安全保障の危機と映った。ベイカーは当時すでにフランスに帰化しており、合衆国にパスポートを剥奪する権限はなかった。政府は出先の外交機関の政治的影響力を駆使して、彼女の活動を妨害する方針をとった。こうした状況認識と具体的政策は、五三年一月以降、アイゼンハワー共和党政権にも引き継がれている。前年暮れのペルーとコロンビアの公演が中止されたのに続き、五三年二月のキューバでも、駐ハバナ米国大使館の圧力から劇場は契約をキャンセルした。さらに、次のハイチ公演も新国務長官ジョン・フォスター・ダレス(John Foster Dulles)から直接指示を受けたアメリカ大使館がこれを中止に追い込んだ。[69]

6 「ブラウン」判決へ

一九四〇年代末から五〇年代前半の市民権改革において、連邦三権のなかでもっとも実質的な成果をあげることができたのは司法部であった。この時期、居住区、州際鉄道、公教育などの人種隔離をめぐる連邦最高裁の訴訟で、原告である黒人側が勝訴するケースが相ついだ。注目すべきは、その背景に、連邦行政権力の後押しがあったことである。具体的には、いずれの場合も連邦政府が、市民権擁護を求めるブリーフを審理過程に提出していた。ブリーフとは、社会への影響の大きな訴訟について、利害関係の深い第三者が法廷助言者(amicus curiae)となり、裁判所に提出する意見書である。連邦裁判所では連邦政府が法廷助言者となることができたが、政府は長く市民権関連の紛争にブリーフの提出を必要とするだけの重大性と緊急性を認めてこなかった。転機は大統領市民権委員会報告が公表された直後の、四七年末に訪れる。このとき居住区の人種隔離をめぐって係争中であった連邦最高裁のシェリー対クレマー裁判で、政府がブリーフの提出に踏み切ったのである。これは自ら紛争の当事者ではない市民権訴訟に、連邦政府が介入した最初の事例となった。

同裁判の概要は次のとおりである。ミズーリ州セントルイスの住宅地の一つには、近隣への黒人の転入を防ぐため、「白人以外に」不動産を販売することを禁じる契約特約条項(covenant)が存在した。しかし、これに違反して黒人に土地を売る白人住民がでた。この行為に対して州の最高裁は特約条項の執行を求める命令を出した。その後、訴訟は連邦最高裁に上告される。上記の州司法部の契約特約条項執行命令が、不動産を購入しようとする黒人の憲法修正第一四条上の権利を侵害する州行為にあたる、と原告は訴えた。

四七年一二月、連邦政府が提出したブリーフは原告側を全面的に支持するものであった。そもそも、法廷助言者ブリーフには訴訟当事者間の利害を超えたより巨視的な立場からの意見が求められるが、この場合政府は「合衆国の国益」の観点から主張を展開した。すなわち、「人種抑圧的な不動産契約特約条項」が存在する「現在の状況と、民主的生活様式に活力を与える個人の権利および尊厳への敬意……とは相容れない。われわれの自由な制度の安全にとって脅威となっているこれらの悪を破壊するときがきた」と。また、「国内の差別のために、合衆国の外交は支障を来している」とする国務長官付司法顧問が司法長官に宛てた書簡や、市民権委員会報告に添付されたアチソン書簡を抜粋するなど、居住区の人種隔離が「外交政策の実施」に与える悪影響を最大限強調した。加えて、同ブリーフは、戦時中の日系人強制立ち退きをめぐる判例にも言及しつつ、「人種に基づく法的区別」の悪は、それを「相殺できるほどの重大な〈公的〉利益」がないかぎり、決して「憲法になじまない」と論じていた。[70] 連邦政府の認識において、第二次大戦中に、「切迫した公的必要」ゆえに人種的差異に基づく日系人市民権の制限が容認されえたとしても、冷戦が激化しつつあるこの時点では、むしろ同様の国家安全保障の観点からこそ、差別の即時撤廃が求められていたのである。なお、翌四八年の最高裁判決は、州裁判所による契約特約条項執行命令が憲法修正第一四条の「法の平等な保護」条項に違反していると断じ、原告勝訴となった[71]。

この年、連邦政府は州際鉄道の人種隔離に関する最高裁へンダーソン裁判でも、黒人原告を支持するブリーフを提出した。それは食堂車内をカーテンで白人と非白人セクションに仕切る慣行が「特定の乗客に特典を与えること」を禁じた州際通商法違反にあたると論じるものであったが、同時に、アチソン書簡を再録したほか、国連の議事録から「国連憲章の原則に従うなら総会は合衆国の人種差別に対して弾劾決議をせざるをえない」というソ連代表の発言を引用するなど、人種隔離問題と冷戦外交の関係をより具体的に示す内容となった。さらに、ブリーフは「黒人大衆の〔合衆国への〕忠誠」という反共国内戦線の議論にも関わる問題に言及し、次のように結論した。「平等を宣言しておきながら隔離その他の形態で人種差別を行っているこの社会のあからさまな偽善は、潜在的な反乱の衝動を正当で道理あるものとし」、黒人による「アメリカの信条と政府の全面的拒絶につながるおそれがある[72]」と。この議論は必ずしも黒人の不満と共産主義を直結するものではなかったが、反共ヒステリーが拡大しつつある社会状況にあって、国民のある種の危機意識に訴えようとする意図が看取される。最終的に政府は、食堂車内の人種隔離を違法とする判決を引き出すのに成功した。ただし、それ自体は州際通商法の規定に照らした判断であって、一八九六年のプレッシー対ファーガソン判決以来、ジムクローの硬い芯《しん》となってきた「分離すれども平等」原則の是非について論じる性格のものではなかった[73]。

五〇年代に入ると、人種隔離の最重要領域である「公教育の隔離」問題が最高裁で争われるようになった。五〇年には、かの「ブラウン」判決に先行してマクローリン、スウェット両裁判で原告が勝訴している。前者では、大学内部での人種隔離が問題となった。オクラホマ州の黒人学生G・マクローリン(G. W. McLaurin)は公教育の隔離を規定した同州の法令に異議を唱えて連邦地裁に提訴し、裁判の結果、オクラホマ大学教育学大学院に入学を認められた。しかし、入学後、図書館や教室、カフェテリアなどで徹底した人種隔離に遭ったため、NAACPの支援を得て、憲法修正第一四条が定める法のもとの平等な保護を求めて最高裁に訴えた。後者のスウェット裁判の出発点は、テキサス大学ロー・

スクールによる黒人学生H・スウェット(Heman M. Sweatt)の入学拒否にあった。だが、この措置は州第一審裁判所によって違憲判決を受ける。そこで、同大学は黒人専用のロー・スクールをにわかに開校し、ここにスウェットを入学させた。しかし、スウェットは、新設の黒人ロー・スクールが提供する教育と施設が、本来のロー・スクールのそれに大きく劣るとし、マクローリン裁判と同じく、修正第一四条違反を最高裁に告発した。

両訴訟においても、政府はシェリー、ヘンダーソン裁判の前例に従って、裁判の行方が外交政策に及ぼす影響を強調するブリーフを提出したが、これらは学校の人種隔離関連の裁判に連邦政府が初めて介入した事例となった。判決は、いずれの場合も大学側の措置が修正第一四条が保障しているはずの「平等の処遇」に反しているとして、原告側の主張を認めた。ただし、これらの訴訟で争われたのは、「分離」そのものの是非ではなく、黒人学生と白人学生が享受できた教育が平等であったか否か、すなわち、「分離されてなおかつ不平等」だったかどうかという点にあった[74]。それは、できるだけ可能性の高いやり方で、黒人学生の待遇を改善していこうとするNAACPの現実的な戦術でもあった。

「分離すれども平等」原則がようやく争点となったのは、カンザス州トピーカの黒人児童、リンダ・ブラウン(Linda Brown)が近隣の白人小学校への入学を拒否されたことに端を発するブラウン対教育委員会裁判においてであった。同訴訟への連邦政府の関与、わけても、その背景にある外交政策との関連に注目するなら、ここでも重要なのは政府が最高裁に提出したブリーフであろう。五二年一二月、すなわちトルーマン政権の最後の月に提出された政府ブリーフは、全編をとおして、「分離すれども平等」原則を「合衆国の国益」に照らして見直すことを強く求める内容となった。「人種差別の問題は、今日の自由対圧政という世界闘争の文脈で考察されなくてはならない」とブリーフはいう。「合衆国は世界のあらゆる国籍、人種、肌の色の人びとの前で、自由な民主主義こそが、これまで人類が考案したもっとも文明的で安全な政体であることを証明しようとしている」、しかし、「(国内の)人種差別は共産主義プロパガンダの製粉所に小麦を与えているに等しい。友好国の間でさえ、われわれがどれくらい本気で民主主義の信条に献身しているのか疑われている」[75]。

このブリーフにも国務省の意向が強く反映していた。直前にアチソンが国務長官として司法長官に送った書簡が掲載されているが、これは市民権委員会報告やこれまでの政府ブリーフに度々登場したアチソン書簡の改訂版ともいうべき性格の文書であった。

過去六年間、人種差別に起因するわが外交の損害は加速度的に拡大した。……予測されたとおり、ソ連のスポークスマンは常にこの状況を利用し、国連の場で、そして、世界の隅々にまで届くラジオ、新聞報道を用いて反米宣伝を行っている。確かに、われわれに対する攻撃は時に誤っていたりねじ曲げられたりしている。しかし、否定しえない人種差別の存在が非友好国にプロパガンダ戦争のもっとも効果的な武器を与えていることに違いはない。通常は友好的な諸民族――その多くは非ヨーロッパ人種の地位にとくに敏感である――のなかにみられる〔わが国に対する〕敵意は警戒を要するまでになろうとしている。こうした国々では、合衆国が国内の人種差別を容認しながら民主主義のチャンピオンを自認するのは偽善だという声がますます大きくなっている。人種に基づく学童の隔離は、国連その他における反米言説に取り上げられてきたが……他の民族は、どうしてそのような人種慣行が、自由と正義そして民主主義の擁護者を自認する国に存在しうるのか理解できない。……人種差別の存続は……わが国が世界の自由、民主主義諸国の道徳的指導者たる地位を保つのを困難にしている[76]。

「国益」とジムクローの間に軋轢《あつれき》を見出し、「分離すれども平等」原則の放棄を最高裁に求める連邦政府の認識は、右のアチソン書簡の議論でほぼいいつくされている。「ブラウン」訴訟の政府ブリーフは、「もし、自由が危機に瀕している諸民族を鼓舞しようとするなら、もし、市民的自由をすでに奪われてしまった人びとに、希望を取り戻させたいと願うなら……われわれ自身の民主主義の実践において残存する不備を正さねばならない」というトルーマン特別教書(四八年二月)の一節をもって結ばれた[77]。

ブリーフ提出の一カ月後、政権はアイゼンハワー共和党へと移る。「ブラウン」訴訟は民主党、共和党両政権をまたがる紛争となった。アイゼンハワーは大統領就任早々に、国際人権規約の締結に反対する、いわゆるブリッカー修正(Bricker Amendment)に支持を表明するなど、人権問題に対して少なからず反動的であった。黒人メディアは「アイゼンハワー氏が心に描いているのは、市民権問題に対する臆病で、効果のない州権論的アプローチと同じである」と批判の声をあげた[78]。だが、政権が代わっても連邦政府の「ブラウン」裁判への働きかけは基本的に変わらなかった。アイゼンハワーの政府は五三年一一月に「補遺」として、改めて自政権の責任においてブリーフを提出しているが、その内容はすでにトルーマン政権ブリーフにおいてあげられたいくつかの具体的課題について、委細な検討を加えたものであった[79]。

五四年五月に出された判決が教育の人種隔離に違憲を宣告したのは周知のとおりである。アイゼンハワーが任命した最高裁長官アール・ウォーレン(Earl Warren)が起草した判決文は、「教育施設の分離はそれ自体、本来的に不平等である」と宣言して、「分離すれども平等」原則を五八年ぶりに覆した。判決の論拠として、分離教育が人種的少数者の生徒に与える教育上の悪影響が強調されたが、政府ブリーフが主張した「国益」に配慮されたことも間違いない[80]。当時、ウォーレン自身が全米法曹協会(American Bar Association)で次のように演説している。「今日、アメリカの制度も他のすべての政治理念と同様に、国内外で試されているが……われわれが憲法と権利章典の精神をいかほどに保持できるかが、長い目でみれば水爆の備蓄数よりもそれ〔アメリカの制度〕を確固たるものとし、また賞賛の対象とすることができるだろう[81]」と。合衆国の対外宣伝ラジオ放送、ヴォイス・オブ・アメリカは、判決後一時間以内に三五の言語で東欧を含む全世界にその内容を伝えたのであった。

7 改革の限界

「ブラウン」判決の対外的影響に関する外交部局の評価はおおむね肯定的だった。約一カ月後に提出された国家安全保障会議(National Security Council)報告は「同判決によって……共産主義者がブラック・アフリカに保持してきたもっとも有効な反米の武器を奪い取ることができた」と結論した。[82] 冷戦国際関係が生んだ政治的圧力、わけても第三世界を舞台にソ連と闘ったプロパガンダ戦からの要請が、市民権改革の推進力であったことを考え合わせると、こうした楽観が、行政部をさらなる改革へと向かわせるモティヴェーションの減退につながったことは想像にかたくない。続く数年間、アイゼンハワー大統領は公式に「ブラウン」判決を支持することをせず、南部諸州が示した人種統合へのあからさまな抵抗を黙認した。また、司法部も公教育の人種隔離が修正第一四条が保障する少数者の市民的権利を侵害しているとの見解を、きわめて抽象的に示しただけで、統合教育の実施にかかる具体的なプロセスについては課題を先送りしていた。翌五五年に出された「ブラウンII」判決はこの問題に関して、下級裁判所に「思慮深いスピード」(with all deliberate speed)で隔離を廃絶するプランを作成することを求めるにとどまった。[83]

判決の「執行」の局面で最高裁が示した消極性は人種関係の現状維持をめざす勢力に力を与えることになった。五六年春には、黒人学生オーザリン・ルーシー(Autherine Lucy)がアラバマ大学に登録したことに対し白人地域社会が暴力的に反発する事件が起こる。連邦地裁は同大学にルーシーの保護を命じたが、大学側はルーシーが行った大学批判を事由に彼女を放校としてしまう。ルーシーは連邦地裁に提訴したが、処分が覆ることはなかった。この事件は、ポーランドなど東欧諸国で反米宣伝の材料となっただけでなく、インドやナイジェリアといった第三世界でもアメリカの人種政策を非難する言説を再び盛んにすることになった。[84]

こうしたなか、政府は同年秋の選挙もにらんで、再建期以来初の市民権法の立案に着手している。最終的に五七年八月二九日、両院を通過した法案は差別の実態調査を任務とする超党派の行政委員会の設置と司法省刑事局市民権部の市民権局への格上げを行うなど、市民権問題に対処する行政機能の拡充をはかった。しかし、政府介入の対象となる「市民権」領域については、上院の南部民主党勢力の圧力によって、「投票権」のみに特化されてしまった。当初、司法長官ハーバート・ブラウネル(Herbert Brownell)を中心に起草された原案では、ジムクロー問題を含む市民権全般にわたる紛争において、司法長官が民事裁判所に仮処分申請などの予防的救済措置を要請する権限を認めていたが、審議の過程でこの事項は削除され、こうした民事的措置は投票権が侵害されたケースにのみ可能とされた。さらに、この投票権保護条項についても、司法省の仮処分申請や市民権委員会からの召還要請拒否にかかわる訴訟に、陪審員裁判を必要とする規定が盛り込まれ、事実上骨抜きにされてしまった[85]。

市民権政策の限界は、時をおかず明らかになる。五七年市民権法が議会を通過した四日後、アーカンソー州リトルロックで州民兵が人種統合教育の開始を妨害するという事件が発生した。リトルロック学区の教育委員会は、「ブラウン」判決の勧告に沿って、すでに五五年に同学区の段階的人種共学実施プランを発表し、連邦巡回裁判所がこれを妥当と認めていた。しかし、五七年秋に定められた共学開始が間近に迫った八月末、反対派の住民は州高等裁判所に提訴、裁判所は同プランの実施差止め命令を発した。これに対し教育委員会からの上訴を受けた連邦地裁はただちに共学の推進を命じ、九名の黒人学生がこれまで白人のみが通っていたセントラル高校に入学できることを確認した。だが、オーヴァル・フォーバス(Orval Faubus)州知事は統合教育の開始が「暴動の危険」を惹起したとして緊急事態を宣言し、民兵の出動を命じた。九月四日登校してきた黒人新入生は、銃剣で武装した民兵によって入構をはばまれてしまう。動揺した教育委員会は、一転して隔離廃止の延期を求める請願を行うが、連邦地裁は断固としてこれを退けた。しかし、民兵は連邦裁判所の命令を無視して学校を包囲し続けた。九月二〇日、州知事はようやく民兵に撤退を命じたが、その三日後、入学予定の黒人学生が警官に護衛されてセントラル高校に入構すると、同校を取り囲んだ約一〇〇〇人の怒り狂った白人群集は暴徒と化し、リトルロック市は最悪の騒擾状態に陥った。白人の暴力は翌日にも続いたが、州知事はこれを黙認した[86]。

海外のメディアは、連邦政府の無為を厳しく批判した。また、当時、ハンガリー動乱で国際的批判を受けていたソ連にとっては、形勢を逆転する格好の材料となった。国務省の報告書によると、「モスクワは……南部で行われた『もっとも基本的な人権の侵害』を指摘することで、ハンガリー問題に関する合衆国の道徳的立場を疑わしいものとし、〔ソ連による人権侵害を譴責《けんせき》する〕国連決議のインパクトを和らげようとした」という[87]。アイゼンハワー政権は連邦の介入を決意せざるをえなかった。九月二四日、大統領は行政命令一〇七三〇号に署名して、合計一〇〇〇名の連邦軍をリトルロックに送り、アーカンソー州民兵についてはこれを連邦軍へ編入した。この日アイゼンハワーはテレビ放送に出演し、国民に向かって連邦軍派遣の経緯を語った。派兵の理由は、連邦権力が体現する法と秩序を回復するとともに、冷戦外交における国家安全保障を確保するためだと説明された。すなわち、「今日、共産主義者が人権に基づく政体に対して抱く憎悪のために、われわれは海外で深刻な状況に直面している。そうしたなかで、わが国および世界の威信と影響力は傷つけられ、さらに安全までもが損なわれようとしている。……われわれの敵はこの事件にほくそえんでおり、いたるところでこれを用いて誤ったアメリカ像を喧伝している。われわれは……『人種、性別、言語、宗教による区別なく』、『基本的人権』および『個人の価値と尊厳』を尊重するという、国連憲章に宣言された行動指針の違反者として描かれている」。だが、「連邦裁判所命令への抵抗が終わりさえすれば……すべての者にとっての自由と正義を備えた、不可分の一つの国民としてのアメリカのイメージが回復されるだろう[88]」と。

リトルロック事件の対外関係への影響を懸念する声は広範だった。『ニューヨーク・タイムズ』紙は九月二六日と二七日の紙面で、諸外国の主要メディアの報道を特集した。同事件の記事は、ほぼ世界のどの地域でも一面トップの扱いを受けていること、論調はソ連と中国、そして仏伊の共産党系新聞が反米宣伝の題材に活用しているほかは、アメリカへの非難は終息しつつあることが記されていた。第三世界でも、エジプトとインドネシア、シンガポールの新聞はいまだ批判的で「合衆国の威信が傷つけられている」とされたが、インドやメキシコをはじめとする多くの国では連邦軍の派遣に「喝采が送られた」という[89]。外交出先機関も各地の反応を逐一国務省に報告している。国務省文書の史料によると、インドネシアでは、リベラル系の新聞がアメリカ大使に公開質問状を出して、「リトルロックで起こったような黒人差別が温存されながら、アジア諸民族は……どうして合衆国と西側の民主主義が全世界に導入すべきかけがえのないものだと信じることができるだろうか」と論じるなど反米的主張が顕著だった。しかし、とりわけ大統領の介入後は、ラテンアメリカでは、アメリカ政府に否定的な声は小さくなり、ガーナやナイジェリアなど元来アメリカの人種政策に批判的なアフリカ地域でも事件の扱われ方は少なくとも中立的だったとみられる。また、イタリア駐在アメリカ領事館は、一〇月後半までに新聞からリトルロック事件関連の記事が消え、ソ連の人工衛星スプートニク打ち上げ成功に報道が集中していると伝えていたが、この報告は西欧と第三世界の関心の推移を如実に示していた。アメリカ民主主義のイメージを守る戦いは当面、危険な状態を脱したようにみえた。ダレス国務長官は、「われわれの本当の進歩がこの劇的かつ不快な事件によってぼやけてしまわなかったことを知って嬉しく思う」と、チリ駐在アメリカ大使宛ての書簡で安堵の気持ちを述べた[90]。

だが、連邦軍の派遣によって、リトルロック事件が招来した国家安全保障の危機が一応回避されたとしても、事件を生み出した南部の地域社会の性格自体は本質的に変わらなかった。人種隔離廃絶への抵抗は頑強で、翌五八年の新学年開始を前に、一一州で一九六に及ぶ人種統合の抑制をめざす法令が成立している。アーカンソーでも、八月に議会を通過した新州法に基づき、フォーバス知事は裁判所から人種共学を命じられた公立学校を閉鎖し、分離教育を続ける私立学校への公的資金援助を増額した。前年一〇月末から黒人生徒が通学し始めていたセントラル高校も閉鎖された。知事の強硬姿勢は州民から絶大な支持を受けた。この五八年の選挙でフォーバスは「連邦介入の違法性」を主張して再選された。こうした地域社会の抵抗を前に、連邦裁判所は、下級の地区裁判所レベルでは共学開始の二年半延期を認めたが、上訴裁判所と最高裁ではいずれもこれを棄却し、「ブラウン」判決の理念が大衆の暴力に屈しないことを示した。しかし、五九年に再開されたセントラル高校に入学した黒人学生はわずか二名にすぎず、しかも、通学には警察の護衛が必要だった。実態として、南部の人種統合は遅々として進まなかったのである。[91]

結びにかえて

リトルロック事件から約一年後の一九五八年一二月、国務省が市民権委員会に提出した報告書は、次のように冷戦外交と市民権問題の関係を総括している。「合衆国内でのマイノリティの処遇は世界の関心事であり、常に諸外国がわが国に対する態度を決定する要因である」。人種差別の存続は、「自由と民主主義の主唱者としてのわが国の道徳的立場を弱め……非白人世界の福祉をいうわれわれの言葉の誠実さ……への疑念をかき立てている。また、人種問題は反米プロパガンダの標的とされ、他の問題で共産主義者がわが国を攻撃する際にも、公衆がこれを信用する基礎となっている」と。そして、同報告書はより具体的に、同年四月にガーナの首都アクラで開かれた第一回独立アフリカ諸国会議に言及し、この会議が、五五年のバンドン会議(第一回アジア・アフリカ会議)と同じく、人種差別に抗議する決議を採択したことに注意を喚起している。[92]

このように、アメリカ国内の人種差別をソ連と覇権を競う自国の戦後世界戦略の文脈上に捉えようとする問題意識は、トルーマン、アイゼンハワー両政権に通底する思考だった。その意味で市民権改革は、いわゆる「封じ込め」政策と整合する性格をもった。この時期、政策策定者達が一貫して国家安全保障との関連でこの問題を論じてきたことは、すでにみたとおりである。いうまでもなく、冷戦下の安全保障にとって、第三世界の反植民地主義と東側勢力の結合を防ぐことは最重要課題の一つであった。国内の人種問題はこの点でとくにデリケートな政治的含意をもたざるをえなかったのである。

加えて、元来、反植民地主義と市民権運動の間に深い相互関係があったことも問題を複雑にしていた。例えば、上記の国務省報告に述べられたアクラ会議を主催したガーナの初代大統領エンクルマ(Kwame Nkrumah)は、青年期にアメリカに留学した経験をもつ。このとき、彼は人種隔離の実態を目の当たりにするとともに、デュボイスの知己を得て、そのパン・アフリカニズムから多大な思想的影響を受けていた。合衆国政府はまさに安全保障上の観点から、両者の運動が結びつくのを嫌った。五七年に行われたガーナ独立祭典にデュボイスが出席することを国務省は最後まで認めなかったのである。

合衆国の冷戦政策と相容れない市民権運動の活動が厳しく抑制されたことは、「上からの」改革の本質的な保守性を示していた。政府はすでに第二次大戦末期から、人権と市民権に関わる政策の策定に市民権運動の主流たるNAACPを取り込んでいく方針をとり、一方、当時独自の国際主義を模索していたNAACPもこれに応えて、国連の活動などに積極的に関わろうとした。しかし、四八年までに、政府は国内の市民権問題と国際的な人権問題を分離する政策を明確にし、市民権運動にも冷戦の論理を押しつけていく。戦後国際社会での人権のあり方を規定すべく合衆国の主導で取りまとめられた国連憲章と世界人権宣言は、いずれも内政不干渉原則という限界を内包するものとなり、これらの国際文書に立脚した「人権外交」は、アメリカの反ソ戦略の一つに矮小化されていった。

こうした冷戦政治の進展は、アメリカ黒人の市民権運動にもダイレクトに反映した。四八年のトルーマン大統領再選キャンペーンを境に、NAACPは市民権運動内の反植民地主義者や容共分子を排除する。確かに、この年以降本格化する一連の市民権訴訟で、NAACPが、とくに黒人原告の弁護活動においてなした貢献ははかりしれない。しかし、反共リベラリズムと安全保障の議論に囲い込まれた運動は、現状の批判者としての鋭さを欠いていった。先に触れた一九五八年国務省報告には、W・ホワイトからNAACP書記長の座を受け継いだR・ウィルキンスによる「人種関係声明」がファイルされている。それは、一九五七年市民権法と連邦政府によるリトルロック事件の処理を手放しで賞賛する内容であった[93]。この時期の市民権運動にもまた限界があった。

国内の人種関係改善の努力が、いわば「外」に向けてのメッセージとしての性格を少なからずもったことは、市民権改革と、国務省やUSIAの対外情宣、広報活動との関係を不可分のものとした。合衆国は、とくに非ヨーロッパ地域で、積極的に自国の人種差別の過去、現在、未来に説明を与えようとした。最低限度の、そして遅すぎる改革も、全体主義とは違って民主主義が自ら進歩し続ける政体であることを示す証拠として宣伝された。アメリカ民主主義のイメージを守ること、国際政治におけるアメリカの威信を保つことは、安全保障を左右する重要課題とされたが、まさに、このことこそが、市民権改革の主要な政策的動機の一つだった。政府の人種問題に対するそうしたアプローチは、リトルロック事件の事後処理の段階になっても基本的に変わらなかった。連邦軍の介入直後の五七年九月三〇日、国務長官ダレスは世界各地の少なくとも七九のアメリカ大使館に、『リトルロック事件の見方』と題する文書を配布している。同事件に対する「批判を克服するための」回答マニュアルであった。その骨子は、リトルロックの白人住民が示した抵抗は全くの例外であり、「アメリカのほとんどの地域では、すでに人種統合に向けての目覚ましい進歩が成し遂げられていて、今後これは不可避的に全国で完成されつつある」こと、むしろ、今回の事件で示されたのは、「アメリカの国家権力は」、ソ連の場合とは対照的に「個人の平等と自由を支えるために用いられている」という事実であったこと、を強調せよというものだった[94]。その後、政府は五八年のブリュッセル世界万博をも「過去の差別」と「改善に向かう将来」を自ら語る場として利用している。アメリカの人種差別の歴史を展示したパビリオンは、USIAによって企画、運営され、「未完の事業」と名づけられたのであった[95]。

人種問題に関する広報活動が文字通り国策として展開される一方で、実態としての市民権改革は不徹底なままだった。例えば、リトルロックでは連邦の介入後も人種共学は遅々として進まなかった。五八年に閉鎖された共学校は五九年には再開されるが、この年、導入された生徒配置制(pupil placement plan)は、生徒が入学する学校や転校先の決定を学区の教育委員会に委ねるもので、分離教育継続の新たな拠り所とされた。同年、連邦最高裁がノースカロライナ州の同種のプランを容認したため、この制度は南部一帯に拡大していった。共学校の閉鎖を含む、南部諸州の人種統合教育に対する抵抗を、最高裁が再度明確に否認するのは六〇年代中葉のことである。[96]

冷戦政治の圧力、あるいは安全保障確保の要請を背景に、時々の情勢に対応するかたちで形成されてきた連邦政府の市民権政策は、確かにアメリカの人種関係に漸進的な改善をもたらしてきたといってよい。「ブラウン」判決における「分離すれども平等」原則の克服は、この時期の改革の一つの到達点であった。だが、上記のように統合実施の局面で市民権政治は明らかな限界を露呈していた。さらに、五八年夏、アラバマ州最高裁が黒人青年J・ウィルソン(Jimmy Wilson)に対し、雇用者の白人女性から一ドル九五セントを奪ったかどで死刑を宣告するという、スキャンダラスな不当裁判のニュースが世界を駆けめぐった。[97] 長く差別の温床となってきた南部社会の体質がほとんど変わっていないことが、再び暴露された。五〇年代までの、「外向けの改革」とこれに追従する全国的な市民権運動は、地域社会の慣行を根底から覆すだけの深みをもつものではなかったともいえる。すでに、トルーマン市民権委員会報告『これらの権利を保障するために』が、市民権改革の「青写真」を描いてから一〇年以上の歳月が経過していた。[98] 新しい論理と組織をもった運動と政治が必要とされていた。市民権改革がより本質的な平等へ向かって次の段階に進むには、直接行動を辞さず市民権問題を地域闘争として戦う、より草の根的な運動とそれらが提起した問題をあえて国政の課題として認知していく全国政治の登場を待たねばならなかった。

註

1 *To Secure These Rights: The Report of the President's Committee on Civil Rights* (Washington, D.C.: U.S. Government Printing Office, 1947), p.100.

2 *New York Times*, June 30, 1947, p. 3.

3 William C. Berman, *The Politics of Civil Rights in the Truman Administration* (Columbus: Ohio State University Press, 1970); Donald R. McCoy and Richard T. Ruetten, *Quest and Response: Minority Rights and the Truman Administration* (Lawrence: University Press of Kansas, 1973); Robert F. Burk, *The Eisenhower Administration and Black Civil Rights* (Knoxville: University of Tennessee Press, 1984). 戦後の市民権改革を考察した日本における個別研究には以下の三編がある。いずれも市民権問題を基本的に内政上の課題と捉える。泉貴子「トルーマン政権期における公民権委員会の活動──報告書作成過程を中心に」『西洋史学論集』第三五号(一九九七年一二月)四一〜六一頁、安藤次男「一九五六年公民権法案とアメリカの政党政治」『立命館国際研究』一一巻三号(一九九八年一二月)二〇〜三三頁、同上「大統領政治と一九五七年公民権法」『立命館国際研究』一〇巻四号(一九九八年三月)一二六〜一三八頁。

4 Paul Gordon Lauren, *Power and Prejudice: The Politics and Diplomacy of Racial Discrimination* (Boulder: Westview Press, 1988), p.336 n.103; "Symposium African Americans and U.S. Foreign Relations," *Diplomatic History*, Vol. 20, No. 4 (Fall, 1996), pp.531-650; Penny M. Von Eschen, "Challenging Cold War Habits: African Americans, Race, and Foreign Policy," *ibid.*, pp.627-638; Brenda G. Plummer, "Below the Level of Man: African Americans, Race, and the History of U.S. Foreign Relations," *ibid.*, pp. 639-650; Plummer, *Rising Wind: Black Americans and U. S. Foreign Affairs, 1935-1960* (Chapel Hill: University of North Carolina Press, 1996).

5 Azza Salama Layton, *International Politics and Civil Rights Policies in the United States, 1941-1960* (Cambridge: Cambridge University Press, 2000); Mary L. Dudziak, *Cold War Civil Rights: Race and the Image of American Democracy* (Princeton: Princeton University Press, 2000). 二〇〇一年にはT・ボルステルマンが、戦後の合衆国政府による「二つの南」──アメリカ南部と南アフリカ──政策の相関関係に注目した分析を刊行している。そのなかで著者は、「アメリカの冷戦の本質的戦略は……(アメリカを含む)西欧と第三世界からなる、可能な限り広範な多人種・反共連合を構築することであった」とし、そこでは、「国内と海外の人種改革者の運動をコントロールして漸進的な改革路線に導くことで、白人至上主義と植民地主義からの反発を和らげ、(世界の)人種的分裂を最小化する」ことが喫緊の課題だったと論じた。さらに同書は、かかる反共連合がしばしば、「西欧植民地秩序の維持」を必要としたため、「第三世界、特に南アフリカでは、結果として合衆国の冷戦政策が白人の有色人支配の終焉を遅らせる」ことにつながった、つまり、「白人南アフリカは、効果的に反共主義を利用して、自国の非民主的統治に対するアメリカの支援を継続させることができたのだ」と、「改革」の限界にも言及した。Thomas Borstelmann, *The Cold War and the Color*

Line: American Race Relations in the Global Area (Cambridge: Harvard University Press, 2001), pp.2, 268-269.

6 "Joint Declaration of the President of the United States and the Prime Minister of Great Britain," *The Department of State Bulletin*, Vol. V, No.112 (August 16, 1941), pp. 125-126.

7 *The Crisis* (December, 1938), p.393.

8 *Ibid.* (November, 1942),p.343.

9 *Pittsburgh Courier*, Vol. 33, No.6 (February 7, 1942); *ibid.*, Vol. 33, No.7, (February 14, 1942).

10 *Negro Digest*, Vol. 1, No.2 (December, 1942), pp.68-69.

11 Pearl Buck, "Letter to the Times: Harlem Seen as a Symbol," *New York Times*, November 15, 1941, p.16.

12 Gunnar Myrdal, *An American Dilemma: The Negro Problem and American Democracy* (New York: Harper and Row, 1944), p.1004.

13 John T. Elliff, *The United States Department of Justice and Individual Rights, 1937-1962* (New York: Garland Publishing, Inc., 1987), p.134.

14 Executive Order No.8802, *Federal Register*, Vol. 6, No.125 (June 27, 1941), p.3109; Plummer, *Rising Wind*, p.121.

15 Donald Bruce, Compiled, *National Party Platform*, Vol. I (Urbana: University of Illinois Press, 1978), p.406.

16 "Highlights of the Report to the 34th Annual Meeting of the NAACP," New York City, January 4, 1943, p.1, *Papers of the NAACP*, Part 1, Reel 4; Press Service of the NAACP, "Immediate Release," January 4, 1943, p.1, *Papers of the NAACP*, Part1, Reel 4.

17 L.D. Reddick, "Africa: Test of the Atlantic Charter," *The Crisis* (July, 1943), pp.202-204, 217-218.

18 *Negro Digest*, Vol.1, No.8 (June, 1943), p.25.

19 Walter White, W.E.B. Dubois and Mary Mcleod Bethune to Edward R. Stettinius, Jr., May 7, 1945 in Herbert Aptheker ed., *The Correspondence of W.E.B. Dubois*, Vol. III (University of Massachusetts Press, 1976), p.9.

20 Carol Anderson, "From Hope to Disillusion: African American, the United Nations and the Struggle for Human Rights," *Diplomatic History*, Vol.20, No.4 (Fall, 1996), p. 542.

21 *To Secure These Rights*, pp.59-61.

22 McCoy and Ruetten, *op.cit.*, p.23.

23 *New York Times*, June 2, 1946, p.33; Bridgeport Council of National Negro Congress to James Byrnes, June 10, 1946, RG59, 811. 4016 / 6-1046, National Archives; *Chicago Defender*, November 2, 1946.

24 *New York Times*, July 28, 1946, p.12; *New York Times*, July 29, 1946, p.36; *New York Times*, July 31, 1946, pp.1, 48.

25 *New York Times*, July 28, 1946, p.12; W.E.B. Dubois to Walter White, August 1, 1946 in Aptheker ed., *The Correspondence of W.E.B. Dubois*, p.163; Walter White to Dubois, August 1, 1946, *ibid.*, p.164; Leslie S. Perry to Dubois, January 22, 1947, *ibid.*, pp.178-179.

26 *New York Times*, December 3, 1947, p. 10.

27 Enclosure No.1, to Despatch No. 355, American Embassy Moscow, to Department of State, August 26, 1946, RG59, 811.4016/8-2646, National Archives.

28 *Chicago Defender*, November 9, 1946; *ibid.*, November 2, 1946, pp.1,6.

29 *Ibid.*, March 23, 1946, p.15; *ibid.*, March 30, 1946, p.5; *ibid.*, November 2, 1946, p.13; *ibid.*, October 15, 1949, pp.1-2; *The Crisis*, October 1942, pp. 312-313, 331; *The Crisis*, October 1947, p.301; *New York Times*, April 28, 1947.

30 Report of the Secretary for the November, 1947 Meeting of the NAACP Board of Directors, p.1, *Papers of the NAACP*, Part 1, Reel 7.

31 Minutes of the Meetings of the President's Committee on Civil Rights, reprinted in Michal R. Belknap, ed., *Presidential Committee and White House Conferences*, vol. 2 of *Civil Rights, The White House, and the Justice Department, 1945-1968* (New York: Garland Publishing, 1991).

32 *New York Times*, June 30, 1947, p. 3.

33 *To Secure These Rights*, p.82; Plessy v. Ferguson, 163 U.S. 537 (1896).

34 *To Secure These Rights*, pp.151-173.

35 *Ibid.*, pp.146-148.

36 *Ibid.*, pp. 146-147.

37 The President's Committee on Civil Rights, to George C. Marshal, May 23, 1947, RG59, 811.4016/5-2347, National Archives.

38 Robert K. Carr, to Dean Rusk, Office of Special Political Affairs, State Department, August 11, 1947, RG59, 811.4016/8-1147, National Archives.

39 *Public Papers of the Presidents of the United States: Harry S. Truman 1947* (Washington D. C.: U. S. Government Printing Office, 1961), pp. 121-126.

40 William H. Stoneman to W. E. B. Dubois, September 29, 1947, in Aptheker ed., *The Correspondence of W. E. B. Dubois*, pp.180-181; Dubois to Stoneman, October 16, 1947, *ibid.*, p. 181.

41 Leslie S. Perry to W.E.B. Dubois, January 22, 1947 in Aptheker ed., *The Correspondence of W.E.B. Dubois*, pp.178-179.

42 *New York Times*, October 12, 1947, p.52. ＮＡＡＣＰ請願の正式な標題は次のとおりである。“An Appeal to the World: A

Statement on the Denial of Human Rights to Minorities in the Case of Citizens of Negro Descent in the United States of America and an Appeal to the United States for Redress".

43 Report of the Secretary for the November, 1947 Meeting of the NAACP Board of Directors, pp.1-2, *Papers of the NAACP*, Part 1, Reel 7.

44 A. G. Mezerik, "Negroes at U.N.'s Door," *The Nation*, December 13, 1947, pp.644-646.

45 Hulten to Rusk, November 4, 1947, RG 59, 501.BD/11-447; Troutman, December 3, 1947, RG 59, 501.BD/12-347, National Archives.

46 W.E.B. Dubois to Walter White, July 1, 1948 in Aptheker ed., *The Correspondence of W.E.B. Dubois*, pp.188-189.

47 必ずしも市民権団体の国際的活動が消滅したわけではない。例えば、五一年にはアメリカ共産党系の市民権会議(Civil Rights Congress：ＣＲＣ)が William Patterson と Paul Robeson を中心に国連請願を行っている。だが、当初からＣＲＣの政治的孤立は深刻で、『我々は大量虐殺を非難する』(*We Charge Genocide*)と題された請願書のインパクトも、かつてのＮＮＣやＮＡＡＣＰの国連請願とは比するべくもなく小さかった。Charles H. Martin, "Internationalizing 'The American Dilemma': The Civil Rights Congress and the 1951 Genocide Petition to the United Nations," *Journal of American Ethnic History* (Summer 1997), pp. 35-61.

48 "NAACP Called 'Communist'," *Chicago Defender*, October 26, 1946, p.7.

49 Memorandum from W.E.B. Dubois to the Secretary and Board of Directors of the NAACP, September 7, 1948, *Papers of the NAACP*, Part 18, Reel 13, Frame 363-364; "Racial Unit Scored As Aiding Truman ――Dr. Dubois Charges Dropping of Efforts to Help Negro Peoples of World," *New York Times*, September 9, 1948, p. 27; Memorandum from White to Dubois, September 8th, 1948, *Papers of the NAACP*, Part 18, Reel 13, Frame 332-333.

50 Motion Passed by NAACP Board of Directors at the Regular Meeting, September 13, 1948, *Papers of the NAACP*, Part 18, Reel 13, Frame 340; Memorandum from Walter White to the Board of Directors, September 13, 1948, *Papers of the NAACP*, Part 18, Reel 13, Frame 342; Roy Wilkins, Assistant Secretary to the Branch Officers, September 15, 1948, *Papers of the NAACP*, Part 18, Reel 13, Frame 346-347.

51 Memorandum from Walter White to the staff, February 25, 1948, in Aptheker ed., *The Correspondence of W.E.B. Dubois*, p.238; Memorandum from W.E.B. Dubois to the Board of Directors of the NAACP, March 8, 1948, *ibid.*, p. 239;Henry A. Wallace to W.E.B. Dubois, May 17, 1948, *ibid.*, pp. 202-203; W.E.B. Dubois to Henry A. Wallace, May 24, 1948, *ibid.*, p.203.

52 Bruce, *National Party Platform*, p.435.

53 Executive Order 9980, *Federal Register* Vol.13, No. 146 (July 26, 1948), pp.4311- 4313; Executive Order 9981, *ibid.*, p.4313.

市民権政策推進の背景にトルーマンの青年期以来のキャリアと南部人種主義の緊張関係を見出す研究も少なくない。例えば、M・ガードナーは、二〇年代、ミズーリ州ジャクソン郡判事時代のトルーマンが、KKKとの間にたえず政治的トラブルを抱えていた事実を重視する。その経験が、奴隷主だった祖父をもち、ジムクローが常態化した境界州で生まれ育った南部白人の彼をして"moral courage"の境地にいたらしめたという。もっとも私人としてのトルーマンの「モラル」に疑義を呈するものも多い。M・ハントは、第二次大戦後になってなおトルーマンが私信のなかで、「ニガー」なる黒人の蔑称を用いていたと指摘し、大統領を「典型的な人種主義者」であったと結論づけている。Michael R. Gardner, *Harry Truman and Civil Rights: Moral Courage and Political Risks* (Carbondale and Edwardsville: Southern Illinois University Press, 2002), pp. 6-8; Michael Hunt, *Ideology and U.S. Foreign Policy* (New Heaven: Yale University Press, 1987), p. 163.

54 *Public Papers of the Presidents of the United States: Harry S. Truman 1948*, pp.923-924.

55 Burk, *op.cit.*, p.14.

56 Plummer, *Rising Wind*, p.201.

57 American Embassy Port-au-Prince, Haiti, November 18, 1947, RG 59, 811.4016/11-1847, National Archives.

58 American Embassy, Colombo, to Department of State, December 31, 1948, RG59, 811.4016/12-3148, National Archives.

59 American Embassy, Moscow, to Department of State, June 27, 1949, RG59, 811.4016 /6-2749; J. W. Fulbright, to George V. Allen, August 24, 1949, RG59, 811.4016/8-2449, National Archives.

60 Martinique, French West India, to Department of State, May 28, 1951, RG59, 811.411/5-2851, National Archives.

61 Statement of Roy Wilkins, NAACP, Hearings Before a Subcommittee of the Committee on the Judiciary, United States Senate 81st Cong, 1st Sess., June 17, 1949, *Congressional Records* (Washington D.C.: U. S. Government Printing Office), pp.36-40.

62 Roy Wilkins to Frank Pace, Jr., July 21, 1950; Frank Pace, Jr. to Roy Wilkins, August 9, 1950, *Papers of the NAACP*, Part 9, Discrimination in the US Armed Forces, 1918-1955, Series A: General Office Files on Armed Forces' Affairs (Microfilm Project of University Publications of America).

63 *Conference of Scholars on the Truman Administration and Civil Rights* (Independence, Missouri: The Harry S. Truman Library Institute for National and International Affairs, 1968), p.21.

64 American Embassy, Rangoon, to Department of State, October 7, 1947, RG59, 811.4016 / 10-747, National Archives.

65 *Chicago Defender*, March 22, 1952, pp.1-2; American Consul General, Lagos, to Department of State, July 30, 1952, RG59, 811.41/7-3052, National Archives.

66 Gerald Horne, *Black and Red: W.E.B. Dubois and the Afro-American Response to the Cold War, 1943-1963* (Albany, NY:

State University of New York Press, 1986),p.212.

67 Martin Duberman, *Paul Robeson* (New York: Knopf, 1988), pp.388-389, 393.

68 *Chicago Defender*, October 27, 1951, pp. 1-2; Walter White to Dean Acheson, November 15, 1951, RG59, 811.411 / 11-1551, National Archives.

69 Incoming Telegram from Havana to Secretary of State, No. 361, January 27, 1953, RG59, 811.411/1-2753; American Embassy, Habana to Department of State, Desp. No.1171, January 30, 1953, RG59, 811.411 / 1-3053; J. F. Dulles to Embassy Port-au-Prince, February 3, 1953, RG59, 811.411 / 2-353, National Archives.

70 Brief for the United States as Amicus Curiae, pp. 2-4, 19-20, 53-54, *Shelley v. Kraemer*, 334 U.S. (1948), reprinted in Philip B. Kurland and Gehard Casper ed., *Landmark Briefs and Arguments of the Supreme Court of the United States: Constitutional Law*, Vol. 46 (Arlington: University Publication of America, 1975).

71 *Shelley v. Kraemer*, 334 U.S. 1 (1948). なお、当時の最高裁長官F・ヴィンソン(Fred M. Vinson)は、四六年四月のストーン(Harlan F. Stone)前長官の急死を受けて、六月、トルーマンが任命した人物である。ケンタッキー出身のヴィンソンとミズーリのトルーマンは、同じ南部選出の民主党議員として長年親交が深く、最高裁長官に任命されたときも、ヴィンソンはトルーマン政権の財務長官の任にあった。一連の最高裁判決の背景に政府・司法間の政治的連携を想定することもある程度可能だろう。Gardner, *Harry Truman and Civil Rights*, pp. 163-197.

72 Brief for the United States as Amicus Curiae, pp. 9-11, 59-61, *Henderson v. United States*, 339 U.S. (1950), reprinted in Michal R. Belknap, ed., *Justice Department Briefs in Crucial Civil Rights Cases, 1948-1968*, vol.18. Pt.1 of *Civil Rights, The White House, and the Justice Department, 1945-1968* (New York: Garland Publishing, 1991),pp. 113-135,183-185.

73 *Henderson v. United States*, 339 U.S. 816 (1950).

74 *McLaurin v. Oklahoma*, 339 U.S. 637 (1950); *Sweatt v. Painter*, 339 U.S. 629 (1950).

75 Brief for the United States as Amicus Curiae, p.6, *Brown v. Board of Education*, 347 U.S. (1954) (filed in December 1952), reprinted in Kurland and Casper ed., *Landmark Briefs and Arguments of the Supreme Court*, Vol. 49, p.121.

76 *Ibid.*, pp.121-123.

77 *Ibid.*, p. 147.

78 *Baltimore Afro-American*, April 18, 1953, p.4.

79 Supplemental Brief for the United States as Amicus Curiae on Reargument, *Brown v. Board of Education*, U.S. 483 (1954) (filed in November 1953), reprinted in Kurland and Casper ed., *Landmark Briefs*, Vol. 49, pp.865-1054.

80 *Brown v. Board of Education*, 347 U.S. 483 (1954).

81 "Text of Warren Speech at Bar 'Home' Dedication," *New York Times*, August 20, 1954, p.14.

82 National Security Council, "Status of United States Program for National Security as of June 30, 1954," NSC 5430, *Foreign Relations of the United States, 1952-54*, Vol. II, Part 2 (Washington, D.C.: U.S. Government Printing Office, 1984), p. 1785.

83 *Brown v. Board of Education* (Brown II), 349 U.S. 294 (1955).

84 American Consul General, Lagos to Department of State, Desp. No. 106, February 24, 1956, RG59, 811.411/2-2456, National Archives.

85 Burk, *op.cit.*, pp. 205, 217.

86 *New York Times*, September 10, 1957, pp. 1, 26, 30; Dwight D. Eisenhower, *The White House Years: Waging Peace, 1956-1961* (New York: Doubleday & Company, INC, 1965), pp.162-169.

87 Copenhagen to Secretary of State, Desp. No. 200, September 5, 1957, RG59, 811.411/9-557; American Embassy Dublin to Department of State Desp. No.115, September 23, RG59, 811.411/9-2357; American Consul General, Sao Paulo to Department of State, Desp. No. 111, RG59, 811.411/9-2357; Memorandum for the Whitehouse from State Department, Concerning Request from the Civil Rights Commission, "Treatment of Minorities in the United States — Impact on Our Foreign Relations," December 4, 1958, RG59, 811.411/ 12-458, p.3, National Archives.

88 Dwight D. Eisenhower, "Radio and Television Address to the American People on the Situation in Little Rock," September 24, 1957, *Public Papers of the Presidents of the United States: Dwight D. Eisenhower, 1957* (Washington D.C.:U.S.Government Printing Office, 1958), pp.689-694.

89 *New York Times*, September 26, 1957, p.14; *New York Times*, September 27, 1957, p.12.

90 American Consul General Nairobi to Department of State, Desp. No. 96, October 2, 1957, RG 59, 811.411/10-257; American Embassy, Djakarta/USIA to Department of State, Desp. No. 188, September 26, 1957, RG59, 811.411/10-757; American Consul General Lagos to Department of State, Desp. No.155, November 29, 1957, RG59, 811.411/11-2957; American Embassy, Accra to Department of State, Desp. No.170, October 10, 1957, RG59, 811.411/11-1557; American Consul General Genoa, to Department of State, October 21, 1957, RG59, 811.411/10-2157; J. F. Dulles, to Cecil B. Lyon, American Ambassador, Santiago, October 8, 1957, RG59, 811.411/10-857, National Archives.

91 *Cooper v. Aaron*, 358 U.S. 1-3 (1958); Dwight Eisenhower, *The Whitehouse Years: Waging Peace*.

92 "Treatment of Minorities in the US," op.,cit., December 4, 1958, RG59, 811.411/12-458, National Archives.

93 Roy Wilkins, "Race Relations Review" filed in "Treatment of Minorities —," December 4, 1958, RG59, 811.411/12-458.

94 Circular No. 289, J. F. Dulles, Department of State, September 27, 1957, RG59, 811.411/9-2757; Department of State

Instruction, No. 1018, October 10, 1957, RG59, 811.411/10-10-57; Department of State Instruction No.1002, October 10, 1957, RG59, 811.411/10-10-57, National Archives.

95 Michael L. Krenn, "Unfinished Business: Segregation and U.S. Diplomacy at the 1958 World's Fair," *Diplomatic History*, Vol.20, No. 4 (Fall, 1996), pp.591-612.

96 *New York Times*, November 25, 1958, p.1; *ibid.*, October 13, 1959, p.1; *Goss v. Board of Education*, 373 U.S. 683 (1963); *Griffin v. County School Board*, 377 U.S. 218, 219 (1964); *Green v. County School Board*, 391 U.S.430 (1968).

97 Port of Spain, Trinidad to Secretary of State, Incoming Telegram No. 51, Sept. 3, RG59, 811.411/9-358; American Embassy Accra, Ghana to Department of State, Desp. No. 126, August 30, 1958, RG59, 811.411/8-3058, National Archives.

98 "To Secure These Rights," *The Crisis*, January 1948, p.11.

〔付記〕本章で引用した駐日米軍の人種隔離関連の文書史料については、高田馨里さんにご教示頂いて初めてその存在を知り得たものであった。この場を借りて御礼をいいたい。

第五章

「ボイコット」から「座り込み」へ

地域闘争としての南部市民権運動

川島正樹

はじめに

一九五〇年代後半から六〇年代にかけて南部を中心に高揚した市民権運動(Civil Rights Movement)は、その後のアメリカ合衆国の政治、経済、社会、文化にはかりしれない影響を及ぼし、また及ぼし続けている。歴史的考察の対象としてふさわしい時間の経過とともに、市民権運動史研究はアメリカ現代史研究における重要なテーマの一つとなってきており、ジャーナリストの著作あるいは運動当事者の手記に加え、多くの学術的研究も生み出されつつある。こうしたなかで、かつてのイメージ、すなわち全国的名声をもつ指導者が率いる全国的組織による連邦政府の介入を引き出す運動として捉える傾向にかわって、市民権運動のもう一つの特徴である一連の地域闘争[1]としての側面に近年注目が集まりつつある。この傾向は、とくにかつての運動参加者およびそれに続くいまや中堅の位置を占めつつある世代の研究者の間で、顕著になりつつある。[2]社会運動研究における資源動員論に対する批判や、歴史研究全般における「下からの」視点を強調する社会史の隆盛と相まって、「人種」（生物学的分類用語としてではなく、社会・政治的構築《コンストラクション》物を意味するものとして使用する）意識に基づく「コミュニティの団結性」を積極的に評価する数々の注目すべき地域レベルの研究が市民権運動史研究分野において生み出されてきた。[3]

しかしながら、地域レベルでの研究が進展するにつれて、全体的視野の欠落傾向への批判を含む、次のような問題点が指摘されるようになった。まず、「コミュニティの団結性」を強調するあまり、南北戦争後の再建期から一九五〇年代までの黒人「コミュニティ」における自助的努力の歴史を単純な連続的発展過程として捉えてしまい、六〇年代に高揚する市民権運動の画期性や第二次世界大戦を契機とした国内および国際的な文脈の変化の意義を見失いかねない点である。また、近年目立つようになったアフリカ系アメリカ人（以下「アフリカ系アメリカ人」と「黒人」の両用語を便宜上同義として併用する）の階級的分断現象だが、本当にそれはどこまで最近の出来事なのか、という疑問が提起されている。[4] 実際、「コミュニティの団結」自体も、所与の前提条件として存在していたというより、むしろ地方レベルの市民権闘争が進展する過程で、創造の努力が重ねられたとみなすほうが、より妥当であろう。[5] さらに「コミュニティの団結」を不動の歴史的前提としてしまうと、「コミュニティ」の名のもとに歴史的に封印されてきたアフリカ系アメリカ人社会内部における階級間の反目のみならず、一連の地域闘争として遂行された市民権運動が、「人種」間だけでなく黒人社会内部にももたらした分極化の意義を軽視してしまう結果を招きかねない。

加えて、あまた生み出される詳細な地域レベルの研究を統合し、運動の全体像を展望するのに不可欠なのは、現在までの長期的な視野に立つことであろう。とりわけ重要なのは、一連の地域闘争を媒介にして、地域レベルであれ、国家を含めたより上位のレベルであれ、やがて確立されることになる新体制へのまなざしをもつことであろう。換言すれば、「前史」の重要性はもちろん否定できないとしても、「勝利」の時点で叙述を終わらせがちだった従来の社会運動史研究の倫理観が問われている、ともいえる。アメリカの「人種」をめぐる問題は現在進行形であり、長期的な視野に立った、闘争の高揚までの前史への注目もさることながら、「勝利」後へのまなざしも求められている。[6] このような「勝利」後へのまなざしをもった研究を積み重ねることで、「統合主義」か「分離主義」か、というかつて盛んに用いられた二分法を超えて、各地で闘われた一連の市民権闘争によって提起された本質的な課題を真に受け止める道も開けるだろう。

各地域社会、南部全体、さらにはアメリカ全体にとって、脱《ポスト》「人種《ジムクロー》」隔離体制への移行過程は何を意味したのだろうか。市民権運動が提起した問題はそもそも何であり、それはどこまで解決されたのだろうか。前章でもみたように、連邦政府は「パクス・アメリカーナ」という第二次世界大戦後の世界政策《グローバリズム》に見合うように、国内を再編する意図を抱いていた。そのような状況下で、各地で黒人たちは差別隔離体制の解消を求めて果敢な闘争を展開し、しばしばそれに頑強に抵抗した隔離体制維持派との衝突の危機を生んだ。そのような一連の地域的紛争は連邦政府の介入を招来し、強力な連邦法を成立させ、脱「人種」隔離体制への移行が達成されていくのだった。南部の地方権力機構も、世界的覇権国家に適合的な国内再編、より具体的には従来の「地方主権」論的民主主義を清算して、「国民国家」理念に合致するように自己改造を迫る圧力を感じていた。とりわけ大都市圏の「南部リベラル派／穏健派」においてこの自覚は強かったが、自力でそれを達成することは困難だった。[7] 被差別・被抑圧民衆と隔離体制維持派という、黒人と白人双方の急進的部分の台頭による地域闘争の高揚によって、地域社会には激しい分極化がもたらされた。それはある意味で、連邦政府と「南部リベラル派／穏健派」にとって、深刻な危機であったと同時に、共通の意図を達成するための好機を意味したのではないだろうか。「南部リベラル派／穏健派」と重なる部分が多い南部の白人財界人は、ミドルクラスを中心とした黒人の指導的部分の支持を取り込みつつ、このような地域社会の分極化を利用しながら、両者はともに自らの利益を再確保しつつ新体制に適応していったのではないか。市民権運動を契機とした、民主党と共和党の二大政党制における「地域的ネジレ」の解消をともなう、全国レベルでの政党再編は、このような文脈において進められたのではないか。南部における「人種」隔離体制の崩壊への貢献のみならず、第二次世界大戦後の世界史的文脈変化への、地域、南部全体、および国家レベルでの適応過程で、市民権運動が結果的に果たさせられることになった、いわばもう一つの歴史的意義に関するこのような仮説も、吟味されねばならないだろう。[8]

地域闘争に注目するうえで留意すべきいま一つの理由に、地域闘争ないし地域レベルの政治運動の高揚と拡大がアメリカ政治全体に及ぼしてきた、独得かつ重要な歴史的意義という、いわばアメリカ史を特徴づける地域闘争にまつわる歴史的文脈がある。独立革命の発端は一連の地域闘争から発展したボストン郊外の局地的戦闘であり、一九世紀末の農民運動や二〇世紀初頭にかけての革新主義運動も地域的運動から全国政治の舞台へと展開されていった。歴史的にみて、アメリカの政治・経済・社会システムは、その時々の大きな歴史的変動に呼応して高揚した「下からの」圧力を受け止めつつ、その変化に適合的に自己修正を重ねてきた、ということができよう。市民権運動はこのような文脈に位置づけうるものである。[9]

本章では、最近のアメリカ市民権運動史研究の成果を踏まえ、筆者がこれまでに渉猟《しょうりょう》してきた文献、さらには蓄積してきた現地における関係者へのインタビューや研究者との討論[10]を背景に、モントゴメリーとアトランタという二つの都市に関する事例研究に焦点を絞り、必要な範囲内で連邦政府の「上からの」意図を交錯させつつ、アイゼンハワー期(一九五三〜六一年)の南部において、「人種」隔離体制の打破をめざす「下からの」動きが本格的に始動するまでを跡づけ、市民権運動全体の歴史的意義の総括に向けた第一歩としたい。

1 「下からの」運動高揚の諸前提

「ブラウン」判決前後の情勢変化

地域闘争という特質に注目しながら市民権運動の歴史的意義を考察するという立場を強調する場合にも、一連の地域

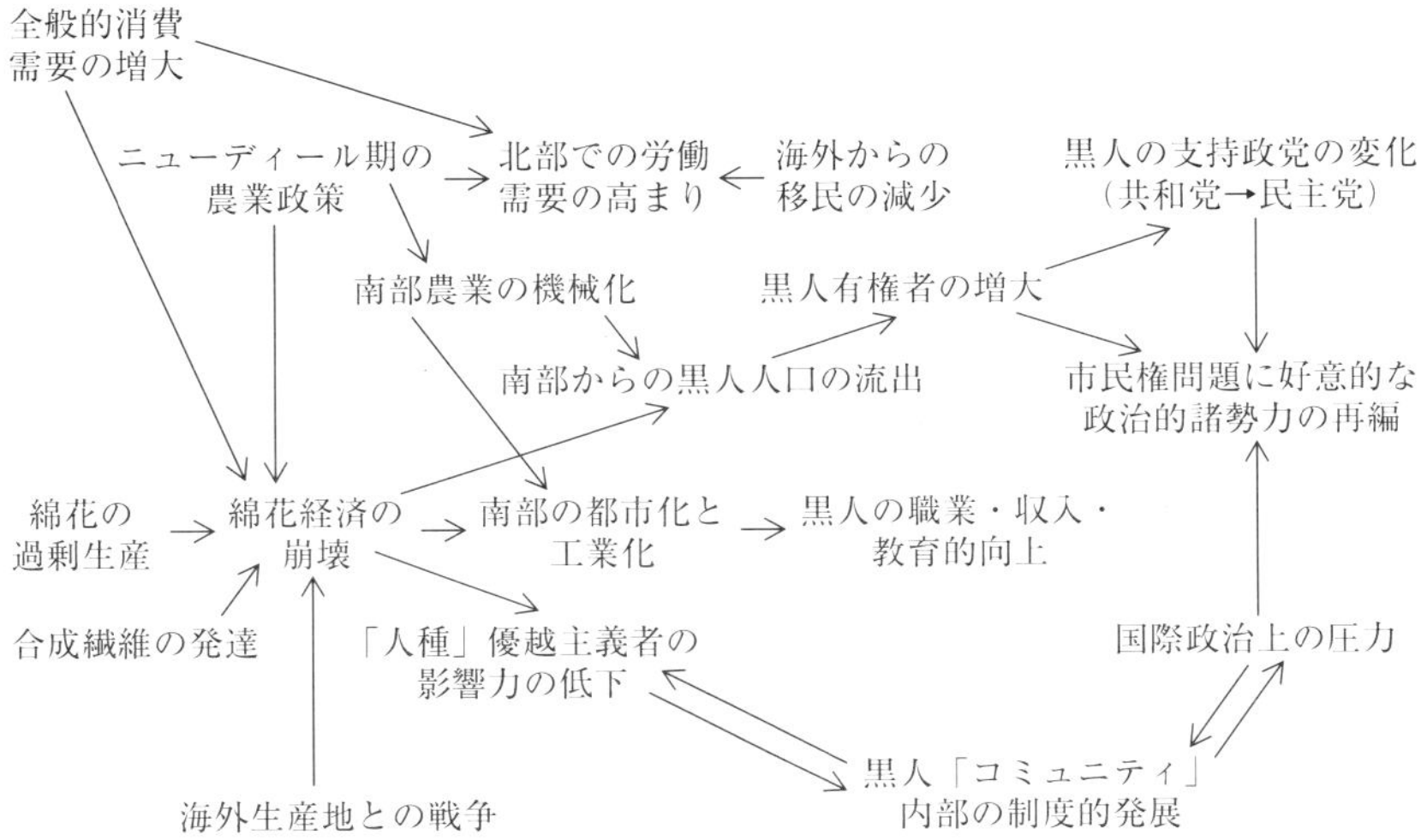

図1　1900〜54年にいたる黒人闘争を高揚させた諸要因とその相互作用
［出典］“Figure 5. 6: Model of Factors Contributing to the Development of a Favorable Context for Black Insurgency, 1990-1954”, in Doug McAdam, Political Process and the Development of Black Insurgency, 1930-1970 (Chicago and London: University of Chicago Press 1982), p.113.

的諸闘争が全国レベルの政治課題となりえた大きな文脈の変化を踏まえることは不可欠の前提となろう。アフリカ系アメリカ人による「反乱」、すなわち各地における市民権闘争を生むことになる二〇世紀初頭から「ブラウン対教育委員会」(*Brown v. Board of Education of Topeka, Kansas*)判決(五四年五月一七日)の時期までの歴史的文脈の変化をもたらすアメリカ内外の諸要因とその相互の作用については、マカダムによって非常にわかりやすく図式化されている(図1参照)。要約すれば、全般的な消費社会の発展による北部の工業化の進展と海外移民の流入減少による労働需要の高まり、海外の綿花生産や合成繊維生産との競合やニューディール政策と綿摘み作業の機械化が相互に及ぼした結果生じる南部農村地帯からの黒人の流出圧力、これらと相互に関連する都市化と工業化を背景とした黒人「コミュニティ」の指導部および制度的充実、北部を中心とした黒人有権者の増大、両大戦をへてしだいに高まり冷戦期に一段と増強する「人種」平等に向けた国際政治上の圧力、ニューディール連合の形成を契機とした市民権に好意的な世論を醸成する政治的再編といった、これらおよびその他の要素すべてが相互に関連して起こる歴史的文脈の変化のなかでこそ各地の市民権闘争は起こり、また全国的政治課題にもなりえたのである。

このような社会経済史的文脈変化を反映して、すでに三〇年代以降、南部における地域闘争の萌芽はみられていた。例をあげれば、アメリカ合衆国共産党による、アラバマ州を中心とした黒人労働者・農民の組織活動や、共産党のみならず全米有色人地位向上協会(NAACP)などの主要市民権組織も加わった、冤罪《えんざい》事件として名高い「スコッツボロー(Scottsboro)事件」裁判被告支援闘争などである。特筆に値するのは、共産党による労働組合の組織化である。党中央委員会の決定によって、二名の白人オルガナイザーが南部の工業拠点アラバマ州バーミングハムに入り、すでに遅くとも二九年末までには活動が開始された。「社会正義と人種平等への熱心な傾倒《コミットメント》に説得されて」共産党に入党し、「もっとも活動的なオルガナイザー」になったアンジェロ・ヘンダーソン(Angelo Henderson, 一九二三年生まれ)のような黒人労働者は少なくなく、三〇年五月にキャピトルパーク(Capitol Park)で開催された集会には約一〇〇名の白人労働者と七〇〇名の黒人労働者が集まった。共産党の黒人労働者への浸透を恐れた州当局はタスキーギ大学学長ロバート・モートン(Robert Morton)を通じて反共キャンペーンを展開するが、効果は乏しかった。まもなく農業分野にも組織化の努力は拡大し、三一年八月六日にはアラバマ各地の諸組織を統合すべく、小作人組合(Share Croppers' Union : SCU)が結成された。SCUがとった戦術は、地主との直接的な対決という「自殺的な」行為よりも、地元民衆の「伝統的な」抵抗手段である自己防衛と騙《だま》しを基調としたものだった。[11] さらには産業別労働組合会議(Congress of Industrial Organizations: CIO)による「南部作戦《オペレーション・ディキシー》」と呼ばれた組織活動も展開された。

それらは確かに地元権力機構が非難したように「外部からの」働きかけによるものだったし、とくにCIOの活動の場合には「人種」平等に関しても、またそもそも労働者の組織化に関しても大した成果を生まないままに挫折を強いられたが、各地における草の根レベルの指導層を掘り起こした点で、のちの市民権闘争の高揚にとって重要な歴史的意義をもった。[12]

真の意味での歴史的画期は第二次世界大戦によってもたらされた。マクミレンが指摘したように、第二次世界大戦が南部社会にもたらしたインパクトはある意味で南北戦争以上のものがあり、もはや南部において「戦後」という用語で指示されるのは南北戦争ではなく、第二次世界大戦のあとの時代であり、南部の政治家や一般民衆、とりわけ黒人民衆に多大な意識変革をもたらした。[13]そして戦後の「人種」関係に重要な意味をもつのが、国際的圧力と南部黒人の北部への大量移動であった。国際的圧力の重要性に関しては前章において触れられたごとくである。とりわけ再確認されねばならないのは、アメリカの知識人層に多大な、かつ持続的なインパクトを与えることになる、スウェーデン人経済学者による『アメリカのジレンマ』と題された、「人種」差別といういわばアメリカ社会の暗部に関する研究書の公刊が及ぼした影響である。同書は「人種」差別主義者《レイシスト》のナチスとの戦いのさなかの四四年に出版されて以来多数の版を重ね、多くの研究者によって引用され続けている。[14]トルーマン政権下で軍隊の「人種」統合がなされたのはその後まもない四八年だった。[15]さらに四〇年代末までに『ニューヨーク・タイムズ』の記事索引(*New York Times Index*)に恒常的に載せられるようになる、「人種平等」という特殊な意味を含意する「市民権」(civil rights)という新項目が目を引くようになった。[16]その他この間の国民的意識状況の推移に関しては前章で詳細に論じられているとおりである。

冷戦が本格化するのみならず、植民地支配を脱しつつある第三世界への支配権をめぐって米ソが相争うことになる時期と重なる共和党のアイゼンハワー政権期において、「市民権」問題はきわめて重要かつ微妙な政治問題となった。五四年五月一七日、連邦最高裁は有名な「ブラウン」判決を下し、五八年間にわたって「分離すれど平等」原則で正当化されてきた「人種」隔離体制を違憲と断じた。しかしながら、これが主要には冷戦状況下でのアメリカの対外的姿勢を示すべく下された、実効性よりも象徴的な意味が強い判決であったという指摘は、現在までに大方の同意を得ているように思われる。[17]他方、アフリカ系アメリカ人は全国レベルの指導層と同様に地域レベルにおいても、大戦後のアジアやアフリカの有色人たちによる植民地支配からの独立を求める闘いの高揚に大いに刺激を受けていた。何よりもバンドン会議(五五年四月)の開催年の年末にモントゴメリー闘争が起こったことがそれを象徴する。同闘争の指導者をへて、市民権運動の全国的指導者となるキング(Martin Luther King, Jr.)牧師は、当時そしてその後もこの点を繰り返し訴え続けることになるのだった。[18]

「上からの」改革努力の挫折

次に内政面に目を転じ、「市民権」問題に対するアイゼンハワー政権の基本的姿勢とその特徴を概観する。戦後期の内政に文脈的変化をもたらした最大の要因の一つは、主要には南部農業の機械化をはじめとした「プッシュ」要因にともなう、四〇年代から六〇年代にかけての三〇年間で五〇〇万人と推定される南部黒人の北部や西部への移動であった。[19]アフリカ系アメリカ人は投票権を保証された北部や西部で、主に大統領選挙や連邦議員選挙を通じて国政レベルで重要な有権者集団とみなされるようになった。他方、「アメリカのジレンマ」の解消に対する国民的関心も高まっていた。一例をあげれば、四〇年から四五年までのわずか五年間にNAACPの会員数は五万人から三五万人に飛躍的増大をみた。とくに北東部や中西部の都市部を基盤とする共和党連邦議員は、このような動向に関心を高め、第二次大戦後の持続的好景気によってニューディール的諸政策の追求への政治的関心が低下し、政党間の争いが再燃する傾向が強まるにつれ、いわゆる白人「エスニック」集団票を糾合して選挙戦を有利に展開してきた民主党に対抗して、「市民権」問題を新たな政治的論点《イッシュー》としつつあった。同時に戦中・戦後の経済的ブームが大恐慌の再来への国民的不安を消し去る一方、四三年に勃発したデトロイトでの暴動をきっかけに、「人種暴動」への不安が取って代わりつつあった。ただし、「市民権」問題をめぐる共和、民主両党の戦略は、その目標から慎重に黒人の経済的向上を切り離し、「人種」差別主義《レイシズム》の除去を主要には白人の「態度」の問題と捉えることで、白人有権者の離反を回避しつつ黒人有権者の支持を獲得する方向をめざすというものだった。[20]

アイゼンハワーが選挙戦で慎重に選びとった論点は平等参政権だった。白人のみの予備選挙を違憲とした四四年の最高裁判決(*Smith v. Allwright*)ののちも、南部での変化は小さかった。五〇年センサスによれば南部で黒人有権者登録資格者の数は五七〇万人だったが、実際に有権者登録をなしえた者は四八年の約七五万人から五二年の約一〇〇万人への微増にとどまり、とりわけ民主党の一枚岩的支配が堅固な深南部地方で黒人票は全く排除されたままといってよい状況が続いていた。五二年の選挙戦でアイゼンハワーは「平等な政治的機会の原則」(the principle of equal political opportunity)を公約に掲げた。それは「ブラウン」判決が問題とすることになる「人種」統合教育より、はるかに安全な論点でもあった。南部の「法律による」(*de jure*)隔離に対して、北部には居住区の「事実上の」(*de facto*)隔離を反映した厳然たる公立学校の「人種」隔離が存在した。一例をあげれば、一九六〇年におけるニューヨーク市の小・中学校の五分の一は生徒の八五%以上が黒人ないしプエルトリコ系であり、四四%の小・中学校では生徒の八五%以上が白人だった。ただしアメリカの対外的イメージ・ダウンに直接関わったのは南部の「人種」隔離体制であった。その是正という課題への対処にあたって、アイゼンハワー政権は高南部地方で少数の公立学校を標的に、最高裁判決が求める「人種」隔離教育廃絶の名目的な実行例をつくりだすことを企図する一方、「市民権」問題における主要な論点を慎重に南部における「投票権の侵害」に絞っていくのであった。[21]

前章で明らかにされたように、「ブラウン」判決の実行方法に関する翌年の「ブラウンII」判決(五五年五月三一日)は南部の黒人たちをかなり落胆させる内容だった。すなわちその隔離廃止は「慎重な」速度で、しかも実施の全権は地元有力者の推薦で就任することが多かった連邦地裁判事に委ねられるものとされた。「ブラウン」判決が南部のアフリカ系アメリカ人に希望を与えた一方、「ブラウンII」判決は南部の白人民衆に逆向きの期待を抱かせ、いわばもう一つの「下からの」激しい反発に結びついた。五六年のアラバマ大学への黒人女性オーザリン・ルーシー(Authurine Lucy)入学命令への暴力的抵抗がそれであり、前章で詳述された翌年秋のアーカンソー州リトルロックの事件にみられたごとくである。とりわけ後者の事例が示すように、わずか九人のアフリカ系アメリカ人生徒の入学に反発して暴動を起こした白人住民を抑えるために一〇〇〇名を超える完全武装の最精鋭と目されるパラシュート部隊を含む連邦軍を投入し、そのまま黒人生徒の警備にあたらせても、一年後には無駄に終わってしまうのだった。同校は閉鎖され、州の援助を得た「私立学校法人」として隔離体制が復活されたからである。閉校を違憲とする判決が五九年に連邦最高裁によって下されるが、アイゼンハワー政権の威信が大いに傷ついたのはいうまでもない[22]。

南部史の権威C・V・ウッドワードが指摘するように、「第二次再建」、すなわち第二次大戦後のアメリカ国内における「人種」差別撤廃努力の時代は二期に分けられる。第一期は主に南部諸州にとって「外部勢力」たる連邦権力による「上からの」「人種」統合が試みられた時期である。それは、白人優越主義を鼓舞する大衆扇動的政治家《ポピュリスト》の扇動を背景とする反動的実力行使のなかで、挫折を強いられる。かわって南部社会の内部、すなわちアフリカ系アメリカ人を中心とした「下からの」隔離廃絶の直接行動が本格化するのが第二期である[23]。第二期はまた、黒人と白人双方の「下からの」激烈な運動がぶつかり合う時代への移行を意味した。このような「第二次再建」期の転換点に起こるのが、アラバマ州都モントゴメリーで五五年一二月から一年間にわたって展開されるバス・ボイコットだった。それはまた、従来の市民権運動の中心である、NAACPに代表される全国的組織が精力を傾注してきた、裁判所内で法律家によって闘われる法廷闘争から、民衆による街頭での直接行動に象徴される、実力行使をともなった地元権力構造に対する圧力行使を主要手段とする抗議闘争への、大転換のプロセスの始まりを意味した[24]。

2　モントゴメリー闘争の意義（一九五五年一二月～五六年一二月）

「学校」から「バス」へ

「ブラウン」判決によって「第二次再建」の重要局面、すなわち「上からの」市民権改革に代わって「下からの」市民権運動が「アメリカのジレンマ」の解消へと国民を牽引する時代への移行が刺激されたのは事実である。しかしながら、なぜアフリカ系アメリカ人の自由を求める闘争《フリーダム・ストラッグル》は学校の「人種」統合を求める闘争から始まらなかったのか、という疑問が残る。

すでに隔離が廃止されていた選抜徴兵制とならんで、冷戦を背景に公教育をめぐる議論も連邦行政府部内で戦略的意義を高めていた。またアメリカ的信条体系の根幹にかかわる大前提、すなわち「自助」精神発露の具体的回路として公教育が歴史的に果たしてきた役割も見過ごせない。「教育は自助が主導的イデオロギーとして支配する第一の分野だった」からである。[25]前述のごとくアイゼンハワー政権は南部のみならず北部にとっても微妙な問題を含む教育分野での統合を慎重に避ける方針を立てたものの、「ブラウンII」が許容した猶予期間は永遠に続くわけではなく、少なくとも象徴的な判決実行の例を示す期限は迫っていた。それは前章や本章前節でみたごとく、リトルロックで限界に達したのである。

次に再確認されねばならないこととして、アフリカ系アメリカ人民衆が「統合教育」そのものを第一義的に求めてきたわけではないという事実がある。歴史的にみて「黒人と白人との共学よりも、通うべき学校をもつことが先決だった」[26]解放民が奴隷解放以来隔離の枠組みのなかで積み重ねてきた黒人学校の実績、また隔離された黒人公立学校の黒人教員がアフリカ系アメリカ人地域社会にとって重要なミドルクラス層を形成してきた歴史的事実を忘れてはならない。しかしながら同時に「ブラウン」判決が認めたように、一八九六年の「プレッシー対ファーガソン」(*Plessy v. Ferguson*)判決における「分離すれど平等」論に基づく連邦最高裁による南部の隔離体制の容認は、歴史的にふり返れば差別的隔離を意味していたにほかならない。黒人教育の改善をはかるためには「人種」統合を主張するしかないことを地元の親や指導者は理解していた。それはNAACPのような全国レベルのアフリカ系アメリカ人指導部が求める「人種」統合主義教育への信念とは、必ずしもすべてが一致しえない現実的認識だった。「ブラウン」判決が扱った四つの案件の中心をなすサウスカロライナ州クラレンドン(Clarendon)郡の親たちの不満は、学校施設の格差もさることながら、より直接的には白人生徒用には三〇台ものスクール・バスが用意されていたのに、黒人生徒用には一台もないことに向けられていた。クルーガーが端的に表現したように、彼ら／彼女らが当初求めたのは「人種」統合というよりも単純で控えめな平等だった[27]。それにもかかわらず彼ら／彼女らが隔離教育の改善ではなく、隔離教育体制そのものの全面的な解消をめざす連邦レベルの裁判闘争に、のちに黒人初の最高裁判事となるサーグッド・マーシャル(Thurgood Marshall)率いるNAACP訴訟弁護基金(Legal Defense Fund)の黒人弁護団とともに立ち上がる決意を固めるのは、隔離体制の範囲内で「平等な待遇」を地方権力機構に求めることの限界が経験的に証明されていたからだった。換言すれば、黒人教育にみるべき改善を得るためには、より高次の権力による「人種」統合命令によって白人に同じ地域内にある黒人学校の問題を共有させる「圧力」を加えることが必要であることを、黒人の親たちは悟っていたのだった。つまり黒人学校に自分の子供が通うことにならないかぎり、白人たちには黒人学校の劣悪な状況への関心など生まれるわけがないことを、黒人の親たちは知っていたのである[28]。

次に「人種」格差の実態と、訴訟に踏み切った黒人の親たちが引き受けた多大な犠牲について触れる。他の南部の場合と同様に、クラレンドン郡でも黒人学校は白人学校に比べて極端なまでに劣悪な状況におかれていた。四九〜五〇年度に同郡では白人生徒一人当たり一七九ドルが支出されていたが、黒人生徒一人当たりにはわずか四三ドルのみだった。

そもそも同郡の世帯所得は「人種」によって極端な格差があった。五〇年における黒人の世帯当たりの平均年収は全世帯の三分の二が一〇〇〇ドル未満で、しかも労働力の流出により黒人の平均年齢は州内で一番低い一八歳だった。一一歳以上の黒人の非識字率は三五％にのぼった。親たちが「黒人であることと勇敢であることの代償」を覚悟して提訴に踏み切る決意を固めたのは、「統合」を争点とした連邦裁判機構での法廷闘争がもたらす圧力によって、閉塞した状況を打開することへの強い期待からであった。彼ら／彼女らが引き受けた代償は過大だったが、指導的立場に立ったジョセフ・アルバート・デレイン（Joseph Albert DeLain）への報復はとりわけひどかった。彼自身が一〇年間勤めてきた小さな学校の教師を解任されたのみならず、妻や親戚まで解雇され、彼が牧会する教会は焼き討ちに遭い、「法的手段」を講じられて銀行での信用取引が停止された。また黒人「コミュニティ」の団結の強化が直ちに達成されたわけではなかった。サウスカロライナ州のみならずヴァージニア州のNAACP支部の代表も参加した、連続四回にわたる集会が教会で開催された。地元の親たちは躊躇《ちゅうちょ》し続けたあとで、原告団に加わることをようやく承諾するのだった。NAACPの助言を得たうえではあったが、親たちをまとめ上げ、地元の教育委員会に隔離体制の範囲内での改善要求運動を高揚させてきた、デレインらの努力があったからこそ、連邦裁判機構への提訴は可能となったのである。[29] この意味で「ブラウン」裁判として一括化されることになる「ブリッグズ対エリオット」（*Briggs v. Elliott*）をめぐる法廷闘争は、前史も含めてそれ自体が地域闘争としての性格をもっていたといえよう。

だが、「統合」教育をめぐって、地元の親たちと市民権組織の全国本部との間には、解決しがたい問題が残った。教育における「分離」それ自体に地域の黒人民衆の不満があったわけではなかったからである。「ブラウン」裁判を契機にそれまでの「分離すれど平等」の枠内での施設および教育内容の改善をめざす路線から隔離そのものの廃絶を求める闘いへと戦略転換を行ったNAACP全国本部においても、「質の高い教育」を求めるという点での一貫性は意識されていた。[30] しかし同時に、この戦略転換によって黒人民衆が求める「教育の改善」は「統合教育」と同一視されることが避けられなくなり、それが隔離体制下にあっても長年にわたって蓄積されてきた黒人住民の努力の成果を阻害してしまうという悲劇的結果を招くことになる点に近年ようやく光が当てられ始め、市民権運動史の複雑な側面がえぐり出されつつある。[31]

各地の黒人民衆にとってよりわかりやすく、とくに日常的に不満が集中する差別は、同一料金を払ったうえでのバスや路面電車における差別待遇だった。第二次大戦後に北部のみならず南部の都市にも、農村からの流入者や一時的来訪者が増えていた。農村で孤立した生活を送ってきた彼ら/彼女らが南部の都会でまず経験する差別は、バスや路面電車においてだった。また、「何かをする」という他の形態の抵抗運動に比べ、「何かをしない」というボイコットは、一般民衆にとって参加しやすい抵抗の形態でもあったろう。例えば工業都市アラバマ州バーミングハムにおいて第二次大戦中から隔離バスへの不満が高じ、差別撤廃への動きが民衆レベルで高まり、四一年九月以降の二〇カ月間で若者や女性家内労働者を中心に五五件もの抗議行動が起こった。しかしながら、NAACP全国指導部はもちろん、地元支部に相談しても、地元黒人紙における記事の掲載以外に行動はとられなかった。全国的《メインストリーム》に有力な黒人組織にとって、学校の統合と比べて公共施設や交通機関における「人種《ジムクロー》」隔離バスへの抵抗運動は主要な関心事ではなかった。地元民衆や彼ら/彼女らに近しい地元活動家はこれに不満を抱いた。全国指導部の注目を引き寄せることも地元民衆による一連の行動の目的に含まれた、とロビン・ケリーはみる。加えて、一般的に地元黒人ミドルクラスによる「真に不利な人々」(いわゆる「アンダークラス」)に対するまなざしは、白人のそれと大差なかった。[32]

ボイコットを通じた「コミュニティ」の創生

すでに触れたように、ニューディール政策や、綿摘み作業の機械化、あるいは海外や合成繊維との競争などの影響にさらされた南部綿花生産地帯の激変がもたらした、農村からの白人および黒人の流入を主要因として、北部都市のみならず南部の都市および州政治も変化を強いられた。アラバマ州都モントゴメリーもその例外ではなかった。モントゴメリーでは、とくに四〇年代に白人人口の急増によって白人内部の階級的不一致が表面化し、長年にわたり地方政治を支配してきたガンター・マシーン(Gunter Machine)への不満が沸騰し、州レベルでの政治的不安定要因になった。州内北部の白人貧困層の支持を背景とした前州知事ジェームズ・フォールソン(James E. Folson)の陣営に連なるデイヴ・バーミングハム(Dave Birmingham)が市行政官(City Commissioner)に僅差で当選するのは、五三年だった。他方、すでに触れたように黒人排除の予備選挙に対する四四年の最高裁の違憲判決を契機として、NAACP支部を拠点とした隔離改善運動が高揚しつつあった。黒人票は七・五%と依然わずかにすぎなかったが、白人内部の亀裂という新たな条件のなかで無視しえない意味をもつようになっていた。中産階級の黒人たちは有権者登録活動を展開しつつ、「人種」票の糾合を企図した。他の南部諸都市と同様にモントゴメリーも「政治の季節」を迎えていたのである[33]。

こうした文脈的変化を背景に、バス・ボイコット運動の芽は育っていった。以下では運動始動前後の事情を吟味しながらアフリカ系アメリカ人「コミュニティ」の実態をみていくことにしたい。強調したいのは、性別や階級を超えたアフリカ系アメリカ人の「コミュニティの団結」が、所与の前提としてすでに存在していたわけではないという事実である。州法と市条例によって警察官と同等の権限を付与されたバス運転手の命令を無視したことによって、事件の第一の当事者ローザ・パークス(Rosa Parks)は逮捕された(五五年一二月一日)。それに対する抗議として、アラバマ州立大学(Alabama State College)の女性教員らを中心とする黒人有権者登録活動組織、女性政治会議(Women's Political Council: WPC)の活動家たちは、彼女の裁判が開廷される一二月五日月曜日に「一日だけのバス・ボイコット」を呼びかけた。

彼女たちは呼びかけビラを配るなかで初めて、バスを多く利用する黒人民衆の実生活に接する機会を得た。差別されていたとはいえ、彼女たちは普段そもそもバスなど利用しなくてすむ、経済的に裕福な部類に属していた。他方、バスの主たる利用者であった黒人女性のほとんどは、いわば白人女性の「自立」を助けるために白人家庭で家政婦として働かざるをえない人びとだった。そうした黒人女性には非識字者が少なくなかった。数日間しか余裕がなかったが、WPCの女性活動家たちは、名目的な対外的代表として不可欠の黒人牧師たち――彼らは「コミュニティ」に絶大な影響力をもっていただけでなく、白人からの経済的報復に傷つきにくかった――への説得を行いつつ、草の根の組織活動を展開した。

ミドルクラスに属する女性活動家たちは、その過程で意識変革を急速にとげた。二人組の戸別訪問で一日だけのボイコットを呼びかけるビラを配ったときの経験について、彼女たちの一人はのちに次のように述懐する。実は彼女たちはビラ配りが終わったら友人たちとのブリッジ・パーティに参加する約束になっていたが、ことのほか時間がかかってしまった。字が読めない人たちにはいちいち読んで聞かせなければならなかったからだった。「このときが私には本当に貧しい、権利なき大衆との初めての触れ合いだった。たとえボイコットが成功しても、あの日に私がみた貧困と非識字という問題は解決しまいと思ったのを私は覚えている」。遅れてブリッジ・パーティに参加した彼女は、「ローマが焼けているのにバイオリンを弾いていた黒人のように」遊興にふける友人たちと、ボイコット開始までの週末の三六時間を何事もないかのごとく過ごしたのである。「これがボイコット前の黒人ミドルクラスたちだった」。WPCの女性活動家たちは、ボイコット計画を既成事実化したうえで、なお躊躇する保守的な黒人牧師たちを焚《た》きつけて参加を強いていったが、当のラディカルな彼女たちも、「一日だけのボイコット」の準備過程で、意識変容をとげたのである。[34]

南部では「外部勢力」としてとくに警戒されたNAACPの地元支部に代わって、地域の独自組織として組織されたモントゴメリー改善協会(Montgomery Improvement Association：MIA)によるボイコットは、しかしながら、きっちりとした戦略に基づいて指導されて始まったわけではなかった。またMIAの内実についても、初めは確固たる決意よりも躊躇や逡巡《しゅんじゅん》のほうが、指導部内では特徴的だった。すでに触れたように「コミュニティの一体性」など当初はなかったばかりか、不動の決意に基づく指導部が確立されるのでさえ、ボイコットが持続する過程においてだった。先にも引用した女性活動家が指摘したとおり、「重要なのはボイコットが起こったこと」にすぎなかった。当初の「一日のみのボイコット」は次のような諸段階をへて、もっぱら法廷闘争に依存する旧来の方式から、民衆の参加を基礎とした直接行動主義への転換を促し、市民権運動の始動の画期とみなしうる地域闘争へと発展をとげたのである。

第一の段階は、ボイコットが「民衆を裏切らないリーダーシップの確立」をめざすべく、もっぱら機能した時期であった。最終的には地元の著名な黒人ミドルクラス指導層を中心とした活動家の大量逮捕(五六年二月二二日)という、指導部がいわば「踏絵」を踏むことをへて、リーダー層に対する民衆の信頼は確固となり、また同時に指導部内の自覚と団結も強化された。どちらかといえば「コミュニティ」の団結強化に向けられていたボイコットの機能が、民衆の信頼を得た「裏切らない指導部」の確立をへて、地元権力機構に妥協を求める、外向きの圧力として明確に機能するのが、第二段階であった。連邦地裁への提訴は大量逮捕の前の二月一日に行われていた。それは当初ボイコットを補強する対外的圧力の一環として位置づけられていた。その後の大量逮捕攻撃をへて「裏切らない指導部」が確立すると、いっそうボイコットそれ自体が対外的交渉の圧力として明確に位置づけられた抗議運動となっていった。ただしボイコットの獲得目標はこの段階でも「隔離の改善」にとどまっていた。あくまでもボイコット運動は、連邦裁判機構への訴訟とは明確にリンクされないままで、会社や市当局から譲歩を引き出すための抗議運動であった。

ボイコットの獲得目標が「隔離の改善」という妥協の道を捨て、「隔離廃止」へと公的に変更されるのは、ボイコット開始から五カ月以上過ぎたころ、NAACPが進めていたサウスカロライナ州コロンビアでのバスの隔離座席に対する最高裁の違憲判決が出された、五六年四月二三日以降だった。しかも四月二六日夜に催された三〇〇〇人の大衆集会で決議された内容でさえ、連邦地裁でモントゴメリーのバス座席の人種隔離についての審理が開始される五月一一日までのボイコットの継続にすぎなかった。[35] ボイコットの獲得目標が、「隔離廃止」に変更された四月末以降が、第三段階である。ボイコットは連邦地裁での審理開始以降も続行された。それは連邦最高裁での勝訴が確実視されるようになったからである。これ以降ようやくボイコットは、全面的な隔離廃止を勝ちとるための武器として、裁判所と地域社会、さらには全国民に対して黒人「コミュニティ」の不退転の決意をアピールする手段として位置づけられるにいたった、といいうる。そして最終段階は、連邦最高裁での勝訴判決(一一月一三日)のあとに訪れた。すなわちボイコットが、判決の実行を地元白人権力機構に迫る武器として、さらに一二月二〇日まで機能し続けた時期である。

参加者の言葉を引けば、ボイコットの継続で徐々に「コミュニティ」に「分極化と熱情的運動意識」が浸透した。ボイコットは、「ほとんど無気力の淵に沈んだまま、政治活動が自らの世界に本質的な変化をもたらすと信じられない」貧しき黒人民衆には「希望」を、また失職を恐れる大学教員を含む多くの黒人ミドルクラスには「支柱」を与える機能を果たした。分極化という点でとくに興味深いのは、当時のインタビュー史料によってうかがい知れる、旧来の黒人指導層にまつわる事件の続発であった。旧来の指導層を構成した黒人牧師たちは、しばしば従来のつながりから、白人権力機構から金品の見返りをともなった妥協工作の要請を受け入れて民衆を「裏切った」が、会衆はそのような日和見主義的黒人牧師を追放したり、彼らに暴力的迫害を加えたりした[36]。先に触れたようにMIA指導部の大量逮捕を、民衆がいわば「踏絵」として要求したことと相まって、「コミュニティ」の新たな指導部の確立を促す「下からの」運動を民衆が支えたのである。また、すでにWPC活動家が「一日だけのボイコット」の呼びかけ時に実感させられた、隔離の廃止だけでは解決しえない、黒人民衆をさいなんでいた経済的苦境や教育上の格差といったより深刻な問題を、ボイコットの続行のなかで指導的活動家はより深く悟らされていった。このような意味で、のちにアトランタの「座り込み《シットイン》」闘争の中枢を担うジュリアン・ボンドが語った、市民権運動とはミドルクラス的黒人の生活改善の要求に基づいて出発した運動であると捉える見方は誤りであるとする主張は、的を射たものである[37]。「誰もが知っていたのは、ボイコットの終わりはあるべきものの始まりであることだった」と、ある活動家は述懐した[38]。ボイコットは、ふだんバスに乗らず、黒人の会衆や顧客、学生を相手にする指導層たるミドルクラスと、隔離されたバスでの通勤と白人雇用主との対峙を強いられる貧しい民衆との、初めての交流の機会となっただけではない。黒人「コミュニティ」の団結を強化する一方で、隔離の廃止だけでは解決しえない、「市民権」をめぐる問題の深遠さを知らせていた。

曖昧な「勝利」、高揚する「反動」

モントゴメリー闘争は全国的支援に依存して開始されたわけではなかった。だが途中から、ベイヤード・ラスティン(Beyard Rustin)ら北部の活動家や主要労働組合などから物心両面の支援を受けるようになった。闘争を持続させるうえで全国的支援が重要な意味をもち始めたのは事実であった。とくに大量逮捕攻撃への対応や連邦裁判機構への提訴は多額の資金を必要としたからである。モントゴメリー闘争はこうして、一地域の運動にとどまらない、周辺への強い影響を及ぼす運動となっていった。ルイジアナ州バトンルージュ(Button Rouge)で短期間繰り広げられ、白人はバス座席の前方から、黒人は後方から、それぞれ座り始めるという、「隔離の改善」を勝ちとった五三年の先例は、大量の逮捕者を出し、闘争の長期化が必至となるまでの、初期段階でしか参考にならなかった。

この意味で画期的となったモントゴメリー闘争は、発展過程において、すでにバーミングハムやフロリダ州タラハシー(Tallahassee)など州の内外に波及的影響を及ぼしていた。ラスティンや、ニューヨークの白人活動家スタンレー・レヴィソン(Stanley Levison)、そしてヴァージニア生まれで長らくニューヨークのNAACPで働いてきたエラ・ベイカー(Ella Baker)らの援助を得て、五七年一月一〇日と一一日にアトランタのエヴェネザー・バプティスト教会(Evenezer Baptist Church, キング牧師の父親が牧会する教会)に六〇名の黒人活動家が集まり、ボイコットで名を馳せたキング牧師を指導者とする南部キリスト教指導者会議(Southern Christian Leadership Conference：SCLC)が結成されたことは、地域を越えた組織化に向けた一つの大きな成果とみなせるだろう。冷戦下で活動の制約を受けながら、長年社会運動に携わってきた北部の活動家たちにとって、モントゴメリーは彼ら／彼女らの希望の再生を意味した。[39] 専門家に任せた連邦裁判機構を舞台とした従来の闘争に加え、それまで地元支配機構から現状に「満足している」とみられてきた黒人民衆に依拠した抗議行動による地元権力機構への圧力の威力や、抗議行動によって生み出され、強化された、黒人「コミュニティ」の団結を広く内外に示した点、さらには時代がまさに必要としていた象徴的「リーダー」を生んだということによっても、モントゴメリー闘争の歴史的意義は大いに認められてしかるべきである。

しかしながら、モントゴメリーの「勝利」以降しばらくの間、市民権闘争は地方レベルでも全国レベルでも、拡大よりも停滞を強いられるのだった。確かに前述のように、バス・ボイコット運動は南部各地に影響を与え、バーミングハムやタラハシーでは大きな運動になった。しかしそのような運動は満足がいく「勝利」を得るまでには、その後長年続くことになる苦闘を強いられるのだった。[40]

前章が取り上げたように、すでにボイコットのさなか、五六年初頭に起こるアラバマ大学への黒人女子学生入学をめぐる騒乱や、ボイコット終結後まもない五七年九月のリトルロック事件における広範な白人市民による暴動が象徴するように、南部をあげて「反動」の波が本格化した。南北戦争後の「第一次再建」期以来の立法措置となった五七年の市民権法の成立をめぐって、南部選出連邦議員は「南部宣言」を発して団結した反発の姿勢を固めていた（五六年三月一二日）。しかしながら、このような、白人民衆のいわば逆向きの「下からの」暴力的反発については、白人民衆、とりわけ白人労働者階級の反動的「人種《レイ》」差別主義《シズム》のみに根ざしたものとする、従来の一面的な見方は、修正を迫られつつある。黒人住民からさえ「穏健」と見なされたリトルロックで、なぜ激しい反発が起こったのか。

リトルロックでは周辺自治体も含めて、五六年四月に交通機関の隔離廃止を断行していた。「ブラウン」判決直後に教育委員会は、白人労働者階級の居住区に所在する市内唯一の高校、リトルロック高校（まもなくセントラル高校と改称）から着手されて中学校と小学校にも徐々に適用される漸次的隔離廃止計画が立案され、同時に東部の黒人地区にホレイス・マン(Hrace Mann)高校と、中心部からの転住者が増加しつつあった西部白人富裕層居住区にはホール(Hall)高校の新設が決まった。「ブラウンII」判決で隔離体制を温存する可能性が明確になって以降、連邦地裁の裁定をへてセントラル高校にだけ九人の黒人生徒が名目上の「統合」のために入学することになった。その一方で、ホレイス・マン高校は黒人教員のみによる黒人生徒だけの学校とし、ホール高校は白人のみのままとする、巧妙な措置(ホレイス・マン高校に割りふられた白人生徒に「転校権」を認め、黒人生徒にホール高校への転校を認めないなどの方策)が講じられた。地元NAACPは黒人ミドルクラスに高まる希求を背景に、市内全校への黒人生徒の即時入学を求める訴えを起こしていたが、連邦地裁はこれを却下し、市教委原案を支持する裁定を下したのだった。白人労働者階級の反発は、このような白人内部の階級的「不公平」感によって、いっそう高まったとみなしうる[41]。

前章で明らかにされたように、冷戦状況は全国レベルでアフリカ系アメリカ人の市民権問題に有利に作用した。しかし「赤狩り」の高揚のなかで、黒人が自発的に一致した差別反対の直接行動に決起するはずがないという「人種」偏見とも相まって、南部反動派は冷戦状況を逆に利用した。すなわちNAACPに代表される「余所者」を「ソ連の手先」とする、あるいは「ソ連による無知な黒人の操作」という反動的キャンペーンである。そしてこれは反動的な連邦捜査局(FBI)長官も共有しえた「恐れ」だった。まもなくケネディ時代に、「共産主義者」の疑いをかけられたキング牧師への、電話などへの盗聴を含む本格的な情報収集が開始されることになるのだった[42]。

地域社会に目を向ければ、真の意味での「コミュニティ」の連帯は闘争を通じてのみ生まれうるということは事実としても、一年以上にわたって続けられた闘争が強いたさまざまなレベルでの地域社会の分極化が、アフリカ系アメリカ人「コミュニティ」を含む地域社会全体に後遺症をもたらしたことは否定しがたい。「勝利」後に地域レベルでまぬがれえない諸問題への対処に関しても、モントゴメリーは少なからず教訓を提示してくれる。まず闘争の「勝利」後にこそ階級に関わりなく経済的に無防備な黒人総体に報復的打撃がもたらされる可能性が高い。次にそれと不可分でもあるが、現在までに蓄積されている当事者へのインタビュー史料によれば、黒人指導部内にも分極化によって微妙な問題が生じた事実は否定しえない。報復の顕著な例は、闘争収束から大分たった六〇年春に行われたアラバマ州立大学教員団への解雇攻撃である。残念ながらそれをはねのける運動の高揚はもはや起こりえなかった。後述する黒人学生による「人種」隔離公共施設に対する「座り込み」闘争がモントゴメリーにも波及しつつあり、当局はより敏感になる一方、「人種」を争点とする反動的大衆扇動政治の手法が駆使される時代を迎え、まもなく六二年秋にジョージ・ウォーレス(George Wallace)が州知事に選ばれることになるのだった。かつて闘争を指揮したキング牧師はすでに全国的指導者としての名声を高めて不在がちとなり、六〇年初頭まではその役割に集中すべく故郷アトランタのエヴェネザー・バプティスト教会に移っていたし、闘争のきっかけをつくったローザ・パークスは闘争収束直後に兄弟を頼ってデトロイトへ転居していた。モントゴメリーが再び全国的な脚光を浴びる機会は、六五年、投票権法の成立をもたらすセルマ(Selma)からの行進の終結地とされるまで訪れることはなく、それは象徴的な意味がより強いものにすぎなかった。[43]

過渡的役割

モントゴメリー闘争は重要な成果を生んだ。しかしそれは限界も含んでいた。筆者は既刊の拙稿で、長期間持続した地域闘争における「コミュニティの団結」の形成過程に着目して市民権闘争の出発点としてのモントゴメリー闘争の意義を主張した。そのモントゴメリー闘争の意義とは、また次のような限界をともなうものでもあった。

モントゴメリーの場合、ボイコットは厳密にみれば法廷闘争の補助手段として位置づけられており、直後にみられる各地における運動の一時的停滞とも相まって、法廷闘争から直接行動主義への真の画期をモントゴメリーに求めない見解がある。ボイコットという「下からの」直接行動の開始点は、規模や意義の点で問題があるにしても、モリスがいうように五三年のルイジアナ州バトンルージュであり、真の意味での直接行動主義と連邦政府やアメリカ社会一般へのインパクトからみれば、オーガスト・マイアーとエリオット・ラドウィックがいうように、次節で扱う学生による「座り込み」闘争の画期性が注目を引くだろう[44]。

だが同時に、忘れてならないのは、モントゴメリー闘争が連邦裁判機構への提訴と組み合わされていたという点の重要性である。その後各地で高揚する大衆的な直接行動による市民権運動は、連邦裁判機構への提訴という長年行使されてきた武器を決して放棄したわけではなかった。それは地元白人権力機構への圧力の一環として、あるいは最終的戦術として、直接行動と組み合わされていくべきものとの認識を、運動の指導部側に与えたのである[45]。

しかしながら、直接行動の高揚をもたらす画期性という点で、モントゴメリー闘争を重視することに十分な説得力があるとはいいがたい。前節であげた以外の種々の要因からも、モントゴメリー後に南部各地の地域闘争はSCLC創設当初の期待に反して、停滞状況を強いられた。指導者キングの政治活動や社会運動に関する個人的経験不足、キング個人の指導力への依存やあまりにもずさんな行動計画とその実行につながる非常に緩やかな組織原理といった、SCLCの組織体質の問題、SCLC自体の直接行動路線への本格的転換への自信のなさ、などもあげられよう[46]。しかしとりわけ見過ごせない問題は、既成の黒人指導層における全般的な保守性に加えて、黒人「コミュニティ」の組織化はおろか全般的動員すら困難な、黒人民衆をとりまく現実の壁であった。いまや歴史に名高い六三年春のアラバマ州バーミングハムでの闘争のときでさえ、「コミュニティ」の指導的部分として積極的参加が期待された市内に居住する約二五〇名の黒人聖職者のうちで参加したのは、わずか二〇名ほどだった。民衆レベルの動員についても、実は三〇〇〇人ほどの延べ逮捕者数から推定されるデモ参加者一万五〇〇〇人は、市内に当時在住した一四万ほどの黒人人口の一割程度にすぎなかった[47]。

「市民権」問題の帰趨を最終的に決めうる立場にあった連邦政府の介入という点でも、モントゴメリーは大した成果をあげえなかった。確かに、すでに触れたように五七年にアイゼンハワー政権は、「第一次再建」、すなわち南北戦争終結後の立法措置以来たえて久しかった市民権法の成立にこぎつけた。同法によって大統領と議会に報告の義務を負った合衆国市民権委員会(U.S. Commission on Civil Rights)が設立され、司法省の担当部が市民権局に格上げされるとともに、各州における投票権侵害に関して司法省による訴訟手段を含めた直接介入権が確立された。議会での駆け引きのなかで同法の威力は制限を受けたが、六〇年代の深南部におけるSCLCなどによる各地での市民権闘争の際に司法省が介入する法的根拠となったのは事実である[48]。同法の上程の時期はまさにモントゴメリー闘争と重なる。しかしながら、モントゴメリー・バス・ボイコットが大統領府に及ぼした影響はほとんどなかった。モントゴメリー闘争へのアイゼンハワーの関心は低く、ボイコットを違法とするアラバマ州法を尊重する姿勢すら示唆された[49]。

各地で「コミュニティの団結」に向けて新たに台頭するリーダー層の希望を大いに刺激したと同時に、それにまつわるさまざまな課題をも投げかけたのが、モントゴメリー闘争であった。何よりも「下からの」直接行動の潜在的可能性を示したが、またその課題をも投げかけたという意味で、モントゴメリーは重要な過渡的役割を果したたと結論してよい。

3 アトランタにおける「座り込み」闘争(一九六〇年二月〜六一年九月)

急速な拡大

一九六〇年二月一日にノースカロライナ州グリーンズボロ(Greensboro)で四人の黒人学生が白人用ランチカウンターに「座り込み」(sit-in)を開始し、瞬くまに連鎖反応的広がりをみせたとき、市民権運動史に真の画期が訪れる。六〇年末までに約七万人の学生がランチカウンターなどで「座り込み」を行い、三五〇〇人ほどが逮捕された。深南部諸州では大した成果をあげられなかったが、学生を主体とした直接行動はテネシー州ナッシュヴィルをはじめ高南部地方でかなりの成果をあげた。市民権運動がモントゴメリー後に強いられた停滞状況を打ち破ったのは、南部中に急速に拡大する学生たちによる決起だった。このような動きからキング牧師たちのＳＣＬＣとは別個の学生の独自組織、学生非暴力調整委員会(Student Nonviolent Coordinating Committee：ＳＮＣＣ《スニック》)がやがて誕生し、南部における先鋭的な地域闘争を担っていくのだった[50]。

六〇年四月一五日から一七日にかけて、ノースカロライナ州ローリー(Raleigh)にある黒人大学であるショー大学(Shaw University)に一二〇名の黒人学生活動家、そしてキング牧師を含む聖職者、さらには白人学生諸団体の代表が集まった。学生の別組織化は、五八年からＳＣＬＣ本部の事務局長を務めていたエラ・ベイカーの思想を投影していた。南部の黒人学生が共有していたのは、アフリカにおける独立運動の高揚に果たした学生や若い知識人の動きによる刺激であり、またラディカリズムより反共主義であり、アメリカ的政治制度への信頼であった。最大のグループはナッシュヴィルの学生だった。一一名の学生が集まって五月一三日から一四日にアトランタで第一回の会議が開かれた。本部はアトランタのＳＣＬＣ本部の一角を借り、八〇〇ドルの資金貸与も得て、南部出身でユニオン神学校の白人女子学生ボランティア、ジェイン・ステムブリッジ(Jane Stembridge)が当座の事務局員として雇われた。その組織原理はベイカーの思想とも相まって地方自治が貫かれた。それは持続的戦闘性の基盤となった[51]。

アトランタへの波及

深南部にありながらジョージア州アトランタは高南部テネシー州ナッシュヴィルとならんで「座り込み」闘争がもっとも高揚する都市となった。一年半以上の長期にわたって断続的に運動が持続した背景には、何よりも「黒人のメッカ」とも称される黒人ミドルクラスの充実ぶりと、アトランタ大学センターの黒人大学群を中心とした大量の黒人学生の存在があった。少なからぬ者たちが留学や兵役でヨーロッパやアジアでの生活を経験していた彼ら／彼女らは自らの状況を相対的にみる目をもっていた。アトランタ闘争の仕掛け人でリーダーにもなるモアハウス・カレジ(Morehouse College)のロニー・キング(Lonie King)は朝鮮戦争の帰還兵だったし、女子大であるスペルマン・カレジ(Spellman College)のマリアン・ライト(Marrian Wright)やハーシェル・サリヴァン(Herschel Sullivan)は奨学金(Merril Scholarship Program)によるヨーロッパでの留学経験者だった[52]。彼ら／彼女らに焦燥感をつのらせたのは、単にレストランや水飲み場での屈辱的な待遇だけではなかった。雇用差別は新聞広告上で公然となされていた。また例えば、黒人は医師会や歯科医師会に加入を認められず、郵便局でも黒人管理職は五％のみだったのに対して、集配係は八割が黒人で、その六割が大学卒だった。他方、アイゼンハワー政権の対応は期待できなかった。卒業生の多くは市外へ向かわざるをえなかった[53]。彼ら／彼女らの不満は、専門職者や企業家からなる、保守的な旧来の黒人指導層にも向かった。保守層にとって交渉の前提は「平穏」だった。「黒人経済」は、隔離を逆手にとっているというほどには、自立的ではなかった。黒人の実業家や銀行家は白人権力機構と取引関係にあり、YMCAや都市同盟(Urban League)あるいは教会でさえも、白人からの寄付金なくしては経営が困難だった。これに対して抗議運動の参加者は黒人「コミュニティ」の利益を第一に意識する人びとだった[54]。

特権的な意味をともなう有権者登録に活動領域を限定する旧来の黒人指導部への不満をつのらせていたのは、できたばかりのSCLCのメンバーや若い実業家ないし専門職者からなる、新たな指導的グループだった。次にみるように、まもなく彼ら／彼女らに合流するのが学生たちだった。第二次大戦後、このような保守派のコントロールをはずれた諸組織が、NAACP支部よりも戦闘的な指導的集団として台頭する時代を迎えようとしていた。新旧両派は確かに相互不信に陥っていた。ただ、同時代的な政治分析的研究を試みたジャック・ウォーカーによれば、黒人「コミュニティ」内部の対立はその究極的獲得目標の相異というよりも、手段における違いを反映していたにすぎなかった。政治信条や年齢によるクロス集計を加えた三六名の黒人ミドルクラスに対する、ウォーカーの聴き取り調査によれば、目標においては就職機会の拡大と公立学校の隔離廃止が共通して第一、二位であった。これに対して、ホテルやレストランないし公園などの隔離廃止要求は共通に低位であった。注目すべきは、このようにアトランタにおいては最初から単なるランチカウンターで白人とならんで座るたぐいの「象徴的平等権」よりも、むしろ経済的利益の向上をともなう「実質的平等化」が強く求められていたことである。

しかしながら、その「平等化」を達成する手段においては、思想信条と絡んだ偏差が露呈する。リベラル派はボイコットを一位としたが、保守派では最下位の五位だった。ただし双方とも投票行動に対する信頼は厚く(二位と一位)、デモ(すなわち直接行動)は中位(三位と四位)であり、訴訟と大差なかった(四位と三位)。年齢による差もこれに似通ったパターンを示した(例えば四五歳以下ではボイコットが二位で、四六歳以上では四位、逆に訴訟は前者では四位なのに対して後者では二位であり、双方とも一位は投票行動)。ただし年齢の影響は小さかったと判断される。

まとめれば次のようになる。政治信条や年齢に関係なく、黒人「コミュニティ」における獲得目標は共有されている。しかもすでに触れたように雇用機会をはじめとする実質的平等要求においても一致している。現指導部内の不一致は世代的衝突の結果というよりも、リベラル派と保守派との不一致であったが、それは戦術面に限定され、中間派の存在によって戦術の選択をめぐる厳しい状況は緩和されうるものであった。何よりも彼ら／彼女らが不満なのは、白人「コミュニティ」による無視、ないしそもそも黒人「コミュニティ」に対する白人の無意識であった。アトランタ大学のある教員はいう。毎日アトランタ大学の脇を通り抜ける車を運転する白人たちは、「ここを病院か公営住宅だと思っている……彼ら／彼女らはただ気に留めていないだけなのだ[55]」。

闘争の発展と市権力機構との交渉

グリーンズボロでの「座り込み」の勃発に対するアトランタの学生の反応は早く、二月五日には小グループがアトランタ大学センター周辺のドラッグストアに集合し、独自の行動計画を練った。彼ら／彼女らは緩やかな組織を形成し、二月一二日（リンカン誕生日）に行動を開始する計画を立てるが、参加者が不十分であるために延期した（フォートの聴き取り調査によれば二〇人ほどだったという）。彼ら／彼女らの行動は学長たちの知るところとなり、とりあえずモアハウス・カレジ学長ベンジャミン・メイズ（Benjamin Mays）が二月一七日に学生たちに会い、メイズの説得によって翌日に計画されていた「座り込み」行動は延期された。二月二〇日から六人の黒人大学の学長と学生の協議が始まり、三月二日に学長たちの説得と資金提供を受け、学生たちが主要紙に「人権アピール」と題する意見広告を掲載することが決まり、新聞広告は三月九日に主要各紙に掲載された。学長たちは微妙な立場に立たされた。最終的には学長全員が決起した学生たちの行動に支持を与えることになるが、学長たちには警察などから圧力がかかったのはいうまでもない。また、各黒人大学の寄付者のリストには「座り込み」やボイコットの対象となる商店が含まれていた。前日に学長たちにより文案がチェックされたが、マイナーな修正にとどまった。

「人権アピール」では、「座り込み」が各地に拡大している背景にある人権無視と、差別状況への世論の注目が喚起された。また、教育や、住居、医療面で、黒人がおかれている差別的状況の改善が、民主主義とキリスト教精神のもとに訴えられていた。末尾は、次のような「アメリカ民主主義」への信頼と直接行動の開始を示唆する一文で締めくくられた。「私たちは自由に行使しうるあらゆる合法的および非暴力的手段を用いて、この偉大な民主主義制度のメンバーとして完全な市民権を確保する計画であることを、あらゆる誠実さを込めて表明するものです」。ウィリアム・ハーツフィールド（William Hartsfield）市長は好意的に受け止めたが、アーネスト・ヴァンダイヴァー（Ernest Vandiver）州知事は「明らかに学生によって書かれたものではない……この左翼的声明」への嫌悪感をあらわにした[56]。

フォートによれば、「人権アピール」の発表後に学生たちは秘密裏に直接行動の準備を進め、逮捕と起訴後の手当てとして、高額な費用に落胆しつつも、苦労のすえに一弁護士に依頼を了承させた。学生たちは委員会組織をつくり、二〇〇名の実行部隊を指名した。三月一五日午前一一時に中心街(連邦政府事務所ビルや、バス・ターミナル、駅、市庁舎に限定)のランチカウンターで「座り込み」が始まった。すでに二月一七日に、ジョージア州知事と州議会は、とくに「座り込み」闘争への対策として、「不退去罪取締法」を成立させていた。同法によって七七名の学生が逮捕された。地元有力紙『アトランタ・コンスティチューション』(*The Atlanta Constitution*)は、隔離違憲判決をねらう「試訴」(test case)のための行動という意味に限定してはいたが、「座り込み」に慎重な支持の姿勢を表明した。ただし、いまや法廷に舞台が移ったとして、法の遵守と「暴力や過激な行動」を慎むように訴えた。一方、黒人紙『アトランタ・デイリー・ワールド』(*The Atlanta Daily World*)の反応は冷たく、「示威行動」よりも「有意義な市民権法」の成立をめざすために、「すべての有資格者を有権者として登録するキャンペーンに加わる」ことにエネルギーを傾注するよう、忠告した。不信感をつのらせた学生たちは翌日、独自組織として「人権アピール委員会」(Committee on an Appeal for Human Rights)を設立した。

すでに触れたように、白人権力機構の反応は、市と州では違っていた。知事は相変わらず「反共」をダブらせながら、学生の行動を非難した。他方、市長は、伝統的に黒人支配層が集会に使い、白人政治家が黒人コミュニティ向けの働きかけの場として利用してきたハングリー・クラブで、早速演説し、彼自身がおかれた立場への理解を訴えた。黒人学生の示威行動やボイコットは「最も教育程度の低い」白人を刺激しかねず、「白人穏健派の困難」が深まる、と語ったのである[57]。

学生たちの代表として、ロニー・キング、ジェイムズ・ギブソン(James Gibson)、そしてジュリアン・ボンドの三名は、アトランタ共同行動委員会(Atlanta Committee for Cooperative Action)に属す、クラーク・カレジ(Clark College)の若い教授カール・ホルマン(Carl Holman)、弁護士リロイ・ジョンソン(Leroy Johnson)、アトランタ生命保険会社(Atlanta Life Insurance Company)の若い役員ジェシー・ヒル(Jessie Hill)を含む若い黒人リーダー層に、助言を求めるために接触をはかった。この時点で学生たちは、すぐにでもアトランティック・アンド・パシフィック・スーパーを標的とした、第二波の直接行動を実行に移そうとしていた。しかし彼ら／彼女らは、年齢が近い若き成人顧問団の助言を受け入れ、行動に移す前に、四月一六日から二二日にかけて、手紙と電話で黒人従業員の採用を要求して二回の交渉をもつことになった。結局交渉は決裂し、二二日よりピケット・ラインが張られ、ボイコットが開始された。五月一七日（「ブラウン」判決記念日）のNAACPによる集会には、二〇〇〇ないし三〇〇〇名の学生が集まった。州庁舎内部へのデモ行進の計画は、事前に市警本部などからの圧力で学生指導部によって取り下げられていた。しかし連絡の不備もあって、デモ隊最後尾の約四〇〇名もの学生が突入をはかろうとし、騒乱が起こりかけた。五月二三日には「座り込み」闘争の逮捕者を支援するための集会が開かれた。NAACP支部長サミュエル・ウィリアムズ(Samuel Williams)牧師は学生への支持を表明、闘争の続行を促した。学生の発言者ベンジャミン・ブラウン(Benjamin Brown)には雷鳴のような拍手が浴びせられた。アトランタの黒人「コミュニティ」内部での論争をへて、五月二六日に学生・成人連絡会議(Student-Adult Liaison Committee)が結成されることで、分裂しかけたアトランタの黒人「コミュニティ」の団結は再生するかにみえた[58]。

夏までに高南部や南西部諸州の六〇ほどの都市で民間施設の隔離廃止が実行された。地域闘争は、一段と高揚の時期を迎えているかにみえた。しかし学生たちが市内最大の百貨店リッチズ(Rich's)への「座り込み」を計画していることが判明すると、比較的リベラルな方針で有名な同店を標的とすることには、保守的指導層だけでなく、リベラルな若き成人顧問団からさえ、当初は反発の声が上がった。だが、リッチズがランチカウンターの隔離以外にも、白人が嫌がる黒人の試着を禁じるなど、黒人を差別していたのは明らかだった。六月四日、ロニー・キングたちは密かに警察の車に同乗を求められ、市内の中央署でリッチ社長と協議した。席上、計画中の学校統合の実行後にすみやかな「平和的な隔離廃止」を実施することが社長から約束された。しかしながら、学生側はこれを拒否し、二七日に少数の学生によるリッチズでの「座り込み」が始まった。学生に対する批判的な態度を変えない黒人紙『デイリー・ワールド』の編集長C・A・スコット(C.A. Scott)に対抗して、学生を支持する大学教員の勧めもあって、七月三一日より週刊紙『アトランタ・インクワイアラー』(*The Atlanta Inquirer*)が、実質的に学生の編集によって発刊された。彼ら／彼女らは黒人不動産業者団体であるエンパイア不動産協会(Empire Real Estate Board)を説得して、『デイリー・ワールド』から広告を撤退させ、『インクワイアラー』に広告を出させた。他方、アトランタ有権者同盟(Atlanta Negro Voters League)事務局長ウォレン・コクリン(Warren Cochrane)は、学生たちが黒人「コミュニティ」に「寛大だった」諸施設を標的にしたことを公式に非難した。この間アトランティック・アンド・パシフィック・スーパーでの「座り込み」は続けられた。重なる交渉の決裂のあと、九月三日から地元のチェーン・ストアであるコロニアル・ストアーズ(Colonial Stores)へのピケッティングも開始され、同店は二三日に閉店に追い込まれたあと、黒人の採用を決め、三〇日に開店した。この勝利を突破口として、学生たちは一〇月七日より中心街の全商店を対象に行動を拡大、夏以降中断されていたリッチズおよびその他七店のデパートでの「座り込み」が、一七日の各紙の一面トップ記事を飾ることになるのだった[59]。

一〇月一九日、年初の帰郷以来、「ダディ」・キング(Martin Luther King, Sr.)の身近な監視のもとで自制していたマーティン・ルーサー・キング・ジュニア牧師が、ついに学生たちの隊列に加わり、ロニー・キングら五一名の学生とともに逮捕された。翌二〇日、さらに二六名の学生が逮捕された。二一日に逮捕者は二名のみに減少し、二二日、キング牧師を除く学生全員の釈放と引き換えに、一カ月間の「冷却期間」を設けることに市長と学生は合意した。この間、大統領候補のジョン・F・ケネディがコレッタ・スコット・キング(Coretta Scott King)に電話をかけて、彼女の夫の早期釈放に圧力をかけることを約束し、黒人「コミュニティ」の有力者たる「ダディ」・キングは、ニクソンからケネディに支持を変える旨を発表した。アトランタでの闘争は、まさに大統領選挙の渦中で展開されていた。

市長ハーツフィールドの努力は実を結ばず、一一月二五日にリッチズ闘争は再開された。この間、リッチズは黒人大学の学長や旧来の黒人指導層を通じて、水面下で収拾工作をはかった。まず都市再開発事業で黒人実業家と面識のある白人建設業者のセシル・アレグザンダー(Cecil Alexander)が仲介者となり、一一月二四日に秘密会議がもたれた。学生側からはロニー・キングのみ、成人顧問団からはジェシー・ヒルのみが招かれ、協議が行われた。リッチズ側は学校の隔離廃止後にランチカウンターの隔離廃止を行うという従来の主張を繰り返した。学校の「人種」統合の混乱を避けたい、私的制度であるデパートが隔離廃止という公共政策の「変化の先駆け」になるように強制されるべきではない、などが理由とされた。ただし、学校統合後に商業界全体の対応努力を率先する、とリッチズ側は付言した。二八日に再度交渉の機会がもたれることになったが、「ある高齢の黒人リーダー」によって報道陣へのリークがあり、会場にはテレビや新聞などの報道陣がつめかけていた。学生側は旧来の黒人指導者たちに強い不信感を抱いていたが、知らぬまに報道陣が多数押し寄せた状況をみて、伝統的黒人指導層とリッチズ側との間で「合意成立」がでっち上げられる危険を察知し、交渉を打ち切った。

これを契機に「人種」間の緊張が高まり、商店ボイコットをする学生のピケット・ラインに制服姿のKKK(Ku Klux Klan)が対抗してピケット・ラインを張り、「降伏しないジョージア人」(Georgians Unwilling to Surrender)という隔離維持派団体による、黒人を雇う商店への逆ボイコットなどが展開された。一二月一一日の黒人集会は二五〇〇名を集めた。翌日未明には一つの黒人小学校が爆破された。暴力への懸念が高まるなか、商店への打撃は深刻化した。市長は白人の暴力行為を非難し、学生・成人連絡委員会とともに小売業者協会やアトランタ商工会議所に働きかけたが、逆に示威行動の中止を働きかけるように求められただけだった。一方、闘争は長期化し、一二月から一月にかけての時期は試験と重なり、学生側は闘争の停滞を強いられた[60]。

収束へ

この間、アセンズ(Athens)に所在するジョージア大学(University of Georgia)でも問題が起こった。黒人学生の入学を拒否する州知事に対して大学側はそれを無視して緊張が高まった。学生たちは停滞状況を打ち破って闘争を再開し、二月七日、連邦政府事務所ビルのランチカウンターで「座り込み」を実行したロニー・キングら一七名が州法違反で逮捕され、一一日の抗議行動でさらに八〇名以上の学生が逮捕された。一五日にはキング・ジュニア牧師の呼びかけで学生を支援する集会が開かれ、一九日(日曜日)に拘置所前での抗議行動が計画された。同支援集会後に小グループの会議が開かれ、七〇歳を超えた老黒人リーダーで弁護士A・T・ウォルデン(Walden)が、仲介者として突然立ち現れた。彼は「座り込み」闘争を当初は支持していたが、秋以降の事態の紛糾とともに発言を控え、闘争の混迷のなかで時機を待っていた。保守派ではあったが、リベラル派とも気脈を通じていた。ロニー・キングやベンジャミン・ブラウンを含む先の小グループによる会議で、ウォルデンに正式な仲介の要請があったという確証はない。ただしKKKが一九日に同じ場所で集会を計画していたことから、一日前の一八日に日程を変更するというウォルデンの助言を、学生たちが受け入れたのは事実である。「人種」間の緊張関係は続き、二二日以降も学生の逮捕者が続出する。

その間にウォルデンは白人弁護士で黒人諸団体への寄付者でもあったロバート・トラウテン・シニア(Robert Trouten, Sr.)を通じて、商工会議所会頭アイヴァン・アレン・ジュニア(Ivan Allen, Jr.)に接触し、商店経営者と学生・成人連絡委員会の交渉の前提が整った。学生代表はロニー・キングとハーシェル・サリヴァンの二名とされた交渉で、リッチズによる「強固な約束」と一〇月一五日という期限設定を加える妥協案が提示され、二名の学生代表は受け入れに応じ、三月六日夜、合意に達した。ロニー・キングはいった。「皆に報告してから私とハーシェルは泣きました。皆がそれ〔合意書条項のこと〕を受け入れたがらなかったからです」。翌日、商工会議所で合意が発表された。二日後、学生たちを前に二人は代表職の辞任を表明し、一旦受け入れられたが、再任された。[61]

ジャーナリストのゲイリー・ポメランツによれば、最終段階で合意の受け入れを渋る学生たちを「ダディ」・キングが一喝したといわれる。学生もさることながら、黒人「コミュニティ」の多くも、前年一一月に秘密裏に進められた交渉で提案され、その後リークされて頓挫した案とさほど変わらない「妥協」内容に反発を示した。三月一〇日(金曜日)夜にウォレン・メソディスト教会(Warren Memorial United Methodist Church)で集会がもたれた折につめかけた二〇〇〇名の群衆は、ウォルデンや「ダディ」・キングのような伝統的指導者に強く反発し、集会に参加していたアイヴァン・アレンの懸念は高まった。その直後、アレンを安堵させたのがキング・ジュニア牧師による説得だった。彼は黒人「コミュニティ」の「不統一の危険」を訴えるとともに、「合意を破る人がいるとすれば白人でなければならない」と訴え、聴衆に尊厳をもつようにも説いた。キングの発言で聴衆の態度は一変し、黒人「コミュニティ」は合意の受け入れに大きく傾いた。六カ月後、学校の隔離廃止が実行されるとともに、九月二七日にレストランや、主要デパートのランチカウンター、トイレなどは混乱なく公式に統合された。この秩序ある隔離廃止の実行にあたっては、最後の集会後に確認された学生リーダーたちによる私的レベルでのボイコットの続行の呼びかけが威圧的効果をもち続けたことは疑いえない。すでに商店側の訴訟取下げに基づいて、四月二五日に学生逮捕者の裁判は無期延期とされていた。

九月一一日の市長選挙では、闘争の収拾で信頼を得た商工会議所会頭アイヴァン・アレンが、隔離廃止への抵抗を掲げる白人市民評議会(White Citizens Council)のレスター・マドックス(Lester Maddox)に一〇万票(得票率で二対一)の大差をつけて初当選を果たした。アトランタ闘争はアレン自身においても思想上の大転換点となった。選挙結果は、かつて南北戦争後の「第一次再建」期に「ニューサウス」の建設を叫んだヘンリー・グラディ(Henry Graddy)が表舞台から退いて以来長らく沈潜を余儀なくされていた、奴隷制の遺制を内部から払拭し、外部からの投資を呼び込んで南部の経済的発展をめざす、「南部リベラル派」の復活の気運に積極的に合流する決意表明だったといえよう。「アトランタをモントゴメリーやリトルロックにするな」という呼びかけには、闘争の過程で危機感を強めた、南部財界の代表を自認するアトランタの白人指導層における新時代への率先した適応の姿勢が読みとれる。だが州レベルでの「人種」平等への道は平坦ではなかった。六六年の州知事選において、非都市部の白人票を糾合したマドックスが勝利することになるからである。[62]

過渡期の終わり

六〇年から六一年にかけて、劇的といってよい高揚を示したアトランタでの「人種」隔離施設での「座り込み」闘争は、学生たちに達成感とともに深い挫折感をもともなう、ほろ苦い「勝利」をもたらした。それは六一年の春から初夏にかけて展開される「自由乗車《フリーダム・ライド》」運動やその後の一連の諸地域闘争への重要な橋渡し役を十分に果たした一方、フォートが指摘するように、雇用の確保など当初から掲げられた目標は達成しえず、ランチカウンターなどの隔離廃止といった象徴的成果のみにとどまったからである。また、公立学校の隔離廃止の実行は、当初から地元権力機構の予定表にのぼっていたものであった。ただし、何よりも平和的にそれがなされえたのは、闘争の重要な功績であった。というのも、学校の隔離廃止に反対する勢力が口実としたのは、「社会的混乱」の回避だったからである。しかしながら、満足とはいいがたかった合意の結果や、予想外に長期にわたった闘争によって、学生活動家の消耗は深まった。終結後、闘争のなかでは押し殺されてきた「自分を再び見つめなおすために」、アトランタを離れる学生リーダーは多かった。ロニー・キングもその一人で、彼は首都ワシントンのハワード大学大学院に進学した。「私がそれまで尊敬していた人びとが重要な決定の場に直面して、バラバラになるのを見た」ことへの幻滅が、癒しがたい心の傷を彼に与えていた。[63]

「勝因」や意義の分析よりも、政治学者ジャック・ウォーカーの同時代的観察に依拠して、この学生たちの闘争がもたらした皮肉な結果に注目したい。闘争が長引いたのは、長年の隔離がもたらした「人種」間の意思疎通回路の欠如が一因だったが、さらに問題を混乱させたのが、黒人指導部内の意思不統一だった。ミドルクラスのみならず、実業家を主体とする旧来の黒人指導層は、その実、商取引を通じて一般民衆以上に白人権力機構に依存度が高かった。旧来の黒人指導層が有効な仲介者的立場をとるのを躊躇《ちゅうちょ》したことは、闘争を担う学生たちの不満と不信を高めた。地域闘争はこの段階では全国世論の注目が不十分で、連邦政府の介入は期待しがたく、急進的部分が率先した闘争の収拾にあたっては「中間派」の役割は少なからぬものがあった。しかしながら、闘争の長期化がもたらした黒人学生集団と白人支配層との分極化状況を機能的に利用して「中間派」的立場を確立したのは、望ましい中間派というよりも保守派であった。収拾過程で既存の黒人指導層のより保守的な部分が、一時的にしろ、失いかけていた影響力を回復した側面は否定できない[64]。

ただし、ウォーカーはアトランタ闘争の意義について次のように付言する。重要なことは、長年にわたって無気力が浸透していた黒人大衆が変化の希望を見出したことである、と。そして近い将来に、保守派リーダーの収拾能力を超えて闘争が高揚する事態が到来すれば、大衆からの平等要求を背景にして急進派が確固たる勢力を確立するかもしれない、と。予備選挙の隔離禁止(四六年)や、黒人警察官の採用(四八年)、さらにはゴルフコースの平和的な隔離廃止など、アトランタにおける第二次世界大戦後の諸成果は、南部の他地域にみられないほど目覚ましかった。しかし学生の闘争がもたらした成果は合意の内容をはるかに超えていた。「……この抗議行動は、アトランタの黒人に広く抱かれていた不満を知覚するように、白人コミュニティに促した」。学生が当初「人権アピール」で嘆いたように、「誰もがうまくいっていて、平等で、黒人は幸福で満足している」などと信じる白人は、もはやいなくなった。そしてその後のアトランタでの展開は、ウォーカーの予想通りとなるのだった[65]。

4　ケネディ政権の門出と運動の新たな方向性　結びにかえて

すでに触れたように、一九六〇年一一月に当選を果たした、北部マサチューセッツ州出身の民主党大統領候補、ジョン・F・ケネディは、選挙戦の終盤において、当時学生の説得を受けてアトランタの「座り込み」に参加して逮捕されたキング牧師の保釈に奔走して、黒人票を付け加えたといわれている。それは対抗馬ニクソンの黒人「市民権」に対する無関心に乗じた賭け、といってよいものだった。一般投票の結果は僅差(マージンは全投票数の〇・一七%の一一万八〇〇〇票ほど)だった。ただしケネディ陣営が最終的に選挙公約に盛り込んだ「市民権」問題は、「座り込み」という直接対決が提起する、公共施設や学校のすみやかな隔離廃止、あるいは雇用差別禁止ではなく、アイゼンハワーがかつて慎重に選び、五七年に一応の立法化にこぎつけた、「投票権問題」に限定されていた。[66]

南部では「人種」隔離保持を掲げる反動的ポピュリズムが州政治を支配するようになっていた。当選後のケネディにとって、黒人「市民権」問題には慎重な対応と微妙な配慮が不可欠だった。その一方で、市民権運動の流れはもはや確実に直接行動主義に傾斜しつつあった。「座り込み」闘争がまだ各地で継続するなか、ケネディの大統領就任早々の六一年春から初夏にかけて、州境を越えた長距離バスの隔離を違憲とした最高裁判決の実験を試みる、人種平等会議(Congress of Racial Equality: CORE)とSNCCによる「自由乗車」運動が展開された。それは「座り込み」運動以上に南部で白人住民による集団的暴行をともなう強烈な反発を惹起し、連邦権力の威信を大いに揺るがした。もちろんケネディ政権の至上課題は、どの第一期目の政権とも同じく、再選の達成だった。そのためにアーサー・シュレジンジャー・ジュニア(Arthur M. Schlesinger, Jr.)ら補佐官たちが考えついた「市民権」をめぐる戦略は、リトルロック事件以上の「人種戦争」を引き起こしかねない直接行動主義の本格化の以前に、全国レベルの運動団体に巧みに働きかけて、より「穏健」とみなされる有権者登録活動へと活動の中心を転換させることだった。それはまた冷戦リベラリズムにとって障害となってきた地方の守旧派白人層に代わる、いわば「健全な」民主党支持勢力を南部に新たに生み出そうとする運動をも意味した[67]。

有権者登録活動が「人種」差別の牙城ミシシッピ州で広範な州レベルの市民権闘争として高揚するのは、ケネディ暗殺後、ジョンソン政権においてであった。すでにアトランタの例でみてきたように、南部、とりわけ諸都市において、確かに黒人有権者組織活動は多くが穏健な伝統的黒人指導部の支配下にあった。有権者登録活動よりも「急進的」と目されていたNAACPによる法廷闘争主義に取って代わりつつあった、学生たちによる直接行動主義の急速な高揚は、このような南部諸都市の伝統的黒人有力者の指導力を揺るがしていた。組織労働とリベラル派という「進歩的な」北部勢力と、大不況下で政府の援助を必要としていた南部のプランター勢力との間で形成された、三〇年代後半以来の民主党の「ニューディール連合」に内在した「市民権」をめぐる矛盾は、戦後に世界的覇権国家としてアメリカが隆盛する一方でますます露呈しつつあった。それはまさに「アメリカのジレンマ」とも重なった。六一年六月一六日にCORE、SCLC、そしてできたてのSNCCを含む諸団体の代表がロバート・ケネディ司法長官の説得を受けた。とくにSNCCは対応をめぐる激しい論争のすえ、ケネディ政権の真意に対する懐疑を払拭できないままに、同政権の後押しを受けて、多くの民間援助資金を集めていた有権者教育プロジェクト(Voter Education Project)に参画する道を選択するのだった[68]。

SNCCが精力を集中することになるのは主にミシシッピ州においてであったが、結果的にケネディ政権の思惑がはずれることになるのは歴史の皮肉であった。政権中枢の「ベスト・アンド・ブライテスト」たちは、次のような新たな展開を知らなかったか、あるいはその歴史的意味合いの重大さを軽視したのである。六〇年春、ニューヨークで高校の数学教員をしていたボブ・モーゼズ(Robert Parris Moses)は、南部での「座り込み」闘争の高揚に刺激を受け、まもなく夏休みを利用して南部に赴き、やがてアトランタのSNCC本部を訪れた。モーゼズはベイカー女史の手引きを受けつつ、SNCC唯一の専従ジェイン・ステムブリッジの計画で七月末にミシシッピ州デルタ地方に出かけた。彼はそこで長年地元で差別と闘い続けてきたNAACP州内各支部代表者会議(state conference of the NAACP branches)副議長アムジー・ムーア(Amzie Moore)と会い、地元黒人リーダーたちが進めていた、有権者登録活動を媒介とした反差別と権力への参画をめざす草の根闘争への民衆の結集をめざす活動について、知るところとなった。もう一年、ニューヨークの高校での契約が残っていたモーゼズは、翌春から合流することを約束し、辞去した。モーゼズが悟ったのは、ミシシッピにおける有権者登録活動が秘める可能性だった。そもそも大都市圏が貧弱で、農村部が広がるこの地方で、商店や公共施設での「座り込み」はそれほど有効ではなかった。また、とりわけ黒人が多数派を形成する郡部において、有権者登録活動は権力機構への直接的参入の試みにほかならず、それゆえにこそ、白人の抵抗は強烈だった。長年にわたってムーアら地元黒人指導部は法的手段を駆使しても埒《らち》があかず、有権者登録活動を媒介とした地元黒人民衆の組織活動に対する、外部からの支援を熱望していた。六一年春、「自由乗車」運動がミシシッピにやってくるのと相前後して、モーゼズらSNCC活動家は州南部のマカーム(McComb)を拠点に、SNCCの有権者登録活動は開始されるのだった。[69] 他方、キング牧師とSCLCは資金援助や連邦政府の介入に期待を寄せて有権者登録活動に傾注することに同意する一方、公共施設の隔離廃止という課題をも重視し、南部におけるより組織的な地域レベルでの大衆的直接行動計画を模索し始めた。まもなくSCLCはジョージア州オールバニーにその最初の場を見出すことになるのだった。[70]

こうして市民権運動の新たな二つの方向性、すなわち主に南部の都市部における「人種」隔離体制の打破のための大衆的直接行動の高揚と、黒人が多数派を占める郡部を中心に展開される政治権力への直接的参入をめざす有権者登録活動を主体とした草の根の民衆組織化は、ともに始動しようとしていた。この市民権運動の新たな局面は、六〇年代をカバーする別稿で扱われるべき物語の一部となるであろう。

註

1 本章において「地域闘争」は "local struggle(s)" の和訳をさすものとする。

2 このような傾向の代表的かつ先駆的議論としては次を参照せよ。J. Mills Thornton, III, "Introduction: First Among Equals, The Montgomery Bus Boycott," in David J. Garrow, ed., *The Walking City: The Montgomery Bus Boycott, 1955-1956* (*Martin Luther King, Jr. and the Civil Rights Movement: vol. 7*) (New York: Carlson Publishing, 1989); Thornton, "Municipal Politics and the Course of the Movement," in Armstead L. Robinson and Patricia Sullivan, eds., *New Directions in Civil Rights Studies* (Charlottesville, Va.: University of Virginia Press, 1991), pp. 38-64.

3 資源動員論の概要およびそのエリート主義的傾向に対する批判に関しては次の文献を参照せよ。Doug McAdam, *Political Process and the Development of Black Insurgency, 1930-1970* (University of Chicago Press, 1982), chap. 2. 市民権運動に関する「コミュニティ」重視の先駆的かつ注目すべき代表的研究としては次を参照せよ。Aldon D. Morris, *The Origins of the Civil Rights Movement: Black Communities Organizing for Change* (New York: The Free Press, 1984); William H. Chafe, *Civilities and Civil Rights: Greensboro, North Carolina, and the Black Struggle for Freedom* (Oxford University Press, 1980); Robert J. Norrell, *Reaping the Whirlwind: The Civil Rights Movement in Tuskegee* (New York: Vintage Books, 1986).

4 「アンダークラス」をめぐる論争においてもこの点が問題にされてきた。拙稿を参照して頂きたい。「現代アメリカ合衆国における『アンダークラス』論争の史的検討――W・J・ウィルソン説の展開と歴史家たちの批判を中心に」『人文論叢』第一五号(三重大学人文学部文化学科、一九九八年三月)九三〜一二一頁。

5 この点に関してはモントゴメリー闘争に関する拙稿を参照していただきたい。「モントゴメリーは公民権運動の出発点たりうるか?――モントゴメリー・バス・ボイコットの生成・発展過程の再検討」『アメリカ史研究』第一五号(一九九二年八月)二九〜四三頁、「公民権運動を始動させた女性たち――モントゴメリー・バス・ボイコットに関するジョー・アン・ロビンソンの手記」『生活の科学』第一四号(椙山女学園大学生活科学部、一九九二年四月)六九〜八一頁。

6 アメリカにおけるこのような方向性をもった地域レベルの研究の代表例として次を参照せよ。Chafe, *Civilities and Civil Rights*; Norrell, *Reaping the Whirlwind*. また前史に関する注目すべき日本語文献として次を参照せよ。上杉忍『公民権運動への道――アメリカ南部農村における黒人のたたかい』(岩波書店、一九九八年)、樋口映美『アメリカ黒人と北部産業――戦間期における人種意識の形成』(彩流社、一九九七年)。

7 「南部リベラル派」の役割に関する研究として次を参照せよ。David L. Chappell, *Inside Agitators: White Southerners in the Civil Rights Movement* (Baltimore: Johns Hopkins University Press, 1994); Alan Draper, *Conflict of Interests: Organized Labor and the Civil Rights Movement in the South, 1954-1968* (Ithaca, NY: ILR Press, 1994). 本章の筆者がインタビューの機会を得た、アラバマ州バーミングハム元市長(七五〜七九年)デイヴィッド・ヴァン氏の軌跡は、象徴的例である。ジョージ・ワシント

ン大学ロースクールを修了後、五二年末から二年間、彼は「ブラウン」判決を全員一致で下した最高裁判事の一人でアラバマ州出身のブラック(Hugo LaFayette Black)判事のアシスタントを務め、時代の変化の不可避性をまさに実感させられた。彼は六〇年の大統領選挙では地元でケネディの応援に奔走し、六三年春のキング牧師によるバーミングハム闘争の折には最終妥結に尽力することになる。Interview of David Vann by Masaki Kawashima, at the Birmingham Civil Rights Institute, Birmingham, Ala., on August 18, 1999.

8　このような仮説に関わる先駆的研究として次を参照せよ。藤岡惇『アメリカ南部の変貌——地主制の構造変化と民衆』(青木書店、一九八五年)、藤岡『サンベルト　米国南部——分極化の構図』(青木書店、一九九三年)。また関連する基礎的議論として次の拙稿もご参照頂きたい。"Civil Rights and the Course of a 'Nation-State': Local Movements and National Policy in the Cold War Era and After," (Paper presented in the Kyoto American Studies Summer Seminar-1998) *Publication of the Proceedings from The Kyoto American Studies Summer Seminar, July 30-August 1, 1998* (Center for American Studies, Ritsumeikan University, 1999), pp. 25-45.

9　この点について島田眞杉教授(京都大学)よりご教示を頂いた。謝意を表す。

10　地域闘争に注目した市民権運動史の総括的研究の方法論に関しては、トマス・ジャクソン(Thomas Jackson)博士(ニューヨーク大学)、トマス・スグルー(Thomas Sugrue)教授(ペンシルヴェニア大学)、ロビン・D・G・ケリー(Robin D. G. Kelley)教授(ニューヨーク大学)、グレン・エスキュー(Glenn Eskew)助教授(ジョージア州立大学)およびデイヴィッド・J・ギャロー(David J. Garrow)教授(エモリー大学)と筆者との個人的な討論から有益な示唆を頂いた。謝意を表す。

11　Robin D. G. Kelley, *Hammer and Hoe: Alabama Communists during the Great Depression* (Chapel Hill: University of North Carolina Press, 1990), pp. 14-15, 43-44. SCUに関してはとりわけ上杉『公民権運動への道』を参照せよ。

12　「南部作戦」については、長沼秀世「オペレーション・ディクシー——CIOの南部組織活動」『国際関係学研究(津田塾大学)』二三(一九九三年)、長沼「ハイランダー・フォーク・スクール——公民権運動と労働運動をつなぐもの」『国際関係学研究(津田塾大学)』二四(一九九四年)を参照せよ。

13　Neil R. McMillen, ed., *Remaking Dixie: The Impact of World War II on the American South* (Jackson: University Press of Mississippi, 1997).

14　Gunner Myrdal, *An American Dilemma: The Negro Problem and Modern Democracy*, vols. I & II (New Brunswick, NJ and London: Transaction, 1998, rev. of 1994).『アメリカのジレンマ』およびミュルダールがアメリカ知識人層に与えた影響に関しては次を参照せよ。Walter A. Jackson, *Gunner Myrdal and America's Conscience: Social Engineering and Racial Liberalism, 1938-1987* (Chapel Hill, NC: University of North Carolina Press, 1990).

15　アメリカ合衆国軍における人種隔離撤廃に関しては次を参照せよ。Richard M. Dalfiume, *Desegregation of the U.S. Armed*

Forces: Fighting on Two Fronts, 1939–1953 (Columbia, Mo.: University of Missouri Press, 1969).

16　Robert Frederick Burk, *The Eisenhower Administration and Black Civil Rights* (Knoxville, Tenn.: University of Tennessee Press, 1985), p. 5.

17　Richard Kluger, *Simple Justice: The History of Brown v. Board of Education and Black America's Struggle for Equality* (New York: Vintage Books, 1975), p. 710.

18　拙稿「マーティン・ルーサー・キングJr.の思想的深化と『第三世界』――『勝利』後の闘いに焦点を当てつつ」『人文論叢』第一一号(三重大学人文学部文化学科、一九九四年三月)一二五〜一四一頁。

19　Nicholas Lemann, *The Promised Land: The Great Black Migration and How It Changed America* (New York: Vintage Books, 1992), p. 6(邦訳、松尾弌之訳『約束の土地――現代アメリカの希望と挫折』〈桐原書店、一九九三年〉一三頁)、Douglas S. Massey and Nancy A. Denton, *American Apartheid: Segregation and the Making of the Underclass* (Cambridge: Harvard University Press, 1993), p. 46.

20　Burk, *The Eisenhower Administration and Black Civil Rights*, pp. 6–10. なおデトロイト暴動(一九四三年)については次を参照せよ。Dominic J. Capecil, Jr. and Martha Wilkerson, *Layered Violence: The Detroit Rioters of 1943* (Jackson, Miss.: University Press of Mississippi, 1991).

21　Burk, *The Eisenhower Administration and Black Civil Rights*, pp. 202, 204–205.

22　*Ibid.*, p. 195; Henry Hampton and Steve Fayer, *Voices of Freedom: An Oral History of the Civil Rights Movement From the 1950s Through the 1980s* (New York: Bantam Books, 1991), p. 52.

23　C. Vann Woodward, *Strange Career of Jim Crow*, 3rd Rev. ed. (New York: Oxford University Press, 1974), pp. 134–135(邦訳、有賀貞訳『アメリカ人種差別の歴史』〈福村出版、一九七七年〉一四八頁).

24　次節のモントゴメリー闘争に関する記述は註5であげた拙稿と重複部分が多い。同拙稿をも参照されたい。なお次節でとくに典拠を示さない箇所は註5にあげた拙稿に拠る。

25　Vine Deloria, Jr., "Identity and Culture," in Ronald Takaki, ed., *From Different Shores: Perspectives on Race and Ethnicity in America* (Oxford University Press, 1987), p. 96.

26　竹中興慈「第4節　黒人奴隷制度・南北戦争・南部の再建」、野村達朗編著『アメリカ合衆国の歴史』(ミネルヴァ書房、一九九九年)一〇四頁。

27　Kluger, *Simple Justice*, p. 4. この点に関してはジョージア大学のリチャード・プラット教授との討論(Discussion with Prof. Robert A. Pratt of the University of Georgia by Masaki Kawashima, Athens, Ga., August 20, 1999)から示唆を得た。謝意を表す。

28　Kluger, *Simple Justice*, pp. 3–8, 18–26.

29　のちに七〇年代のボストンのバス通学論争においても、同様の事実が浮かび上がる。黒人の親たちの関心は「統合教育」というよりも、むしろ黒人地区の学校における教育の質の向上にあったが、連邦裁判所によるバス通学をともなう「統合」命令によって白人の子供たちを黒人地区に通わせないかぎり、黒人地区の学校の問題が市全体の問題として意識されえないことを経験上知っていた(Interview of Ruth Batson by Masaki Kawashima, Boston, March 26, 1996; Interview of Mel King by Masaki Kawashima, Boston, November 7, 1995)。拙稿「ボストン・スクール・バスィング論争再訪――『失敗』神話の検証に向けて」『アメリカ研究』第三一号(一九九七年三月)五九～八一頁も見よ。

30　Mwalimu J. Shujaa, ed., *Beyond Desegregation: The Politics of Quality in African American Schooling* (Thousand Oaks, Cal.: Corwing Press, 1996), p. xiv.

31　Jack Dougherty, "From Anecdote to Analysis: Oral Interviews and New Scholarship in Educational History," *Journal of American History* 86, no. 2 (1999), pp. 713-715. この議論に関わる個別研究の例として Davis S. Cecelski, *Along Freedom Road: Hyde County, North Carolina, and the Fate of Black Schools in the South* (Chapel Hill: University of North Carolina Press, 1994); Vanessa Siddle Walker, *Their Highest Potential: An African American School Community in the Segregated South* (Chapel Hill: University of North Carolina Press, 1996)を見よ。

32　Robin D. G. Kelley, "The Black Poor and the Politics of Opposition in a New South City, 1929-1970," in Michael B. Katz, ed., *The "Underclass" Debate: Views from History* (Princeton, NJ.: Princeton University Press, 1993), pp. 306-307; 拙稿「現代アメリカ合衆国における『アンダークラス』論争の史的検討」一〇六～一〇七頁。

33　J. Mills Thornton, III, "Challenge and Response in the Montgomery Bus Boycott of 1955-1956," *Alabama Review* 33 (1978), in Garrow, ed., *The Walking City*, pp. 323-329.

34　女性政治会議や女性活動家の役割に関しては註5にあげた拙稿以外に次を参照せよ。Mary Fair Burks, "Trailblazers: Women in the Montgomery Bus Boycott," in Vicki L. Crawford, et al., eds., *Women in the Civil Rights Movement: Trailblazers and Torchbearers, 1941-1965* (New York: Carlson Publishing, 1990), pp. 71-83; David J. Garrow, ed., *The Montgomery Bus Boycott and the Women Who Started It: The Memoir of Jo Ann Gibson Robinson* (Knoxville, Tenn.: University of Tennessee Press, 1987).

35　この点に関連して、ＮＡＡＣＰ全国本部とＭＩＡとの関係について若干触れたい。先ず前者がサウスカロライナでの隔離バス座席の違憲判決を求める裁判闘争への関与を理由として、後者による当初の隔離改善要求への支援要請を婉曲《えんきょく》に断っている事実に注目すべきである(Roy Wilkins to W. C. Patton, Dec. 27, 1955, in Stewart Burns, ed., *Daybreak of Freedom: The Montgomery Bus Boycott* [Chapel Hill, NC: University of North Carolina Press, 1997], p. 110)。そもそもＮＡＡＣＰはまもなくアラバマ州法によって州内での活動を停止される。またＮＡＡＣＰ本部事務局長に就任したばかりのロイ・ウィルキンスにとって、アラバマ州法で

「違法行為」とされた「ボイコット」を公然と展開するＭＩＡとの直接の関わり合いをもつことは、どこまで現実的に考慮されたか疑問である。彼の関心は「ボイコット」よりも、サウスカロライナの裁判に影響があるモントゴメリーでの訴訟の成り行きに向けられていたのだった(Memorandum from Gloster Current, NAACP director of branches, to Roy Wilkins, Feb. 2, 1956, in *ibid*., p. 148)。確かに、闘争の「勝利」ののちにウィルキンスは雑誌の特集記事に、整然とした非暴力的な集団行動を持続した地元指導部の努力を称え、「モントゴメリーの抗議行動は一つの歴史的発展である」と評価した(*Liberation*, Dec. 1956, in *ibid*., p. 315)。しかしその少し前のＭＩＡによる闘争一周年記念行事への招請への返答が寄せられないなど、その複雑な立場をうかがい知れる事実もある("Executive Board of MIA—10:30 A.M." [Oct. 24, 1956], in *ibid*., p. 296)。

36 Preston Valien, "The Montgomery Bus Protest as a Social Movement," in *Race Relations* (Chapel Hill: University of North Carolina Press, 1961), in Garrow, ed., *The Walking City*, pp. 95-96.

37 Julian Bond, "The Politics of Civil Rights History," in Robinson and Sullivan eds., *New Directions in Civil Rights Studies*, p. 15.

38 Edgar N. French, "The Beginning of a New Age," in *The Angry Black South* (New York: Cornth Books, 1962), in Garrow, ed., *The Walking City*, pp. 185, 189.

39 Adam Fairclough, *To Redeem the Soul of America: The Southern Christian Leadership Conference and Martin Luther King, Jr.* (Athens, Ga. and London: University of Georgia Press, 1987), p. 29.

40 バーミングハムおよびタラハシーに関しては、例えば次を参照せよ。Glenn T. Eskew, *But for Birmingham: The Local and National Movements in the Civil Rights Struggle* (Chapel Hill, NC: The University of North Carolina Press, 1997); Glenda Alice Rabby, *The Pain and the Promise: The Struggle for Civil Rights in Tallahassee, Florida* (Athens: University of Florida Press, 1999).

41 John A. Kirk, "Arkansas, the *Brown* Decision, and the 1957 Little Rock School Crisis: A Local Perspective," in Elizabeth Jacoway and C. Fred Williams, eds., *Understanding the Little Rock Crisis: An Exercise in Remembrance and Reconciliation* (Fayetteville: University of Arkansas Press, 1999), pp. 72-74.

42 モントゴメリー闘争後の南部各地の新聞による「キングは共産主義者の手先」といったキャンペーンはＦＢＩの注目を引き、やがて組織的に情報が収集されるようになる。七五～七六年に連邦議会の決議で特別開示が決まったキング牧師に関するＦＢＩ特別ファイル(マイクロフィルム版)を見ればその執着ぶりが詳しくわかる。David J. Garrow, ed., *The Martin Luther King, Jr., FBI File Parts I & II* (Frederic, Md.: University Publication of America, Inc., 1984)参照。また次の文献も参照されたい。David J. Garrow, *The FBI and Martin Luther King, Jr.* (New York: Penguin Books, 1981); Kenneth O'Reilly, "*Racial Matters*": *The FBI's Secret File on Black America, 1960-1972* (New York: The Free Press, 1989); 拙稿「一九六五年夏以降のＭ・Ｌ・キング——

ＦＢＩ秘密ファイルの再検討を中心に」『歴史評論』第五三一号（一九九四年七月）一九〜三四頁。

43 Michael Kazin, *The Populist Persuasion: An American History*, rev. ed. (New York: Basic Books, 1995), chap. 9. 闘争終結後の黒人「コミュニティ」内部の軋轢を示唆するインタビュー史料は次にある。Steven M. Millner, "The Montgomery Bus Boycott: A Case Study in the Emergence and Career of a Social Movement," Ph.D. dissertation in Sociology at the University of California, Berkeley, 1981, "Appendix: Interviews," in Garrow, ed., *The Walking City*. パークスはミルナーに、闘争のさなかや直後の嫌がらせが転居の理由の一部であったと明言している(ibid., p. 560)。また闘争終結後の運動の弛緩については次を見よ。Ibid., p. 517; Garrow, ed., *The Memoir of Jo Ann Gibson Robinson*, pp. 167–170.

44 拙稿「モントゴメリーは公民権運動の出発点たりうるか？」四〇頁、Morris, *The Origins of the Civil Rights Movement*, p. 17–25; August Meier and Elliott Rudwick, "The Origins of Nonviolent Direct Action in Afro-American Protest: A Note on Historical Discontinuation," in Meier and Rudwick, eds., *Along the Color Line: Explorations in the Black Experiences* (Urbana, Ill.: University of Illinois Press, 1976), p. 366; Meier and Rudwick, *From Plantation to Ghetto*, 3rd ed. (New York; Hill and Wong, 1976), p. 277.

45 このような認識の例として、キング牧師が最初に率いたジョージア州オールバニーでの闘争の「挫折」に関する、次の原因分析を参照せよ。Howard Zinn, *Albany: A Study in National Responsibility* (Atlanta: Southern Regional Council, 1962).

46 Fairclough, *To Redeem the Soul of America*, chap. 2.

47 *Ibid.*, p. 35; Lee E. Bains, Jr., "Birmingham, 1963: Confrontation over Civil Rights," B.A. Honor Essay at Harvard University in 1977, in David J. Garrow, ed., *Birmingham, Alabama, 1956–1963: The Black Struggle for Civil Rights (Martin Luther King, Jr., and the Civil Rights Movement: vol. 8)* (New York: Carlson Publishing, 1989), p. 230.

48 Burk, *The Eisenhower Administration and Black Civil Rights*, chap. 10; Brian K. Landsberg, *Enforcing the Civil Rights: Race Discrimination and the Department of Justice* (Lawrence, Kann.: University of Kansas Press, 1997), p. 9–13.

49 Burk, *The Eisenhower Administration and Black Civil Rights*, p. 161.

50 Clayborn Carson, *In Struggle: SNCC and the Black Awakening of the 1960s* (Cambridge: Harvard University Press, 1981), chap. 1; Fairclough, *To Redeem the Soul of America*, pp. 58–61.

51 Carson, *In Struggle*, chap. 3.

52 Vincent D. Fort, "The Atlanta Sit-In Movement, 1960–61: An Oral Study," M.A. thesis, Atlanta University, 1980, in David J. Garrow, ed., *Atlanta, Georgia, 1960–1961: Sit-Ins and Student Activism (Martin Luther King, Jr., and the Civil Rights Movement: vol. 9)* (New York: Carlson Publishing, 1989), pp. 125–127.

53 Jack L. Walker, *Sit-Ins in Atlanta* (New York: McGraw-Hill, 1964), in Garrow, ed., *Atlanta, Georgia, 1960–1961*, pp. 59–

60.

54 Walker, "The Functions of Disunity: Negro Leadership in a Southern City," *Journal of Negro Education* 32(Summer 1963): 227-36, in Garrow, ed., *Atlanta, Georgia, 1960-1961*, pp. 17-29.

55 Walker, "Protest and Negotiation: A Case Study of Negro Leadership in Atlanta," *Midwest Journal of Political Science* 7 (5/63): 99-124, in Garrow, ed., *Atlanta, Georgia, 1960-1961*, pp. 31-58.

56 Walker, *Sit-Ins in Atlanta*, pp. 63-66. 学長たちへの圧力に関しては次を見よ。Fort, "The Atlanta Sit-In Movement, 1960-61," chap. 5. なお「人権アピール」の原文は次にある。"An Appeal For Human Rights," in ibid., pp. 183-187.

57 Ibid., pp. 63-66.

58 Ibid., pp. 70-74.

59 Walker, *Sit-Ins in Atlanta*, pp. 75-77; Fort, "The Atlanta Sit-In Movement, 1960-61," pp. 135-136. 黒人のリッチズでの待遇に象徴されるランチカウンターの隔離を超えた不満に関しては次を参照せよ。Gary M. Pomerantz, *Where Peachtree Meets Sweet Auburn: The Saga of Two Families and the Making of Atlanta* (New York: Scribner, 1996), pp. 257, 266.

60 *Ibid.*, p. 251; Walker, *Sit-Ins in Atlanta*, pp. 81-83; Fort, "The Atlanta Sit-In Movement, 1960-61," pp. 140-142.

61 Walker, *Sit-Ins in Atlanta*, pp. 85-87, 88-90.

62 *Ibid.*, pp. 88-90; Fort, "The Atlanta Sit-In Movement, 1960-61," pp. 142-143; Pomerantz, *Where Peachtree Meets Sweet Auburn*, pp. 270-271, 287, 350-351.

63 Fort, "The Atlanta Sit-In Movement, 1960-61," pp. 142-143, 167-168.

64 Walker, "Protest and Negotiation," p. 54.

65 Walker, *Sit-Ins in Atlanta*, pp. 90-92. アトランタの「その後」に関する文献として次をあげておく。Pomerantz, *Where Peachtree Meets Sweet Auburn*, parts V-VII; Hampton and Fayer, *Voices of Freedom*, chap. 31; David Andrew Harmon, *Beneath the Image of the Civil Rights Movement and Race Relations: Atlanta, Georgia, 1946-1981* (New York and London: Garland Publishing, Inc., 1996), chaps. VI, VII.

66 Mary Beth Norton, et al., *A People and A Nation: A History of the United States*, Brief ed. 4th ed. (Boston: Houghton and Mifflin, 1995), p. 551; Burk, *The Eisenhower Administration and Black Civil Rights*, pp. 259-260; Carl M. Brauer, *John F. Kennedy and the Second Reconstruction* (New York: Columbia University Press, 1977), pp. 35-36. なおキング保釈に関しては、隔離維持派とみられていた州知事ヴァンダイヴァーが、ジョン・ケネディからの電話を受けてミッチェル(J. Oscar Mitchell)判事に働きかけを行ったという、複雑な裏事情が明らかにされている。クーンによれば、ヴァンダイヴァーは当時の州政治においては「中道派」と目されており、公立学校の隔離廃止の実行という懸案事項を抱えていた彼は、ともかくもアーカンソーのような事態を避け

たかった。ケネディ兄弟との個人的接触後に、彼もまた熱烈なケネディ支持派となったが、キング保釈の「裏事情」を長らく公的に口にすることはなかった。Cliford M. Kuhn, "'There's a Footnote to History!': Memory and the History of Martin Luther King's October 1960 Arrest and Its Aftermath," *Journal of American History* 84, no.2 (September 1997), pp. 583-595.

67 Francis Fox Piven and Richard A. Cloward, *Poor People's Movements: Why They Succeed, How They Fail* (New York: Vintage Books, 1979), pp. 231-233.

68 Carson, *In Struggle*, pp. 38-39.

69 Eric R. Burner, *And Gently He Shall Lead Them: Robert Parris Miss and Civil Rights in Mississippi* (New York: New York University Press, 1994), pp. 27-28; John Dittmer, *Local People: The Struggle for Civil Rights in Mississippi* (Urbana: University of Illinois Press, 1994), p. 102; Interview of Robert Parris Moses by Masaki Kawashima, Jackson, Miss., August 15, 2000.

70 Fairclough, *To Redeem the Soul of America*, pp. 76-77, 82-83. オールバニー闘争に関しては、拙稿「オールバニー運動再訪——一連の地域闘争としての米国市民権《シヴィル・ライツ》運動史研究試論」『アカデミア（人文・社会科学編）』第七五号（南山大学、二〇〇二年六月）九三〜一四六頁を参照して頂きたい。

第IV部 戦後アメリカと女性

第六章
終わりからの出発
女性知識人の模索

前川玲子

はじめに

一九五〇年代は一般的に、アメリカの女性史のなかでも停滞の時期であり、女性たちのさまざまな声が順応主義の社会的圧力に押しつぶされて沈黙を余儀なくされた時期だといわれてきた。六三年に出版されたベティー・フリーダン(Betty Friedan)の『フェミニン・ミスティーク』(*The Feminine Mystique*)は、良妻賢母的な伝統的役割に満足しきれず、「名前のない不安」を抱える女性たちの問題を分析して、六〇年代以降の女性解放運動の火付け役となった。だが皮肉にもフリーダンの著書は、五〇年代という時代、そこに生きた女性たちを一つのイメージに固定することで、新たな「神話」をつくることにもなった。五〇年代の女性史を扱った研究者ユージニア・カルディン(Eugenia Kaledin)は、家庭至上主義のイデオロギーが優勢を占めるなか、科学、文学、ジャーナリズムなどのさまざまな分野で幅広い活動を続けた女性知識人の姿を五〇年代の全体像のなかに含める必要があることを強調している。[1]

四〇年代後半から五〇年代を通じて、女性が現実に被っていた制度的差別を是正する政策や法改正が皆無に近かったのとは対照的に、「女性問題」は、新聞、雑誌、政府や財団の主催する会議で、しきりに議論された。女性の才能をどう開発すべきか、女子大生の将来に役立つカリキュラムは家政学や児童教育学を中心にしたものにすべきか、女性が家の外で働いていると子供は非行に走るかといったトピックが、繰り返し俎上《そじょう》にのぼったのである。こうした議論には、女子大学の学長や精神分析医などの女性有識者の参加が求められた。多くの場合、男女の伝統的な役割分担を強調する主催者や編集者の意図にそうような人物が選ばれるか、あるいは、その発言の一部が曲解されたりすることもあった。[2]

だが、「女性問題専門家」という狭い枠組みに女性知識人を閉じ込めようとする政策担当者やマス・メディアの動きに背を向けて、独自の活動を続ける一連の女性たちもいた。彼女たちは、家庭回帰指向の強い社会のなかでのアウトサイダーであったと同時に、知識人コミュニティのなかでは、学問という聖域に闖入《ちんにゅう》したアウトサイダーでもあった。五〇年代、女性教員を雇用する高等教育・研究機関は少なかった。夫や男性同僚の助手といった立場でしか発表の機会が与えられないといった制度的問題に加えて、女性の生来的な特性は論理性や学問的整合性と矛盾するといった偏見は強かったのである。そうしたなかで意気消沈して実験室や図書館に背を向けた女性が多かった一方で、そういう状況を逆手にとって、既成の学問的常識や文学的な常套《じょうとう》を超えた知的探索に果敢に挑んだ女性たちもいた。

戦後アメリカで知的フロンティアを切り開いた女性たちに関しては、知識人史や女性史のなかで断片的に取り上げられてきたが、個々の女性と時代との関わりに光を当てるような研究はあまりなされてこなかった。[3] 本章で、ハンナ・アーレント(Hannah Arendt, 一九〇六~七五)、メアリー・マッカーシー(Mary McCarthy, 一九一二~八九)、そしてレイチェル・カーソン(Rachel Carson, 一九〇七~六四)という三人の女性を取り上げるのは、彼女たちが優れた知識人であり、その著作を通して戦後アメリカに何らかのインパクトを与えたからである。彼女らは、政治哲学、文学、海洋学という個別の「畑」を耕していた専門家であると同時に、自分たちの生きた時代に対する鋭い感受性を有していた。ほぼ同時代に生きたのは偶然にすぎないが、一つの時代を共有することによって、彼女らは広い意味で同種の問題意識を分け合うことになった。第二次世界大戦、ホロコースト、原子爆弾の投下、そして冷戦といった一連の出来事は、人類が生き残るためにはわれわれは何をなすべきかという問いを、すべての知識人に投げかけていた。こうした問いかけに真剣に向き合うことなしには、彼女たちもまた、自分たち自身と時代の閉塞状況から脱け出すことはできなかったのである。五〇年代前後に発表された彼女らのそれぞれの著作は、世界史と個人史が交錯するなかで生み出された所産であり、その意味で一つの時代の物語でもある。

1 「暗い時代」とハンナ・アーレント

一九五八年に出版された『人間の条件』(*The Human Condition*)の五章「活動」の題詞に、アーレントはデンマークの作家アイザック・ディネセン(Isak Dinesen)の言葉、「どんな悲しみでも、それを物語に変えるか、それについて物語れば、耐えられる[4]」を選んだ。三三年にナチス・ドイツを逃れてから一八年間、「無国籍」の活動家であり、哲学の学徒だった一人の無名の女性が『全体主義の起原』(*The Origin of Totalitalianism*, 一九五一年)を世に問うたとき、それは、一つの個人的悲しみが知的情熱となって思想の領域に新しい突破口を開いた瞬間でもあった。この五〇年代にもっとも論じられた著作のなかで、アーレントは、一九世紀末の三つの運動——反ユダヤ主義、帝国主義、汎民族運動——が複雑に絡み合いながら、二〇年代から三〇年代にかけて全体主義として結晶化していく過程をあとづけた。

第一にアーレントは、帝国主義の台頭にともなう国民国家の解体過程のなかで、国家の財政担当者として珍重されてきたユダヤ人が影響力を失っていく過程を描く。そうしたなかで権力の後ろ盾を失ったユダヤ人の「無用の富」は国民各層の侮蔑《ぶべつ》や恨みの標的となり、反ユダヤ主義の温床となっていったと分析するのである。第二に、イギリスの帝国主義的拡張政策により、余剰資本と余剰労働者がアフリカなどの非西洋諸国に移動していく過程が分析される。アーレントは、「野蛮人」に対する恐怖と経済的搾取の必要から生み出された人種主義が、アングロ・サクソンを中心とした白色人種の優越思想としてイギリス本国にも影響を与えていく過程を、ラディヤード・キプリング、ヴァージニア・ウルフ、ジョゼフ・コンラッドなどの文学作品も援用しながらたどっていく。第三に、アーレントが二〇世紀の全体主義運動にもっとも直接的な影響を与えたとする汎ゲルマン主義と汎スラヴ主義が論じられ、両者に共通する「種族的ナショナリズム」の概念が浮かび上がってくる。同じ民族に生まれた人間の自然的結びつきと家族のような信頼感を強調する「種族的ナショナリズム」は、アトム化した社会のジャングルで近代人が陥りがちな不安を和らげる新しい帰属意識であると、アーレントは説明する。汎民族運動から全体主義運動が学んだのは、根無し草となった大衆が画一的な集団性を与えられることで安心感を取り戻すという逆説的真実だったと、示唆するのである。

『全体主義の起原』の最後の三分の一で、アーレントは、こうした三つの運動が政治の表舞台で起こる出来事の水面下で進行し、ついには、ナチス・ドイツとスターリン支配下のソ連において全体主義国家として発現していく過程をたどる。そして、たがいに分断化され共通感覚を失った無力な大衆が、プロパガンダやテロルを駆使する全体主義的抑圧装置の犠牲者ともなり加担者ともなっていく悲劇が語られるのである。近代国家の矛盾を「ユダヤ人問題」にすりかえ、その「全面的解決」としてナチスが実行したホロコーストは、アーレントにとっては、「起こってはならなかったが現実に起こった」根源的な悪であった。それゆえ、通常の歴史記述によって既成事実を追認し、読む者にそれが不幸な必然であったかのように提示することは、彼女がもっとも恐れたことだった。五五年のドイツ語版の序文で、アーレントの恩師であったカール・ヤスパースは、この本が、歴史研究と社会学の手法を駆使するとともに、哲学的な物の見方を提供するものだと述べている。

この著書には「かくならざるを得ざりし」という古い掟は通用しない。歴史における因果律となるように、またはなり得るように構成された意味連関も、絶対に動かせぬものとは考えられていない。……ハナ・アーレントの論述をたどりながらわれわれがあれは免れ得ぬことだったという気持ちに襲われるとすれば、それはまさに彼女の信念ではないのである。……この本は提案もおこなわないし、プログラムも与えない。なぜならこの本自体としては、歴史的認識以上のものを目指していないからである。けれどもこの本は、技術と表構えの政治を超えて、そこで人間の倫理的＝政治的状態が変化を遂げることのできるあの内面世界、その技術そのものがそこからはじめて意味を得て来る内面世界へ働きかけようとしているのだ。[5]

ヤスパースは、アーレントにこの書を書かせたのがさまざまなレベルの悲しみであったことを知っていた読者の一人だった。起こってはならないことが起こったことへの悲しみや、親族や親しい友人を失ったことへの悲しみは、故郷喪《そう》失《しっ》の悲しみや、一人のドイツ系ユダヤ人としてナチスに抵抗し、「悪」を食い止められなかったことへの悲しみと同居していた。出口のない絶望と終末の感覚のあとにアメリカでの定住と執筆活動を選んだアーレントには、「我これを汝につげんとてただ一人逃れきたれり」という創世記一六章のイシュメイルの言葉と共通する思いがあったに違いない。物語ることによってのみ、アーレントは無国籍民として過ごした一八年間の個人史に区切りをつけることができたのである。そしてまた、アーレントの個人史の重みが世界史の重荷と交差するときに、『全体主義の起原』に繰り返し現れるイメージ――「家郷なき者」「追放者」「放浪者」――のもつ意味も重層的な広がりをもつのである。

エリザベス・ヤング・ブルーエルが『ハンナ・アーレント伝』のなかで明らかにするように、アーレントが生き残って全体主義についての著書を著すことができたのは、彼女の判断力と幸運な偶然の賜物であった。[6] アーレントは少なくとも三度、人生の明暗を分ける岐路に立った。彼女がドイツを脱出した三三年、南フランスのギュルにあった抑留キャンプを脱け出した四〇年、そして、フランスを脱出してリスボンからニューヨーク行きの船に乗った四一年、彼女はいずれも危ういところで死を逃れた。

アーレントが最初の決断を強いられたのは、ヒトラーが権力を掌握し、二月一七日のベルリン国会議事堂放火事件で共産党員が一斉に逮捕された三三年、彼女が二六歳のときのことだった。一九〇六年に中産階級のドイツ系ユダヤ人家庭の一人娘として生まれたアーレントは、マールブルグおよびハイデルベルクの大学で、哲学、神学、ギリシャ語を専攻した。二九年に刊行された博士論文『アウグスティヌスの愛の概念』で、その最初の学問的成果を発表していた。しかし、アーレントをとりまく政治的状況は彼女が哲学の徒として「非政治的」に生きることを不可能にした。ヒトラーの権力掌握後、最初の夫であった左翼ジャーナリストのギュンター・シュテルンはすでにパリに亡命していた。彼女の知人だった知識人のなかでは、将来に対する危機感が希薄だったばかりではなく、ナチスへの自発的な同一化に踏み出す者もいた。アーレントは、ヒトラーの暴挙への怒りよりも、知識人の変節に強く失望していた。もはや傍観者ではいられないと考えたアーレントは、夫の亡命後もベルリンにとどまり、国外脱出するユダヤ人や共産党員をかくまい、安全な逃走ルートに関する情報を提供した。こうしたなか、シオニストの友人から頼まれて反ユダヤ主義の資料を収集するという秘密業務に携わったアーレントは逮捕され、八日間留置された。身の危険を感じた彼女は母親とともに、エルツ山脈の深い森を通ってドイツを脱出し、亡命者の首都となっていたプラハに向かった。

アーレントは、ジュネーヴでの短い滞在のあと、三三年の秋までにパリに到着した。ドイツからの亡命者に加えて、東ヨーロッパからの亡命者でパリは溢れ、さらにフランス人の失業者が増すなかで、外国人、とくにユダヤ人排斥の声は高まりつつあった。アーレントは、パレスチナ移住者のための訓練校「農業と手工業」事務局の秘書や、ロトシルド(ロスチャイルド)男爵夫人のユダヤ人慈善事業の監督者として雇われた。「ユース・アーリア」(パレスチナ移民青年団)のパリ事務局事務長としての仕事を通じて、アーレントは、フランス系ユダヤ人の東方ユダヤ人への蔑視《べっし》、東欧系ユダヤ人とドイツ系ユダヤ人との間の反目に加えて、ユダヤ人内部の階級差にも目を開かされた。ユダヤ人のパリ長老会議の指導者だったロベール・ド・ロトシルドが、フランスでの反ユダヤ感情に火をつけることを恐れて、ドイツ製品不買運動やドイツでの反ユダヤ主義立法への反対表明などに異議を唱えたことは、アーレントのユダヤ人指導者への不信を強めた。さらに、故郷を失い、社会の余計者、つまはじき者として蔑《さげす》まれるさまざまなユダヤ人を支援するなかで、アーレントは、ユダヤ人内部の階級差の問題にあえて目をつぶる一部のシオニストにも批判的になっていった。こうした彼女の個人的経験のなかから、のちに『全体主義の起原』で扱われるテーマ――「成り上がり者」(parvenu)と「社会的のけ者《パリア》」(pariah)の問題――もかたちづくられていったのである。「例外ユダヤ人」として社会的領域で特別扱いを受ける見返りに政治的領域では権力者に迎合する「成り上がり者」への反発が強まるにつれ、アーレントは、社会的排斥という負のベクトルを主体的な反抗者という正のベクトルに転換する「パリア」との連帯感を深めていった。

　哲学の徒だったアーレントが政治理論や歴史への関心を強めていったのは、彼女に難民生活を強いることになったナチズム台頭の政治的・社会的要因を解明しようとしたからにほかならない。同時に、フランス亡命中に再婚したハインリッヒ・ブリュッヒャー(Heinrich Blucher)との出会いが、彼女の政治的意識を先鋭化させる一つの契機になった。彼は、労働者階級出身の非ユダヤ人で、一九歳でローザ・ルクセンブルク率いるスパルタクス軍に加わり、一九一八年に誕生したドイツ共産党の党員となった。三四年にナチスから逃れ非合法外国人としてパリで暮らしていたブリュッヒャーは、コミンテルンの指導を嫌うドイツ共産党内の反主流派に属していた。長い亡命生活のなかで彼に実質的な活動の場はなかったが、アーレントがブリュッヒャーや左翼の友人たちとの議論から学んだものは少なくなかった。アーレントは、地域や民衆から遊離して上からの革命を行おうとする共産党の指導部に批判的だったが、ローザ・ルクセンブルクが試みたような下からの革命――評議会方式による民衆の蜂起――には期待を寄せていた。[7]

　アーレントとブリュッヒャーが正式に結婚してから数カ月たった四〇年五月五日、パリの行政長官から一通の通知が出された。一七歳から五五歳のドイツ人男子全員と未婚および子供のいない既婚女子は出頭せよとの命令だった。出頭したアーレントはギュルの抑留キャンプに、ブリュッヒャーは別のキャンプに送られた。だが、彼女がキャンプに到着して数週間後にフランスはドイツに降伏し、その混乱のなかで釈放書類を手に入れたアーレントは、キャンプを脱け出して友人宅に身を寄せた。キャンプに残った約二〇〇人の女性は四二年と四三年にドイツ人の手で強制収容所に送られた。

別のキャンプを脱け出したブリュッヒャーと南フランスの町モントーバンで偶然に再会するという幸運に恵まれたアーレントは、四一年の秋に申請したアメリカへのビザに関しても運命の女神に後押しされた。一一三七人中二三八人にのみ許可されたアメリカの緊急ビザを受け取ったアーレントとブリュッヒャーは、フランスを逃れてリスボン行きの列車に乗り込むことができた。ドイツ＝フランス休戦協定によってフランス政府はフランス国内にいるドイツ人を要求があり次第引き渡す義務を負っていた。ユダヤ人であるアーレントにとっても、元共産党員で非合法在留者のブリュッヒャーにとっても、フランスはもはや安全な国ではなかったのである。

三度の危機を乗り切って四一年五月にニューヨークに着いたアーレントとブリュッヒャーの無国籍状態は、さらに一〇年近く続いた。アーレントは、『全体主義の起原』が出版された五一年に、ブリュッヒャーはその翌年にアメリカの市民権を得た。この一〇年間をアーレントは、母マルタと、当初アメリカでの生活に順応できなかった夫を経済的に支えるために、ドイツ語新聞『アウフバウ』のコラムニスト、ブルックリン・カレッジの非常勤講師、ユダヤ文化再興委員会の専務理事、さらにはショッケン・ブックス社の編集者となって、忙しく働いた。四四年以降、『パーティザン・レヴュー』や『コメンタリー』の寄稿者となってからは、亡命ドイツ人のサークルのみならず、アルフレッド・ケイジン(Alfred Kazin)やアーヴィング・ハウ(Irving Howe)などのニューヨーク知識人との交友も広がりつつあった。しかし、『全体主義の起原』の出版を契機に知識人社会ばかりでなく政策担当者からも尊敬を集める存在になったのちも彼女は、その内面生活において、故郷を失った無名の亡命者、放浪者、「パリア」としての存在を自分の原点であると考えていた。

アーレントと戦後アメリカとの関係は、パラドックスに満ちたものだった。精神的故郷であったヨーロッパは彼女から市民権を奪い、国家の政治的保護を与えられない人間の「人権」の実体のなさを痛感させた。一方、市民権を与えることで彼女を政治的亡命者の不安定さから救ったアメリカは、精神的には異郷であった。『全体主義の起原』は、冷戦の構図が確立していくなかで発表されたことで、ナチズムと同質の「悪」としての共産主義への批判の部分が、左翼を離脱した五〇年代のアメリカ知識人によって強調されることになった。五三年の論文でアーレントは、転向した「元共産主義者」のホイッテカー・チェンバーズ(Whittaker Chambers)を例にとり、「全体主義的方法を用いて全体主義と闘おうとする」教条的な反共主義者を痛烈に批判している。共産主義と反共主義との最終的対決という二元論に固執する彼らは、「われわれの住む世界の多様性と多元性」を否定し、「今日の自由世界に存在する危険な要素を強める」役割を果たしていると、警告を発している。[8] アーレントはまた、共産主義活動を理由に市民権を剥奪することに法的根拠を与える一九五四年の国籍剥奪法にも異議を唱えた。[9] 彼女が全体主義的社会の特徴の一つだと考えた政治的異端の排除と画一性の強制が、赤狩り時代のアメリカを覆っていると考えたからだった。全体主義を批判するアメリカ知識人のなかで、ナチズムやスターリン主義といった「悪」に汚されていないアメリカを礼賛する風潮が強まったこと、それにともなって共産主義者やリベラル知識人への不寛容が自由の国アメリカを脅かしていることを、アーレントは、政治的不寛容の犠牲者としての原点に戻って、批判したのだった。

五三年に、クリスチャン・ガウス批評セミナーで講義するためにプリンストン大学に招聘《しょうへい》されたとき、アーレントは、この「特別の名誉」に浴する最初の「例外的女性」として扱われることを快しとしなかった。社会的領域で特別扱いを受けて既成秩序の順応者に甘んずる「例外ユダヤ人」になることを拒否したのと同じ理由で、アーレントは差別のないことを示すための象徴的な存在としての「例外的女性」になることを拒んだ。アーレントが三〇年代に草稿を書き五九年に出版された『ラーエル・ファルンハーゲン』(*Rahel Varnhagen*)には、彼女がユダヤ人女性としてアイデンティティの問題に取り組んだ初期の痕跡が残されている。この伝記的著作のなかでは、一八世紀の変わり目にユダヤ人サロンの中心であった女性が、ユダヤ人であることを受け入れるまでの心理的・思想的過程が描かれている。教養と非凡な才能に恵まれながら、非ユダヤ人との不幸な恋愛を繰り返すラーエルを、「家郷なき者」「拒絶される者」として描いたとき、アーレントは自らの姿を彼女に重ね合わせた。七歳のときに父親を失い、のちに再婚した母親の連れ子として仮のすみかの住人となったアーレントには、常に家郷なき者の孤独感や喪失感が付きまとっていた。マールブルグ大学で指導を受けたマルティン・ハイデガーとの恋愛とその破綻は、アーレントの個人的な喪失感を深めた。[10] こうした個人的感情は、ナチスによるユダヤ人迫害と一八年間にわたる亡命生活を通して、政治的な次元と重なり合うものとなった。そのことはまた、人間の状況一般に対するアーレントの哲学的考察を促すとともに、根無し草の集合体としての近代の大衆社会を全体主義の温床として考察する道標ともなった。

『ラーエル・ファルンハーゲン』の「昼と夜」と題された章で、アーレントは、人間の認識が、「希望に満ちた昼」と「疑問に苛《さいな》まれる夜」という曖昧性にさらされているという。

かくて日々うちつづく昼は、たえず夜によって疑問にさらされる。とうに過ぎ去ったことや、うまく隠しおおせていたことを、夜がわけのわからぬだんまり劇でひねくりまわすのだから。そのため、その後のすべてのことが、二義性の色——ほとんど意識されてなく、けっして意図されたわけではない曖昧さの色——をおびるようになる。……これほどの裂け目が口を開いていては、そこから脱出できる不変の道は曖昧さだけなのだ。曖昧さは両極のどちらにも本気にならずに、両方の混じりあった薄明のなかで、諦観と新しい力を生み出すからである。[11]

『全体主義の起原』を締めくくるアーレントは、まさに昼の希望と夜の絶望の混ざり合った薄明を見ているように思える。全体主義という統治形式が、「一つの可能性として、かつまた永久に去らぬ危険として、今日以後われわれが存するかぎり永続することは大いに考えられる」とアーレントはいう。だが同時に、「歴史におけるすべての終りは必然的に新しい始まりを内包するという真理も残る。この始まりは約束であり、終りがもたらしうる唯一のメッセージなのである」[12]というとき、アーレントは絶望の彼岸でたたずむことも空虚な希望をもてあそぶことも拒否して、過去と未来の間で現在を生きることを選んだのである。

2 メアリー・マッカーシーとユートピア

一九四九年三月、アーレントは、マッカーシーへの手紙のなかで、イギリスの文芸雑誌『ホライズン』誌の二月号に掲載されたばかりの『オアシス』(*The Oasis*)を「珠玉の小品」[13]と絶賛した。マッカーシーは、この『ホライズン』誌の懸賞つきコンクールの受賞者になることで、しばらく途絶えていた小説の発表の機会とわずかのお金を得たが、小説のなかで諷刺の刃《やいば》が向けられた仲間や友人たちの友情を失っていた。一時的に四面楚歌《しめんそか》の状態だった彼女にとって、年上の威厳ある亡命知識人からの励ましはことさら嬉しかった。四四年に二人の女性は『パーティザン・レヴュー』の会合で出会ったが、ナチ占領下のフランス人の敵意が話題にのぼったとき、マッカーシーは、犠牲者にも愛されたいと願う「気の毒なヒトラー」と発言して、アーレントを激怒させた[14]。数年間二人は口をきかなかったが、四九年のアーレントの手紙を契機に文通や家族ぐるみの交際が始まった。以後、二人の個性的な女性は生涯の友人となった。アーレントの『全体主義の起原』の底流に流れるのが一切の感傷を捨て去った知的明晰さと不思議に同居した悲劇的哀調であるならば、マッカーシーの作品には、ウィットやアイロニーと混ざり合った知的好奇心と心理的洞察力がみられる。

『オアシス』の舞台は、ヴァーモント州の丘にある「ユートピア」である。核戦争から夫婦間の危機にいたるまで現代社会のさまざまな脅威から身を守る「オアシス」を求めて、雑誌編集者、教師、牧師、復員兵などからなる約五〇人の「ユートピアン」が集まってきた。当初、「ユートピア」は「共産党の下部組織」ではないか疑われて「法務長官の取り調べ」の対象になったが、メンバーの多くが「早い時期からの反スターリン主義者」だったので、危険なしと判定された。「防衛局」は、「核攻撃に備える民間防衛の手段」として「地方分極化」や「田舎への集団疎開」を奨励していた。「ユートピアン」は、「農業労働者」として「地域の徴兵局」に登録することで、彼らの移住は合法的になっていた。彼らのなかには有事に必要な医者や科学者もおらず、国家にとって「不必要な人々[15]」であったことが「ユートピア」計画の実現を可能にした。

マッカーシーはこのように、第二次世界大戦後の超大国アメリカの安定と裏腹な不安定要素——冷戦、赤狩り、核戦争の脅威——のイメージを『オアシス』の背景として散りばめる。が同時に、作品には、戦後アメリカの物質的豊かさや、やっと訪れた平和のなかでしばし安らぎを求めたいという気分も反映されている。美しいニューイングランドの山山に囲まれた「ユートピア」は、社会主義者ジョン・ハンフリー・ノイズが一九世紀中頃に建設したオナイダ共同体を思い出させるような牧歌的なものである。しかし、マッカーシーの「ユートピアン」たちは時計の針を逆回しにすることは望んでいない。戦後のアメリカの繁栄を象徴する豊かな物資——車から家具にいたるまで——が、「ユートピア」に持ち込まれる。「ユートピアン」の住居となるのは、一九一〇年代に建てられた夏の避暑地のホテルである。自分たちでパンを焼き、牛や鶏を飼って自給自足の生活をすることになっているが、実は丘を降りればガソリン・スタンドや雑貨店などがあり、必要があれば宅配サーヴィスも可能なのである。

この不安な気分と楽観的な気分の入り混じったアメリカ的ユートピアに、マッカーシーは、『パーティザン・レヴュー』をとりまくニューヨーク知識人たちの三〇年代からの論争を持ち込む。「ユートピア」を二分しているのは、二つのグループ——純粋主義者と現実主義者である。純粋主義者のリーダーは、妻と二人で小雑誌を発行している平和主義者のマクダモットで、個人のモラルを変えることでより良い社会が到来する可能性があると信じる理想主義者である。他方、現実主義者のリーダーは、ロシア生まれのユダヤ人で元共産主義者のターヴである。ニューヨークの知識人に影響力のある雑誌の編集者を長く務めている。彼は共産主義に幻滅したあとも、唯物論的な決定論に支配されているシニカルな人物である。そこから彼は、悲観的な結論――個人の主体的な努力やモラルの改革によっては歴史や人間の本性を変えることはできないという結論を引き出す。マクダモットはターヴをユートピアに参加させることで、彼に道徳的な影響力を与え、悲観的な懐疑主義と保守主義への傾斜から友人を救いたいと考える。他方、非現実的なユートピアの実験が失敗すると確信しているターヴは、彼のナイーヴな友人が、実験の結果から客観的教訓を学ぶ過程を見届けたいと思っているのである。

マクダモットの実生活のモデルは、当時『ポリティックス』の発行者だったドワイト・マクドナルド(Dwight Macdonald)であり、ターヴのモデルは、『パーティザン・レヴュー』の編集者だったフィリップ・ラーヴ(Philip Rahv)であった。二人は三七年に再興した『パーティザン・レヴュー』を共に編集していたが、第二次世界大戦のときに反戦の立場をとったマクドナルドと連合国を支持したラーヴとの対立があった。マクドナルドは『パーティザン・レヴュー』を去って独自に『ポリティックス』を創刊し、自由主義者、個人主義者としての立場を強調した。戦後の国際問題では、ラーヴは反スターリン主義の立場から冷戦でのアメリカの立場を支持し、一方マクドナルドは、世界覇権をめざすアメリカとソヴィエトの双方に批判的だった。[16]

さらに、マッカーシーが『オアシス』を書いていた四七年から翌年にかけて、こうした対立の延長ともいえる状況があった。この頃、マッカーシーは、マクドナルドやラーヴに加えてアルフレッド・ケイジン、エリザベス・ハードウィックなどに呼びかけ「ヨーロッパ・アメリカグループ」を立ち上げようとしていた。これは、『パーティザン・レヴュー』の寄稿者でアメリカに亡命していた元アナキストのイタリア人批評家ニコラ・キアロモンテ(Nicola Chiaromonte)を中心に、ヨーロッパとアメリカの知識人の交流を深める計画だった。結局、賛同者を募《つの》る手紙を郵送したものの反応は鈍く、ヨーロッパの知識人は、この計画をマーシャル・プランの知識人版で反共的なものではないかと疑って、計画は挫折した。この計画の過程で、「ユートピア」の理論的対立と類似する二つのグループができあがった。キアロモンテの平和主義に傾倒していたマッカーシーは、マクドナルドとともに理想主義的な一派を形成し、他方、ラーヴは、リアル・ポリティックスの立場から反スターリン主義を計画の中心にすべきだと考えた。マッカーシーの伝記作家キアナンやニューヨーク知識人の研究者テレスが指摘するように、『オアシス』に登場する純粋主義者と現実主義者の対立には、「ヨーロッパ・アメリカグループ」のなかの議論が反映していると考えられる。[17]

『オアシス』のなかには、キアロモンテをモデルにした人物からの手紙が登場する。もともと純粋主義者のグループが「ユートピア」計画を思いついたのは、「一人の修行僧のようなイタリア人」(一四)の道徳的影響だったことになっている。死んだかもしれないと思われていたこの人物がヨーロッパから送ってきた手紙を「ユートピアン」が読んで、活発な議論が始まる場面が小説の中盤に出てくる。迫害された者の避難所としてのアメリカの理想を再現するために、ボートを派遣して、すべての政治的迫害や困窮に苦しむヨーロッパ人を救済する「平和作戦」(オペレーション・ピース)を実行してはどうかと「ユートピアン」の一人が提案する。しかし、「平和作戦」はアメリカの帝国主義的発想ではないか、あるいはアフリカから黒人を無理やりアメリカ大陸に連行したようなものではないかと疑問をもつ者もいる。資金が集まらないという者もいる。最初は「これから起ころうとする出来事に対するうっとりするような期待感」(一二一)や「山上から垣間《かいま》見た約束の地の姿」(一二三)で胸が熱くなった「ユートピアン」は、だんだんと倦怠感と徒労感に襲われていく。せめて「平和作戦」の趣旨書の草案を練ったらどうかという提案がなされるが、「やりましょう」というのは二人の女性——大学教師のケイティーと小説家のスーザンだけである。

しかし「ユートピア」に不協和音をもたらすのは、抽象的な問題をめぐる両者の対立というよりむしろ、彼らとは異質な「ユートピアン」の存在である。例えば、工場経営者のジョー・ロックマンは、無断で石油ストーブを使ってボヤを引き起こしたり、狩猟用の銃で早朝から試し撃ちをしたりして、両グループから顰蹙《ひんしゅく》をかう。実は、ロックマンを

「ユートピア」の一員として受け入れるかどうかについては、最初から対立があった。マクダモットは最初、純粋主義者としての立場から、「資本家」が「ユートピア」に入ることに反対した。だが、ロックマンを排除することが多数意見になり始めると良心の呵責《かしゃく》を感じ始めた。「ユートピアこそ、人間の生存権を保証する場所じゃなくって？」(一〇)とマクダモットの妻がか細い上品な声で意見を述べたとき、誰もそれに反対する者はいなかった。

ロックマンは、共和党支持者でボーイ・スカウトのリーダーであり、アメリカの成功物語を信じる平均的アメリカ人として描かれている。彼は、「ユートピア」が「無政府的な実験」だとは思ってもみなかった。絵を描くのが好きなロックマンは、「誰よりももっと多くの絵を描き、多くものを考え、感じたい」(四)と思い意欲満々で「ユートピア」への旅に出た。地図に「ユートピア」の記載がなくガソリン・スタンドの店員も場所を知らないときは一瞬疑問がよぎったが、語源学を趣味としている彼は、ユートピアの語源は“ou”と“topos”、つまり「場所ではない」(六)という意味だと合点して疑問を払拭した。一方妻のエバは、「差し迫った戦争」(四九)の危険からの避難場所と考えて、不承不承ついてきた。

二人はしだいに、抽象論に明け暮れ肉体労働が苦手な「ユートピアン」に幻滅し、自由、平等、友愛を原則とする「ユートピア」の理想にもかかわらず、自分たちが「のけ者」として扱われていると感じるようになる。ある日ロックマンは、自給自足をめざしている「ユートピアン」の仕事である薪割りや農作業をさぼって思索にふけっているターヴをみつける。効率的な経営と人事管理をめざす経営者の本能と悪戯《いたずら》心から、ロックマンは狩猟用の銃をターヴの背中に突きつけて、「州警察だ。働かない者は留置場にぶち込むぞ」(五六)と脅した。ターヴは不意をつかれて思わず降伏のしるしに両手をあげる。まもなく屈辱感と怒りに襲われた彼は、ロックマンの謝罪にもかかわらず、彼を「ユートピア」から追放したいと考え始める。帝政期ロシアの革命家のように「会合、閉じたドア、ひそひそ話」(三六)を好むターヴは、現実主義者の仲間たちと秘密の会議をもってロックマン追放の策を練る。しかし全体会議の場で、純粋主義者のリーダーであるマクダモットがこの提案を陽気に笑い飛ばしたことで、ターヴの闘争心はそがれてしまう。

両グループは暗黙の休戦協定を結び、両勢力の微妙な力の均衡が成立する。ロックマンへの不信感も薄れていくが、彼とエバが「ユートピア」のなかで異質の存在であり孤立していることには変わりない。「ユートピア」の最終的な危機は、ロックマンよりさらに異質な存在によってもたらされる。ピクニックが予定されていたあるのどかな日に、「ユートピア」の所有地に「不法侵入」(一五二)して苺《いちご》を摘《つ》んでいる親子連れが発見される。最初「ユートピアン」の何人かが、今まで摘んだ苺だけもって自発的に「ユートピア」を去るように説得するが、三人の親子は黙って苺を摘み続ける。どうするべきかをめぐって議論が起こるなかで、「ユートピアン」の一人の復員兵は誰にも相談せずに、農作業中のロックマンの部屋から銃を持ち出す。銃声を聞いて「ユートピアン」は一瞬凍りつくが、あとで弾が入っていなかったことがわかる。この威嚇《いかく》射撃によって親子連れは退散するが、「ユートピアン」にとっては後味の悪い経験となる。平和主義者のマクダモットは、なぜ説得が通じず力の行使が行われねばならなかったのかに考えをめぐらす。現実主義者のターヴは、この事件からマグダモット一派が原則的平和主義と倫理的アプローチの破産を学ぶことを期待する。現実主義者の分析によると、中産階級の「ユートピアン」がよそ者に「脅威」を感じたとき、彼らは階級的利害を守ろうとして「本能的に保守的行動をとった」(一六九)ことになる。しかし現実主義者たちは、この事件によって自分たちの理論の正当性が証明されたと喜ぶよりも、むしろ失望する。彼らは「ユートピア」の実験の失敗を予言してはいたが、内心では自分たちのニヒリズムを払拭する新しい世界の可能性に期待していたのである。

この事件によって「ユートピアン」への不信と怒りが限界に達したのは、ロックマンと妻のエバである。自分の部屋が勝手に開けられ無断で銃が持ち出されたことは、彼の私的財産の権利を著しく侵害するものだと思われた。それに、自由、平等を標榜《ひょうぼう》しながら、貧しい親子を銃で脅かして敷地から追いだすのは「福音を信じているはずのユートピアン」(一六二)にあるまじき行為だった。この事件以後、「ユートピアン」はそれぞれ内心、「ユートピア」の牧歌的な「一章が終末に近づいた」(一六八)ことを意識し始める。「ユートピアン」が試されたのは、説得か力の行使かという国際政治の戦略を思わせる選択だけではなかった。道徳的説得に応じなかった「侵入者」の「好ましくない」人間性以上に、「ユートピアン」自身の人間性が問われていた。人間の生存権を保証するはずの「ユートピア」は、「現実の世界の醜《みにく》さを映し出す」(一六八)鏡にすぎなかったのである。物語は、「ユートピアン」たちを眺めながらまどろんでいたケイティーの白昼夢のなかで、「ユートピア」のメンバーが一人また一人去っていくところで終わっている。

『オアシス』が単行本として四九年の八月に出版されたとき、書評は概して否定的だった。例えば、『タイム』の書評者は、「『オアシス』の欠陥はつまるところ、実体のない観念と操り人形で構成されているユートピアの欠陥そのもの」[18]であると酷評している。作中人物ターヴのモデルにされたラーヴは、肖像権の侵害で法に訴えるつもりだったが、マクダモットのモデルとなったマクドナルドの説得で法的手段に訴えるのを断念した。『オアシス』をめぐって、非常手段への訴え、説得、妥協、会合など、小説さながらのシーンが再現されたのである。[19]『オアシス』は、一度も再版されず絶版のまま今日にいたるが、この作品は、戦後の希望と不安の入り混じった時代のムードと、知識人の混乱に内省的な目を向けている点で評価に値すると思われる。

マッカーシーは、五二年には赤狩り時代のアメリカの大学を諷刺した『学園の森』(*The Groves of Academe*)を発表、さらに六三年には大衆的ベストセラーになった『グループ』(*The Group*)で一躍有名になった。しかし、四〇年代はマッカーシーの個人生活でも比較的挫折の多い時期だった。二番目の夫だった批評家エドマンド・ウィルソン(Edmund Wilson)との離婚、ウィルソンとの間にできた幼い息子を抱えながらの教職や評論活動、八歳年下の定職のない男性との三度目の結婚などで創作活動が停滞した時期でもあった。六歳のとき、スペイン風邪に伝染した両親を相ついで亡くして祖父母や親戚に育てられたマッカーシーには、アイロニーとウィットを自己防衛の手段に使う衝動があったように思われる。[20]しかし諷刺は彼女にとって、自分を「一人ぼっち」で「アウトサイダー」だと感じている人間の、社会への復讐以上のものだった。社会や人間における理想と現実との落差に向けられた諷刺的まなざしは、自分をとりまく状況に向けられ内省を促すことになる。

四五年に、ジョージ・オーウェル(George Orwell)の『動物農場』(*Animal Farm*)が出版されて以後、政治的諷刺は、誇張したかたちで政治的・社会的な混乱を鏡に映しだしてみせる文学形式として、一部の読者の関心を集めるようになった。だが、マッカーシーが『オアシス』のなかで描く「ユートピア」は、スターリン体制下のソヴィエトを諷刺し、さらに人間の善性への信頼に依拠した進歩主義一般にも疑問を投げかけるオーウェルのつくりだすディストピア(逆転したユートピア)とは趣を異にしている。彼女の作品はむしろ、「イデオロギーの終焉《しゅうえん》」[21]の時代に何かを新しく始めることの不可能性をめぐっての寓話《ぐうわ》だったのである。

3 レイチェル・カーソン 人間と自然

アーレントが『全体主義の起原』を発表して、歴史、政治、哲学などの領域を超えた新しい学問的フロンティアを開拓した同じ年、科学との新しい関わり方を提示する一冊の本を著した女性がいた。海洋生物学の専門職員として一九三六年から連邦漁業局に勤務していたレイチェル・カーソンだった。彼女はすでに四一年に処女作『潮風のもとで』(*Under the Sea Wind*)を発表していたが、売れたのは二〇〇〇部足らずで話題になることもなく忘れ去られた。[22] 出版直後に起こった真珠湾攻撃、それに続く太平洋戦争という大きな歴史のうねりのなかで、海洋生物の生態や自然の神秘をつづったカーソンの地味な作品が読者の関心を呼ぶ余地はなかった。しかし、一九五一年に出版された『我らを取り巻く海』(*The Sea around Us*)は、三二週間ベストセラー・リストの一位に選ばれ、売上げは二五万部にのぼった。翌年の一月にはノン・フィクション部門で全米図書賞を受賞し、作品は三二カ国語に翻訳された。生物を観察しながらメイン州の海岸を散策するのが好きな寡黙《かもく》な女性は、一躍「女性科学者」として世間の注目を浴びる存在となった。

この本がこうした空前の成功を収めるとはカーソン自身も予想していなかった。彼女の伝記作家によれば、処女作が太平洋戦争の「犠牲」になったように、『我らを取り巻く海』が冷戦の「犠牲」になることをカーソンは恐れていたという。[23] 五〇年六月には朝鮮戦争が勃発し、彼女の勤める漁業局にも、職員の徴兵や配置転換など非常時の緊迫感が漂っていた。さらに、五一年四月には、原爆製造に関する極秘情報をソ連に流した罪でローゼンバーグ夫妻に死刑判決が下され、マッカーシー上院議員の赤狩りの対象は、科学者にも向けられていた。[24] カーソンは、政治的ラディカリズムとは縁がなかったが、反共、赤狩りという政治的ヒステリー状況のなかで、一般の人びとの科学や科学者への不信が強まることを危惧《きぐ》していた。こうしたなかで、時事性もなくセンセーショナルな内容ともかけ離れた「科学もの」が受け入れられる可能性については、著者も出版社も否定的だったのである。

五〇年代の幕開けの年になぜこの本がアメリカ人を魅了することになったのか、また、なぜこのような本がアメリカの女性科学者によって書かれたのかを問うことは、五〇年代の底流にあったアメリカ人の意識と、この時代に女性科学者がおかれた立場の双方に光を当てることでもある。海洋生物学が飛躍的に発展した今日、この本を、海洋に関する一般人への啓蒙書として読めばその内容は古びたものに思えるかもしれない。また、この本を、六〇年代以降の環境運動、環境政策に多大で直接的な影響を与えた『沈黙の春』(*Silent Spring*, 一九六二年)と比較してみると、その淡々とした語り口が迫力を欠くと感じる読者がいるかもしれない。しかし、『我らを取り巻く海』の魅力は、新しい科学情報の量や質を超えた「何か」——その「癒し」の要素だったように思える。

第二次世界大戦の終結を戦勝国として迎えたアメリカは、通商面でも軍事面でも文字通り七つの海をその勢力圏におさめた。戦争中の潜水艦攻撃、防衛の必要から生まれた数々の深海探査装置は、戦後になって、自然の神秘のベールを剝がそうとする人間の飽くなき知識欲を満たす道具として再定義された。深海の探索という新たな知のフロンティア開発も、「軍事目的」と「平和目的」という境界線がしだいにぼやけてきた科学技術の歴史の一こまだった。カーソンが描いた海は、つい数年前まで見えない戦場であり、敵の動向を知らせる情報が行き交う場所だった。『我らを取り巻く海』のなかで、カーソンはこういう現実を意図的に隠蔽したわけではない。彼女は、戦争前、戦時中に軍事目的で使用された深海探査船の名前をいちいちあげ、データの出処を明らかにしている。

にもかかわらず、カーソンの語る海の物語からは、制海権や漁業権をめぐって古くから戦われてきた生々しい人間ドラマは排除され、海そのものを人間の誕生の神秘を映す鏡、一つの独立したシンボルとして捉えるという手法がとられている。カーソンの引用する聖書、ミルトン、メルヴィルの一節をみてもわかるように、『我らを取り巻く海』には、人間の生がそこから発生しそこに戻っていく根源としての海のイメージが隘れている。とくに「灰色の海」という題名のつけられた第一章では、彼女は地球の誕生、海の誕生、生命の誕生、そして人類の誕生の物語を、聖書の創世記を思わせる語り口で語る。そして、「母親の子宮の羊水中を漂っていた胎児」のときの記憶は、一人ひとりの潜在意識のなかに「すべてを抱擁する母なる海」[25]との深いつながりをも呼び起こさせるものだというのである。

このように海を人間の意識に潜む小宇宙とみることで、海はそれ自体、中心的な存在となり、逆に海にとりかこまれたわれわれ人間は、周縁へ押しやられることになる。こうして人間たちの消えた海の諸相とその秘められた歴史を、カーソンの筆は、まるで水中カメラの眼になったかのように描いていく。彼女は、いままでに開発された技術によって海、とくに深海の謎が少しずつ解けていくさまを語り、当時の最新の情報を読者に伝えていく。しかし、彼女が科学者として知のフロンティアを切り開く作業に夢中になっている形跡はない。いかに精巧な科学技術が開発されても海の謎は残ること、人間の飽くなき好奇心と征服欲は自然の神秘の前で挫折することが暗示されている。

カーソンは、アメリカ漁業局に科学者として初めて雇われた女性海洋学者のパイオニアであり、その意味で女性が科学の最前線で活躍しうることを証明した人物だったといえる。そうした人物が、科学的なデータと詩的な文章を駆使し、深海という新たな世界に読者を誘ったことが、常に新しいフロンティアを求めてやまないアメリカ人の指向と一致した。しかし、これだけでは、単に多くの「科学もの」の域をでず、ベストセラーにはならなかったであろう。この本には、科学技術の発展に関するアメリカ人の心的葛藤を和らげるような不思議な癒しの要素があったように思える。破壊的な第二次世界大戦の記憶、四五年の原爆の投下、その後の核兵器の拡散と米ソの軍事対立は、アメリカの心ある人びとに、科学技術の発展と人類の救いがイコールではないことを思い知らせた。しかし、アメリカ人の多数は、アメリカの軍事的・政治的優位を保つために、科学技術の発展は必要であり不可避であると信じてもいた。

こうしたアンビヴァレンスに陥った読者に対してカーソンは、人間の歴史のなかで血に汚れた海から人間を排除し、それを真っ白な白紙にいったん戻してみせた。人間の愚かな営みとは無関係に生き続ける誇り高く純粋な海の姿がそこにあった。母なる海には、汚れたものを洗い流し元の状態に復元する力がある。同様に、「女性科学者」としてのカーソンが象徴したのは、科学の世界に新しい倫理感を吹き込み、その新たな始まりを告げる使者としての役割だったように思える。ダーウィンの進化論をまるで創世記の物語のように語ることができたことで、カーソンは、キリスト教的な謙譲の美徳と進化へのあくなき探求は調和しうること、破壊の武器をもちながら平和を追求することは可能であること、自然と人間との共生は望ましいだけではなく実現できるという希望を与えた。昼が夜に変わり、潮が満ちては引き、季節が移ろい、生物の死と誕生が繰り返される自然の歴史からみれば人間の存在や行為はちっぽけなものだと思えたのである。「私たちは、世界情勢に不安を感じ、人間への信頼を失いつつありました。そんななかで、地球の長い歴史や生命の発生に思いをめぐらすことは助けになります。何億年という単位で考えれば、私たちの問題が明日解決されなくてもいらいらはしません[26]」。――このようにある読者はカーソンに書き送った。

カーソンは、読者からの手紙を読んで「我々を取り巻く世界について理解したいという飽くなき渇き[27]」を感じとったと述べている。しかし彼女自身は、『我らを取り巻く海』が単に不安な現代人に慰めや癒しを提供することを望んでいたふしはない。全米図書賞をはじめとする栄誉を受けた席上で、カーソンは一歩進んで、科学のおかれた現状に対する正しい認識や変革を促す発言をしている。まずカーソンは、核実験や、化学物質による自然破壊に暗に触れて、「人類が自分の力に酔いしれて、自己破壊と世界破壊を招くさらなる実験に踏み出していること[28]」に警告を発した。さらに彼女は、「科学の知識は実験室で祭司のように孤高の祭壇を守っている一部の専門家の占有物[29]」ではないと主張し、科学に関する情報を広く一般に公開して専門家と一般の人びととの垣根を取り払う必要があることを訴えた。

カーソンが仲間である科学者に対して、このような内省を促した背景には、科学という「聖域」への闖入者、アウトサイダーという立場におかれることの多かった彼女自身の経験があった。ピッツバーグ近郊のスプリングデールに生まれたカーソンは、家庭は裕福ではなかったが、娘に多くを期待した母親の後押しもあって、ペンシルバニア女子大学に進んだ。幼いときから内向的で自然のなかで自由に思索をめぐらすのが好きだったカーソンは、作家になるのが夢で、英文学を専攻した。海は一度も見たことがなかったが、テニソンなどの英詩を読んで、「自分の運命と海との深いつながり[30]」を予感したという。大学在学中に、生物学の講師をしていたスキンカー女史の学問への情熱に刺激を受け、「女性に科学は向かない」と主張する一部の教授の反対を押し切って生物学に専攻を変更した。

大学卒業後、奨学金を得てジョンズ・ホプキンズ大学の大学院で海洋生物学、発生学を学んだ。三二年に修士号を得たあとも博士号をめざして勉強を続けたが、大恐慌の影響で家族の経済状態が悪化したため、三四年には大学院を中途退学せざるをえなかった。この時代、博士号をもっていても女性が大学で教職を得ることは難しかった。三六年に漁業局に雇われるまで、非常勤講師やラジオの科学番組用にスクリプトを書く仕事などをして、父親が死んだあとの家計を支えた。漁業局での仕事は、広報冊子の執筆や編集、自然保護に関するスピーチの代筆などが主で、実質的な研究や調査は余暇にするしかなかった。政府の雇われ科学者という立場は、学界という科学者の特権的コミュニティからも、政府の意志決定機関からも疎外された孤島の感があったが、連邦政府の職員という安定した地位と定収入はカーソンには代えがたかった。

『我らを取り巻く海』の成功で研究者として、また文筆家として一本立ちできると確信したカーソンは、五二年漁業局を辞職し、予想以上の荒波にこぎだした。彼女は連邦職員である間、政府を批判したり政治的な意見を述べたりすることを慎重に避けていた。しかし、三八年頃から化学物質による土壌や水質の汚染に関心をもち、時おり寄稿していたボルチモアの新聞にも、科学エッセイの題材として環境汚染を取り上げることを提案したが受け入れられなかった[31]。四五年八月、アメリカ農業省はDDTの民間使用を許可する省令を出した。カーソンは、『リーダーズ・ダイジェスト』にDDTの使用が野生動物および人体に与える影響について書きたいと提案したが、題材が不適切として退けられた[32]。五八年にカーソンは、『沈黙の春』として結実する研究に着手する。殺虫剤の製造会社からの出版差し止めの圧力や、彼女をアマチュアにすぎないと攻撃する科学者などの批判を受けながら、カーソンは六二年にやっとの思いで『沈黙の春』を世に送りだした[33]。この時期に彼女の健康は極端に悪化し、しだいに歩くこともできない状態になりつつあった。五〇年の健康診断で発見された悪性腫瘍《しゅよう》が原因で、カーソンは六四年帰らぬ人となった。

「書くことは精神の孤独な冒険[34]」だと、カーソンは親しい友人への手紙で語っている。自然との触れ合いや創作はカーソンにとって孤独からの逃避であると同時に、世界に開かれた扉でもあった。彼女は、時には癒しを与える「聖女」として祭壇に祭りあげられ、時には「聖域」を汚す「魔女」として排除された。しかしカーソンにとって、自然をありのままに描くことは、破壊された自然を美化して現実から人びとの目を背けさせることではなかった。自然から一方的な奉仕や癒しを求めることは人間の傲慢《ごうまん》だとカーソンは考えた。「豊かなアメリカ」への自己批判の声がより広範に起こってくるのは彼女の早すぎた死のあとであった。しかし彼女もまた、五〇年代の静かな革命の闘士だったのである。

結びにかえて

本章で扱ってきた三人の女性――アーレント、マッカーシー、カーソンは、それぞれ個性も環境も専門も異にしている。彼女たちがリースマンのいう「内的指向型」の人間であるとか、同じような心理的トラウマを抱えていたといった結論をここで引き出すつもりはない。彼女たちに共通するのは、ほぼ同時代に生きたということ、そして、おのおのが「書くこと」を通じて自分と世界との関係を理解し解釈しようとしたということである。

アーレントは、彼女の生まれ故郷であるドイツで起こったナチズム、そしてさらに広くは、全体主義の発生の過程と、それが近代人のあり方について示唆する意味とは何かを問うことから、その政治哲学者としての第一歩を踏み出した。ユダヤ人であった彼女はナチスの犠牲者であったが、同時に根源的悪に関する責任は人類に属するすべての人間が背負う必要があると考えていた。彼女が『全体主義の起原』で行ったことは、全体主義の責めを特定の国の国民性や心理的性向に負わせることではなかった。むしろ、近代の人間がおかれた状況――「根無し草」と化した分断化された個人が、責任ある政治判断を行うことができず政治扇動や組織的暴力に同調し、自ら隷属化を求める傾向――そのものを問い直そうとしたのである。無国籍者としての長い経験によって彼女は、高みから独善的に語るのではなく、現象を内側から複眼的な視点で語ることができるようになった。

マッカーシーは、『パーティザン・レヴュー』などへの寄稿者として、三〇年代からトロツキズム運動の周縁で、その独自な存在感を放っていた。『オアシス』は、第二次世界大戦の終結と冷戦の開始のなかで、かつての左翼知識人に巻き起こった混乱、相互批判、正当化の動きを「誰も容赦しない」辛らつさで描いたところに特徴がある。小集団のなかの滑稽ともいえる出来事は、大きな世界の混乱を写しだす。マッカッシーの寓話は解決を示すものではない。現実と理想の落差を、アイロニカルな視点から浮き彫りにすることで、人間の道徳的ありようは絶対的なものではなく常に変わりうること、そこに絶望の種子とともに希望の種子もあることを暗示するのである。

カーソンは、『我らを取り巻く海』のなかで、人間の存在を海という自然のなかで相対化してみせる。彼女が何億年という単位で起こる自然の営みを描写するとき、傲慢になりすぎた人間という存在の限界がほの見える。詩的な表現と淡々とした語り口はこの本をさまざまに解釈することを可能にした。ある者には、カーソンの描く自然は人間に本来備わった倫理性の復元を約束し、ある者には、不安な現実からの逃避や癒しの機会を与えた。

もしほぼ同時期に書かれた三つの作品、『全体主義の起原』『オアシス』『我らを取り巻く海』に共通するモティーフがあるとしたら、それはアーレントのいう「終りは始めを内包する」という意識である。暗い時代のはてに自由が、平和が、そして自然との共生が可能であるかもしれないという希望が、そして閉塞からの解放がどの作品にも感じられる。が同時に、それは手放しの楽観主義とは無縁である。悪や争いや破壊が繰り返されないという保証はどこにもない。悪の始まりも善の始まりもともに予測不可能である以上、希望と絶望は背中合わせである。ある意味でこのパラドキシカルな認識が、三つの作品を結びつけているように思える。さらには、これらの作品には実験的な新しさがみられる。文学、政治、歴史、科学、哲学といった領域は踏み越えられ、宇宙や世界に広がりのもつテーマが大胆に選ばれているのである。

こうした複眼的で内省的な視点や学際的な傾向は、確立した学問の世界や文壇のなかで彼女らがアウトサイダー的存在だったこととも関係している。例外的女性として崇《あが》められるにせよ、「パリア」として排除されるにせよ、彼女らは生き残りゲームで勝ち目の少ない側がするように、保守的姿勢よりは知的冒険を選んだ。戦後のアメリカで、終末の意識のなかから新しい始まりを予感しつつ「私」と「世界」との関係を手探りで樹立しようとした点で、アーレント、マッカーシー、カーソンはそれぞれに独自の貢献をしたのである。

註

1 Eugenia Kaledin, *Mothers and More: American Women in the 1950s* (Boston: Twayne Publishers, 1984) を参照されたい。専業主婦である中産階級の白人女性に焦点を当てたフリーダンの著書には、人種差別や性差別に苦しんだ五〇年代の働く女性の分析が欠落していると批判したものとして、bell hooks, "Black Women: Shaping Feminist Theory," in *A History of Our Own: Readings on Postwar America*, ed. William Chafe and Harvard Sitokoff 3rd ed. (New York: Oxford University Press, 1999), pp.250-265 などがある。フリーダンに新たな光を当てる最近の研究としては、Daniel Horowitz, *Betty Friedan and the Making of the Feminine Mystique* (Amherst: University of Massachusetts Press, 1998) が興味深い。なお、Betty Friedan, *The Feminine Mystique* (New York: Norton, 1963) の邦訳として、ベティー・フリーダン著、三浦冨美子訳『新しい女性の創造』(大和書房、増補版、一九七七年)がある。

2 例えば、五〇年代には、アメリカ教育協議会(American Council on Education)の主催する女性の教育に関する会議が二回開かれている。五一年には、冷戦下で民主主義的価値観を守る女性の役割を論じた「防衛の時代における女性」というテーマの会議が開かれた。五七年には、「女性教育――将来の展望」というテーマで、女性の生理的発展に合わせた教育プログラムなどが議論された。

3 五〇年代の知識人史に関しては、William Graebner, *The Age of Doubt: American Thought and Culture in the 1940s* (Boston: Twayne Publishers, 1991); Richard Pells, *The Liberal Mind in a Conservative Age: American Intellectuals in the 1940s and 1950s*, 2nd ed. (Middletown, Conn: Wesleyan University Press, 1989); Morris Dickstein, *The Gates of Eden: American Culture in the Sixties* (1977; Cambridge: Harvard University Press, 1997); Hilton Kramer, *The Twilight of the Intellectuals* (Chicago: Ivan R. Dee, 1999) などを参照した。女性知識人に関するものとしては、Margaret W. Rossiter, *Women Scientists in America: Struggles and Strategies to 1940s* (Baltimore: Johns Hopkins University Press, 1982); Hilary Lapsley, *Margaret Mead and Ruth Benedict* (Amherst: University of Massachusetts Press, 1999) などがある。五〇年代の女性史を扱ったものとしては、Elaine Tyler May, *Homeward Bound*, rev. ed. (New York: Basic Books, 1999); William Chafe, *The American Women: Her Changing Social, Economic and Political Roles 1920-1970* (New York: Oxford University Press, 1972) が参考になる。

4 Hannah Arendt, *The Human Condition*, 2nd ed., with an introduction by Margaret Canovan (Chicago: University of Chicago Press, 1998), p.175. アーレントは、*Men in Dark Times* (San Diego: Harcourt Brace & Conovan, 1968) のなかでも一章をアイザック・ディネセンに割いている。なお、アイザックはペンネームで、ディネセンは女性作家である。

5 ハナ・アーレント著、大久保和郎訳『全体主義の起原』第一巻(みすず書房、一九八一年〈新装版〉)xiii～xiv頁。この邦訳は、ドイツ語版を底本にしている。なお、大久保訳ではハナ・アーレントとなっているが、本章ではより一般的なハンナを用いた。

6 アーレントの経歴については、Elisabeth Young-Bruehl, *Hannah Arendt: For Love of the World* (New Haven: Yale University Press, 1982); Peter Baehr, ed., *The Portable Hannah Arendt* (New York: Penguin, 2000); Claus-Dieter Krohn, *Intellectuals in Exile*, trans. Rita and Bobert Kimber (Amherst: Univesity of Massachusetts Press, 1993); Alfred Kazin, *New York Jew* (New York: Alfred A. Knopf, 1978); Sylvie Courtine-Denamy, *Three Women in Dark Times*, trans. G. M. Goshgarian (Ithaca: Cornell University Press, 2000) などを参考にした。なお、ヤング＝ブルーエルの著書には邦訳がある。エリザベス・ヤング＝ブルーエル著、荒川幾男訳『ハンナ・アーレント伝』(晶文社、一九九九年)。

7 *Men in Dark Times* のなかで、アーレントはローザ・ルクセンブルクに一章を割いている。なお、アーレントは『全体主義の起原』の五八年版に「ハンガリー革命の省察」というエピローグを加え、ルクセンブルクの「自発的革命」の概念が五六年のハンガリー革命で具現化したと考えた。Hannah Arendt, *The Origins of Totalitarianism*, 2nd. and enl. ed. (New York: Meridian Books, 1958), pp. 480-510 を参照されたい。

8 Hannah Arendt, "The Ex-Communists," *Commonweal* 57 (March 20, 1953), pp. 595-599.

9 「共和国のための基金」の理事であったロバート・ハッチンスが、五七年に科学的研究の助成対象として重要な項目についての助言をアーレントに求めたとき、彼女は、人権、とくに市民権の保障をあげた。その説明書のなかで、一九五四年の国籍剥奪法(Expatriation Act of 1954)で示された反共政策としての市民権剥奪は、「人類に対する犯罪」だと述べた。Young-Bruehl, *Hannah Arendt*, p.293 を参照されたい。

10 『ラーエル・ファルンハーゲン』とアーレントの自伝的要素の関係については、Hannah Arendt, *Rahel Varnhagen: The Life of a Jewess*, ed. Liliane Weissberg, trans. Richard and Clara Winston (Baltimore: John Hopkins University Press, 1977) のなかのワイズバーグの序文や、Seyla Benhabib, "The Pariah and Her Shadow: Hannah Arendt's Biography of Rahel Varnhagen," in *Feminist Interpretations of Hannah Arendt*, ed. Bonnie Honig (University Park: Pennsylvania State University Press, 1995), pp.83-104 などが参考になる。

11 ハンナ・アーレント著、大島かおり訳『ラーエル・ファルンハーゲン』(みすず書房、一九九九年)一四九〜一五〇頁。大島訳は、五九年のドイツ語版を底本にしている。

12 ハナ・アーレント著、大久保和郎・大島かおり訳『全体主義の起原』第三巻(みすず書房、一九八一年〈新装版〉)三二四頁。邦訳は、ドイツ語版を底本としているが、六八年英語分冊版の最終章の翻訳を「エピローグ」として加えている。引用はそこからのものである。アーレントは、五一年の初版の「結語」に代えて、「イデオロギーとテロル——新しい統治方式」というタイトルの最終章を、五五年のドイツ語版で加え、さらに、五八年に改訂された英語版第二版に加えた。この最終章として加えられた論文は、五三年七月号の『レヴュー・オブ・ポリティックス』に発表されたものである。Arendt, "Ideology and Terror," *Review of Politics* (July 1953), pp. 303-327 を参照されたい。

13 Carol Brightman, ed., *Between Friends: The Correspondence of Hannah Arendt and Mary McCarthy 1949-1975* (London: Secker and Warburg, 1995), p.1. 本書の邦訳として、キャロル・ブライトマン編、佐藤佐智子訳『アーレント＝マッカーシー往復書簡』(法政大学出版局、一九九九年)がある。

14 このエピソードについては、Young-Bruehl, *Hannah Arendt*, pp. 196-197で言及されている。

15 Mary McCarthy, *The Oasis* (New York: Random House, 1949), pp.29-30. 以後、このテキストからの引用頁は、括弧内によって示される。

16 ドワイト・マクドナルド(Dwight Macdonald［1906-82］)は四三年から四七年まで雑誌*Politics*を発行した。『パーティザン・レヴュー』の創刊者の一人フィリップ・ラーヴ(Philip Rahv［1908-73］)は、一時マッカーシーの恋人でもあった。マッカーシー、マクドナルド、ラーヴたちニューヨーク知識人の交友や論争については以下の本が参考になる。Mary McCarthy, *Intellectual Memoirs*, with a foreword by Elizabeth Hardwick and notes by Carol Brightman (San Diego: Harvest Books, 1993); Dwight Macdonald, *Memoirs of a Revolutionist* (New York: Meridian Books, 1958); Alan Wald, *The New York Intellectuals: The Rise and Decline of the Anit-Stalinist Left from the 1930s to the 1980s* (Chapel Hill: University of North Carolina Press, 1987); Hugh Wilford, *The New York Intellectuals: From Vanguard to Institution* (Manchester: Manchester University Press, 1995); 堀邦雄『ニューヨーク知識人――ユダヤ的知性とアメリカ文化』(彩流社、二〇〇〇年)、秋元秀紀『ニューヨーク知識人の源流――一九三〇年代の政治と文学』(彩流社、二〇〇一年)。

17 四八年にマッカーシー、マクドナルド、キアロモンテ(Nicola Chiaromonte［1905-1972］)が結成した「ヨーロッパ・アメリカグループ」(Europe-America Groups)と小説『オアシス』との関係については、Frances Kiernan, *Seeing Mary Plain: A Life of Mary McCarthy* (New York: Norton, 2000), pp. 286-314; Harvey Teres, *Rewriting the Left: Politics, Imagination, and the New York Intellectuals* (New York: Oxford University Press, 1996), pp. 188-192を参照されたい。

18 "Quite High on a Mountaintop," review of *The Oasis*, by Mary McCarthy, *Time*, 15 August, 1949, pp. 41-42.

19 『オアシス』の出版をめぐるマッカーシーとラーヴたちとの不協和音については、Kiernan, *Seeing Mary Plain* に詳しい。

20 マッカーシーは *Memoirs of a Catholic Girlhood* (1957), *How I Grew* (1987)などで少女時代を回想し、自らの生い立ちと文筆活動との関係について自己分析を行っている。

21 ダニエル・ベルは六〇年に出版された『イデオロギーの終焉』のなかで、若くして共産主義運動に参加し、スターリニズムの「悪」を発見した幻滅ののちに再び生まれ変わらなくてはならなかった自分たちの世代が、ユートピア指向の歴史観に代わる新しい思考の枠組みを模索するときがきたと論じた。Daniel Bell, *The End of Ideology*, with a new essay by the author (Cambridge: Harvard University Press, 2000)を参照されたい。

22 Rachel Carson, *Under the Sea Wind: A Naturalist's Picture of Ocean Life* (New York: Simon and Schuster, 1941)は、五二

年にオックスフォード出版社から再版され、ベストセラー・リストの一〇位にランクされるなど再評価された。

23　Linda Lear, *Rachel Cason: Witness for Nature* (Harmondsworth: Penguin Books, 1997), p. 187. カーソンの経歴については、本書以外に Paul Brooks, *The House of Life: Rachel Carson at Work* (Boston: Houghton Mifflin, 1972) などを参考にした。

24　四七年頃から、マンハッタン・プロジェクトに参加した科学者による原爆機密の漏洩疑惑は、HUAC(下院非米活動委員会)の関心を集めるようになった。原爆スパイの疑いをかけられて大学を解雇されるなどした科学者の問題については、Ellen W. Schrecker, *No Ivory Tower: McCarthyism and the Universities* (New York: Oxford University Press, 1986) などが参考になる。

25　Rachel Carson, *The Sea around Us*, special edition with an introduction by Ann H. Zwinger and an afterword by Jeffrey S. Levinton (New York: Oxford University Press, 1991), pp. 14, 8.

26　Lear, *Rachel Carson*, p. 205.

27　*Ibid.*

28　カーソンが五二年にジョン・バロー賞を授与された際の受賞演説の一部。この演説は『アトランティック・ナチュラリスト』に掲載された。Rachel Carson, "Design for Nature Writing," Remarks made on acceptance of the John Burroughs Medal, April 7, 1952, *Atlantic Naturalist* 7 (May/August 1952), pp. 232-234.

29　五二年一月二九日の全米図書賞受賞演説の一部。リアーによって引用されている。Lear, *Rachel Carson*, p. 218 を参照されたい。

30　Lear, *Rachel Carson*, 40.

31　*Ibid.*, p. 93.

32　*Ibid.*, pp. 118-119.

33　Rachel Carson, *Silent Spring* (Boston: Houghton Mifflin, 1962) の邦訳には、レイチェル・カーソン著、青樹簗一訳『沈黙の春』(新潮社、一九七四年)などがある。この作品が出版されるまでの背景と受容については、Craig Waddell, ed., *And No Birds Sings: Rhetorical Analyses of Rachel Carson's Silent Spring* (Carbondale: Southern Illinois University Press, 2000) などが参考になる。

34　Rachel Carson to Dorothy Freeman, February 20, 1954, *Always, Rachel: The Letters of Rachel Carson and Dorothy Freeman*, ed. Martha Freeman (Boston: Beacon Press, 1995), pp. 28-29.

〔付記〕本章の第2節は、拙書『アメリカ知識人とラディカル・ビジョンの崩壊』(京都大学学術出版会、二〇〇三年)のなかに収められたものである。

あとがき

この共同研究の基礎となった研究会、悠々の会は、はじめ文字通りの勉強会として私の大学の研究室で開いていた。数回続けたが、部屋があまりに雑然としているため、共同研究室に場を移した。しかし、そちらも三〇平米ほどの狭い部屋であった。お茶の施設もろくになく、みんなが緑茶のポットを持ち寄り集まるのが常であった。そんな殺風景で、また貧しい会であったが、毎回八人ほどの参加者がもちまわりで報告を行い、報告のあと喧々がくがくの議論を続けたことをいまは楽しく思い出す。大半が土曜日の研究会だったから、会のあとはみんなで町にくり出し、くつろいだ仲間の夕食の集いとなった。そこでも談論が風発した。本書はそうした気のあった仲間が亀のような歩みのなかでまとめた最初の研究成果である。不十分でもわれわれなりの努力が書物の形に結実したことを、ひそかに喜んでいる。

数年前、この悠々の会の新しい目標を模索した際に抱いた関心は、第二次世界大戦終了時期から一九五〇年代末までのアメリカ合衆国の歴史動態を、「帝国と市民」という観点から見直し叙述することであった。広くみて、一九四〇年代中葉から五〇年代末までのアメリカ合衆国は、厳密な意味で確立した帝国というより帝国への道を試行錯誤しながら歩む国家と呼ぶほうが適切であったが、しかし帝国国家への道をすでに歩み出していたことは本論が示したとおりである。やや言葉を換えればその時期からの合衆国は、民主政を伝統的制度と標榜する内なる民主主義国家であったが、他方で、外に対しては帝国たらんとする、二重の相貌をもつ国家であった。われわれの研究の視点は、民主主義を国内基本政治原理としながら帝国化する合衆国が内と外にもった複雑な姿を、国民国家の枠で生きつつそれと緊張関係をはらむ「市民」という目線から眺め、第二次大戦後の合衆国の変容を政治史ばかりか社会史的にも、出来うるかぎりふくらみをもって描き出したいという思いであった。

そのような試みであれば、叙述の基盤となる「市民」をいかに定義したらよいのか。本研究を開始するにあたってわれわれがとくに考慮した一点であったが、歴史研究である以上、市民を抽象的に概念規定するより、具体的に析出しうる市民のおのおのの生き方をとおして「市民」なるものを確認し、さらには彼らが日々かかわるものとして合衆国社会また国家のありようを描くことが重要であろうと信じた。したがって、問題としては、二〇世紀半ばから後半にかけて国民国家の枠に組み込まれた「市民」の生き方をどのようなかたちで具体的に抽出し、またそれらを歴史叙述の枠にまとめていくかが、本研究を進めるうえで方法上の大きな課題であった。いろいろ反芻したが、結局、市民を伝統的な階級・階層ばかりか職業、あるいは人種・民族、さらにはジェンダーという多元的な社会カテゴリーに分け、それぞれの立場で「市民」である人びとが、帝国化する国家また社会と日々の内的関係を取り結んでいくさまを掘り起こしていくことが、二〇世紀合衆国社会の歴史展開を論じるうえでそれなりに有効であろうという結論にいたった。そのように種別してよい社会層として本書が分別したのが、たとえば第一章で扱った大学において研究しまた教鞭を執る大学人であり、また第四・第五章のアフリカ系アメリカ人市民であり、第六章が論じた女性知識人であった。

くわえてわれわれは、次の様ないま一つの関心をも研究の当初から、疑問として抱いていた。第二次世界大戦後の合衆国を帝国国家と認識するのであれば、その国家と関係を結ぶであろう「市民」を、単に「合衆国国民」に限定してよいのかという疑問であった。帝国というかぎり、合衆国の存在は、すでに国境を越えた他国の「市民」にも複雑な影響を与えはじめていたにちがいない。そうした直接統治下にない他国「市民」の観点から合衆国国家のあり方を描く重要性を配慮し、研究会では、一例として第二章において、グアテマラと合衆国の関係を取り上げることにした。グアテマラ国民である「市民」にとって合衆国とはどのような存在であったかを問いたい趣旨であった。

以上のように、二〇世紀合衆国国家とかかわりをもつ「市民」なるものをできるだけ広く考え、第二次世界大戦後、重要な転換期にあったこの国の政治的・社会的変容を可能な限り立体的に描こうとした方法については、われわれなりに工夫した内容であったが、いまなお十分でないことを自覚している。二〇世紀世界史、とくに合衆国政治社会史を「市民」という視点から歴史的に論じようとする際には、その方法論になお検討すべき問題が多いであろうし、さらに叙述対象については、多くの興味深い問題が未検討である現状はことさら告白するまでもない。しかし、そうした限界はあっても、二〇世紀のとくに半ば以降の国民国家と市民の関係について、従来の規範的な社会階層の枠を越えて、職業、民族性、あるいは性の区分を介して考えることが意味をもつであろうとわれわれはさしあたり考えたい。さらには、この時期の「市民」と「国家」との関係を世界史的に考える際には、国境の内と外というテーマも絡ませねばならないであろう、そのように理解する本書の立場と議論について、大方の批判を得たいと願っている。次の共同研究に批判を生かしていきたい。

本書の総合テーマ、ならびに各章となる個別課題をあらかじめ見取り図として研究会参加の方々に提案したのは、私であった。参加の方々にはそれぞれの専門テーマがあり、研究会の個別課題もできるだけそれにあわせようとしたが、実際にはぴったりの分担テーマをお願いできたわけではない。幾人かの方には、ご自分の研究を一旦中断して協力ねがうことにもなった。この場をかりて五名の仲間たちのご研鑽に心からの敬意と謝意を表したい。なお、本書の出版にあたっては、山川出版社編集部に格別のご配慮をいただいた。ここに深謝の微意を重ねて記す。

(付記　川島正樹による本書第五章は、二〇〇一年度南山大学パッヘ研究奨励金I―A、及び二〇〇一年～二〇〇二年度文部科学省科学研究費補助金基盤研究C―2を得てなされた研究成果の一部である。)

二〇〇三年一月三〇日

洛東、吉田の研究室において

編者　紀平英作

●マ

●ヤ

●ラ・ワ

事項索引

索　引

人名索引

●ア

●カ

●サ

●タ

執筆者紹介（執筆順）

紀平英作　きひら えいさく
1946年生まれ。京都大学大学院文学研究科博士課程中途退学。京都大学文学博士
現在，京都大学大学院文学研究科教授
主要著書：『ニューディール政治秩序の形成過程の研究』（京都大学学術出版会，1993年），『パクス・アメリカーナへの道』（山川出版社，1996年），『アメリカ合衆国の膨張』世界の歴史第23巻（亀井俊介氏との共著，中央公論社，1998年）

山澄 亨　やまずみ とおる
1963年生まれ。京都大学大学院文学研究科博士後期課程満期退学
現在，椙山女学園大学生活科学部助教授
主要論文：「サムナー・ウェルズと1930年代のアメリカ外交」（『史林』第75巻第３号，1992年），「SHERWOOD工作におけるアメリカのグアテマラ介入の論理」（『社会と情報』〈椙山女学園大学生活科学部生活社会科学科紀要〉第６巻２号，2002年），「ローレンス・デューガンの西半球観」（『社会と情報』第７巻１号，2002年）

高橋博子　たかはし ひろこ
1969年生まれ。同志社大学大学院文学研究科博士後期課程満期退学
現在，広島市立大学広島平和研究所助手
主要論文：「マッカーシー時代における中国派の追放：雇用基準の変遷を中心に」（『文化史学』第49号，1993年），「占領期の原爆広報：朝日新聞大阪版を中心に」（『GHQと広報：占領期の広報研究会報告書』日本広報学会・「占領期の広報」研究会，2000年６月），「1950年代初期の日米両国における原爆広報活動：“総合原爆展”と“アラート・アメリカ展”」（『占領期の広報・社内報』日本広報学会・「占領期の広報誌・社内報の研究」研究会，2002年６月）

中野耕太郎　なかの こうたろう
1967年生まれ。京都大学大学院文学研究科博士後期課程中途退学
現在，大阪市立大学大学院文学研究科助教授
主要論文：「合衆国労働党に関する一考察——第一次大戦後の社会改革運動」（『史林』第80巻第１号，1997年），「パブリックスクールにおける移民の母語教育運動——20世紀初頭のシカゴ」（『アメリカ史研究』第23号，2000年），「『人種』としての新移民——アメリカの南・東欧系移民：1894-1924」（『二十世紀研究』第２号，2001年）

川島正樹　かわしま まさき
1955年生まれ。立教大学大学院文学研究科博士後期課程満期退学
現在，南山大学外国語学部教授
主要著書・訳書：『現代アメリカ合衆国——冷戦後の社会・経済・政治・外交』（共著，ミネルヴァ書房，1993年），『新・アメリカ研究入門』（共著，成美堂，1998年），トマス・J・スグルー『アメリカの都市危機と「アンダークラス」——自動車都市デトロイトの戦後史』（訳，明石書店，2002年）

前川玲子　まえかわ れいこ
1952年生まれ。ケース・ウェスタン・リザーブ大学院（アメリカ研究科）博士課程修了（Ph. D）
現在，京都大学総合人間学部助教授
主要著書：『アメリカ文化の原点と伝統』（共著，彩流社，1993年），『冷戦とアメリカ文学——21世紀からの検証』（共著，世界思想社，2001年），『アメリカ知識人とラディカル・ビジョンの崩壊』（京都大学学術出版会，2003年）

帝国《ていこく》と市民《しみん》 苦悩《くのう》するアメリカ民主政《みんしゅせい》

2003年4月10日　1版1刷　印刷
2003年4月20日　1版1刷　発行

編　者　紀平英作《きひらえいさく》

発行者　野澤伸平

発行所　株式会社　山川出版社
〒101-0047 東京都千代田区内神田1-13-13
電話　03(3293)8131(営業)　8134(編集)
http://www.yamakawa.co.jp/
振替　00120-9-43993

印刷所　株式会社 平河工業社

製本所　株式会社 手塚製本所

装　幀　菊地信義

 ISBN4-634-64800-8